2023—2024 年中国工业和信息化发展系列蓝皮书

2023—2024 年
中国产业科技创新发展蓝皮书

中国电子信息产业发展研究院 **编 著**

张小燕 **主 编**

程 楠 曹 方 **副主编**

電子工業出版社·

Publishing House of Electronics Industry

北京·BEIJING

内 容 简 介

本书回顾了 2023 年我国及世界其他主要国家在产业科技创新方面取得的进展，尤其针对重点行业和典型区域，剖析了我国产业科技创新发展情况，并对 2024 年产业科技创新发展趋势进行了研判。

本书可为政府部门、研究机构、企业中从事相关政策制定、咨询研究和管理决策工作的人员提供参考，也可供对产业科技创新感兴趣的读者了解相关进展。

图书在版编目（CIP）数据

2023—2024 年中国产业科技创新发展蓝皮书 ／ 中国
电子信息产业发展研究院编著 ；张小燕主编. -- 北京：
电子工业出版社，2024. 12. --（2023—2024 年中国工业
和信息化发展系列蓝皮书）. -- ISBN 978-7-121-49404
-8

Ⅰ. F124.3

中国国家版本馆 CIP 数据核字第 202453J7Y3 号

责任编辑：宁浩洛
印　　刷：中煤（北京）印务有限公司
装　　订：中煤（北京）印务有限公司
出版发行：电子工业出版社
　　　　　北京市海淀区万寿路 173 信箱　　邮编：100036
开　　本：720×1 000　1/16　印张：15　字数：288 千字　彩插：1
版　　次：2024 年 12 月第 1 版
印　　次：2024 年 12 月第 1 次印刷
定　　价：218.00 元

凡所购买电子工业出版社图书有缺损问题，请向购买书店调换。若书店售缺，请与本社发行部联系，联系及邮购电话：（010）88254888，88258888。

质量投诉请发邮件至 zlts@phei.com.cn，盗版侵权举报请发邮件至 dbqq@phei.com.cn。

本书咨询联系方式：（010）88254465，ninghl@phei.com.cn。

前 言

　　科技创新是产业创新的内生动力，产业创新是科技创新的价值实现。二者互为牵引，相辅相成。习近平总书记强调："加强重大科技攻关，强化科技创新和产业创新深度融合，积极培育新业态新模式新动能，因地制宜发展新质生产力。"党的二十届三中全会审议通过的《中共中央关于进一步全面深化改革　推进中国式现代化的决定》提出，"加强创新资源统筹和力量组织，推动科技创新和产业创新融合发展"，为我国科技创新和产业创新的发展指明了方向。目前，我国以构建产业科技创新体系为抓手，大力提升产业科技创新能力，夯实新型工业化根基。

一

　　2023 年，面对全球新一轮科技革命和产业变革带来的重大机遇与挑战，世界各国进一步加快科技创新步伐，持续加大在产业科技创新领域的投入，特别是美国、日本、英国、法国、德国在人工智能、量子计算、新能源等前沿技术领域不断发力。全球产业科技创新竞争呈现愈发激烈的态势，新产业、新业态、新模式层出不穷，带来全球产业科技创新格局的调整和改变。

　　2023 年，美国继续重点关注量子技术、数字技术、能源技术等领域的发展，先后出台系列政策推动上述领域的科技创新。美国白宫于 2023 年 5 月发布《美国政府关键和新兴技术国家标准战略》，提出将进一步加强在通信和网络技术、半导体和微电子、人工智能、生物技术、量子信息技术等关键和新兴技术领域的标准化投入力度。日本继续扩大对科技创新的支持力度，重点在深海、航天、低碳等领域出台相关政策。其在 2023 年税收改革方案中强化对研发投入的引导和对高端科研人才的激励，以推动产业科技创新。英国先后发布多个重要科技战略支持产业科技创新，重点关注人工智能、量子技术、移动通信等领域。法国产业科技创新的核心是推动工业绿色化转型，围绕其密集出台系列政策。德国一如既往地重视前沿技术的发展，针对量子信息、人工智能、能源技术等重点技术领域出台系列政策举措。

2023 年 9 月，世界知识产权组织（WIPO）发布《2023 年全球创新指数报告》。该报告对全球 132 个经济体按创新指数进行了排名，中国内地在这一年度排名第 12，是前 30 名中唯一的中等收入经济体，也首次成为拥有全球百强科技创新集群数量最多（24 个）的经济体。

2023 年，新一轮科技革命和产业变革深入演进，以规则、标准为基础的多边贸易体系面临着严峻的挑战，世界产业科技标准领域呈现意识形态化趋势。以美国为代表的西方国家进一步加强产业标准化战略布局，维护其在标准领域的全球领导地位。

二

2023 年以来，我国产业科技创新取得多项重要进展。大国重器惊艳全球，新能源汽车、锂电池、光伏产品"新三样"扬帆出海，彰显中国制造的高端化、智能化、绿色化新优势。我国 5G 标准必要专利声明量全球占比达 42%，人工智能大模型累计数量全球占比超过 60%。世界知识产权组织发布的《2023 年全球创新指数报告》显示，我国上榜全球百强科技创新集群榜单的集群数量呈持续上升趋势，2023 年我国首次成为拥有上榜集群数量最多的经济体。

产业整体质量水平有效提高。在制造业卓越质量工程建设方面，出台了《制造业卓越质量工程实施意见》，推动企业树立科学质量观，建立先进质量管理体系，加快质量管理数字化，不断提高质量改进能力，质量效益显著提升；发布了《制造业企业质量管理能力评估规范》，引导企业由经验级、检验级、保证级向预防级、卓越级逐步提升质量管理能力，实现"专精特新"发展。在产品质量和企业质量管理方面，出台了《制造业可靠性提升实施意见》，聚焦机械、电子、汽车等重点行业，提高以可靠性为核心的产品质量水平；出台了《质量标准品牌赋值中小企业专项行动（2023—2025 年）》，开展产业集群全国行活动，促进中小企业质量提升、标准提档、品牌增效。

产业标准化工作取得一系列成效。在标准支撑新型工业化方面，先进标准引领作用持续提升，标准促进工业发展更加有力，百项团体标准应用示范深入开展；在新兴技术领域标准研制方面，产业标准政策体系持续完善，关键技术领域标准供给更为有力，科技与标准协同互动不断增强；在标准助力高水平开放方面，中外标准一致性水平持续提升，国际标准化活动参与能力持续增强，标准化工作国际影响力显著提升。

三

展望 2024 年，联合国经济和社会事务部、国际货币基金组织、世界经济论坛、世界知识产权组织等国际组织，美国国家科学技术委员会、英国科研与创新署、韩国政府等世界主要经济体政府级机构，德勤、Gartner、IDC 等知名咨询/学术机构均对 2024 年产业科技创新发展趋势进行了预测。整体来看，2024 年全球产业科技创新将呈现四大发展趋势：一是创新驱动产业和经济发展成为各国普遍共识；二是人工智能是 2024 年及未来一段时期最值得期待和关注的领域；三是制造业数字化转型将持续推进、走向纵深；四是人工智能、量子技术、脑机接口、生物工程等是各国重点布局的领域。

2024 年，我国将大力推进新型工业化，强化科技创新与产业创新深度融合，加快发展新质生产力，建设以科技创新为引领、以先进制造业为骨干的现代化产业体系；将从关键核心技术攻关、强化企业创新主体地位、支持制造业创新平台建设、做优做强科技服务业等方面推进产业科技创新发展。一是人工智能与大数据的结合将催生新的商业模式和服务模式。随着技术的进步，更多基于数据的创新型业务将陆续出现。例如，基于数据分析的智能物流服务能够提高配送效率，降低运输成本；基于人工智能的智能顾问和客服系统能够提供更加精准和个性化的服务；基于大数据的风险管理工具能够帮助金融机构更好地评估风险。新业态的出现不仅能够为我国产业发展创造新的经济增长点，还将推动传统行业的转型升级，为消费者提供更加丰富多样的选择。二是跨界融合成为新常态，推动区域间产业链协同共享。跨区域创新网络的构建将促进创新资源的高效配置。技术转移中心、创新创业服务平台等跨区域创新网络，将在未来的区域创新合作中发挥更加重要的作用。跨区域创新网络规模的扩大将有助于打破区域间的壁垒，促进创新资源的自由流动和高效利用。三是政策的引导和支持将增强企业的创新能力和意愿。财政资金支持、税收优惠政策、知识产权保护等方面的科技创新支持政策，将得到进一步强化。这有助于企业加大研发投入，提高研发水平，进而提升自主创新能力和市场竞争力。

本书全面客观地介绍了我国产业科技创新领域的发展现状、特点与未来趋势，希望读者能够透过本书从多方面了解我国产业科技创新发展情况，切身感受其风采与魅力。

中国电子信息产业发展研究院

目 录

综 合 篇

行 业 篇

展　望　篇

综　合　篇

第一章

2023 年产业科技创新发展情况

2023 年，面对全球新一轮科技革命与产业变革带来的重大机遇与挑战，世界各国进一步加快科技创新步伐，持续加大在产业科技创新领域的投入，特别是美国、日本、英国、法国、德国在人工智能、量子计算、新能源等前沿技术领域不断发力。全球产业科技创新竞争呈现愈发激烈的态势，新产业、新业态、新模式层出不穷，带来全球产业科技创新格局的调整和改变。面对激烈的国际竞争和国家高质量发展需要，我国深入实施创新驱动发展战略，以科技创新推动产业创新，出台了诸多推动产业科技创新的政策举措，整体呈现出产业科技创新基础更加牢固、企业科技创新能力显著提升、产业科技创新成果竞相涌现、科技成果转化能力持续增强的良好局面。

第一节　全球产业科技创新发展概况

一、全球创新格局仍处于动态调整期

2023 年 9 月，世界知识产权组织发布《2023 年全球创新指数报告》。该报告对全球 132 个经济体按创新指数进行了排名，中国内地在这一年度排名第 12，是前 30 名中唯一的中等收入经济体，也首次成为拥有全球百强科技创新集群数量最多（24 个）的经济体。2023 年全球创新指数前 20 名的经济体如表 1-1 所示。

表 1-1　2023 年全球创新指数前 20 名的经济体

经　济　体	得　　分	2023 年排名	2022 年排名	所　属　地　区
瑞士	67.6	1	1	欧洲

续表

经　济　体	得　　分	2023 年排名	2022 年排名	所　属　地　区
瑞典	64.2	2	3	欧洲
美国	63.5	3	2	北美
英国	62.4	4	4	欧洲
新加坡	61.5	5	7	东南亚、东亚和大洋洲
芬兰	61.2	6	9	欧洲
荷兰	60.4	7	5	欧洲
德国	58.8	8	8	欧洲
丹麦	58.7	9	10	欧洲
韩国	58.6	10	6	东南亚、东亚和大洋洲
法国	56	11	12	欧洲
中国内地	55.3	12	11	东南亚、东亚和大洋洲
日本	54.6	13	13	东南亚、东亚和大洋洲
以色列	54.3	14	16	北非和西亚
加拿大	53.8	15	15	北美
爱沙尼亚	53.4	16	18	欧洲
中国香港	53.3	17	14	东南亚、东亚和大洋洲
奥地利	53.2	18	17	欧洲
挪威	50.7	19	22	欧洲
冰岛	50.7	20	20	欧洲

数据来源：世界知识产权组织，2023 年 9 月。

（一）创新型经济体仍稳坐前列，内部排名发生相对调整

相较于 2022 年，2023 年创新指数排名前 15 位的经济体位次发生调整。其中，中国内地排名第 12，相较于 2022 年下降了 1 位（法国由 2022 年的第 12 位重回第 11 位），但中国内地在“中等偏上收入经济体”组别的 33 个经济体中仍然保持第 1 位的水平，在东南亚、东亚和大洋洲的 16 个经济体中继续位列第 3。瑞典超过美国排名第 2，新加坡跻身前五，芬兰上升 3 名位列第 6，韩国由第 6 位降至第 10 位。在量化创新指数的 80 项指标中，美国有 13 项位居第 1，继续保持领先地位，紧随其后的是新加坡（11 项）和以色列（9 项）。

（二）全球研发投入持续上升，风险投资价值大幅下降

2022 年[①]，全球研发投入持续上升，顶级企业在 2022 年的研发投入达 1.1 万亿美元，创历史新高。企业研发投入强度与 2021 年基本持平，保持了新冠疫情之前的水平。然而，受通胀飙升、日益加剧的收入不平等和部分国家政府债台高筑等多重因素影响，全球经济增长正在进入"明显放缓"阶段，特别是风险投资环境在逐步恶化，风险投资价值从 2021 年的超高水平大幅下降了近 40%，货币紧缩很可能继续影响创新融资。

（三）技术创新取得显著进展，但对经济社会的影响仍较低

信息技术、卫生和能源领域的技术进步继续取得进展。其中，超级计算机的运行速度越来越快，计算能力相比 2021 年提升了 54.3%；可再生能源技术和基因组测序技术的成本大幅下降，分别比 2021 年下降了 13.2% 和 23.3%。技术的应用程度也得到明显提升，移动宽带、机器人和电动汽车的应用程度相比 2021 年分别提升了 6.0%、14.6% 和 59.9%。但值得关注的是，技术创新对经济社会的影响连续两年处于低水平，劳动生产率停滞不前，预期寿命连续两年下降，二氧化碳排放量大幅增加。

（四）中国顶级科技创新集群最多，集群科技产出增幅加大

与往年一样，2023 年，全球百强科技创新集群[②]集中在北美、欧洲和亚洲三个地区，前五强科技创新集群均集中在东亚地区（见表 1-2）。中国首次超越美国成为拥有全球百强科技创新集群最多（24 个）的国家，其中，镇江、无锡和福州首次入选，深圳—香港—广州集群仅次于东京—横滨集群继续保持第 2，北京和上海—苏州集群分别位列第 4 和第 5。美国与之前持平，拥有 21 个全球百强科技创新集群。自 2020 年起，全球创新指数报告开始按科技强度[③]为百强集群排名，其中，英国的剑桥和美国的加利福尼亚州圣何塞—旧金山位列前二，其次是英国的牛津、荷兰的埃因霍温和美国的马萨诸塞州波士顿—剑桥。从科技产出量来看，中国的集群科技产出增幅最大（12.1%），其中合肥（21.6%）和青岛（19.4%）是科技产出增长最快的两个集群。

---

① 本页数据均出自《2023 年全球创新指数报告》，尽管统计数据存在滞后性，但为展示变化趋势仍在此列出以作参考。

② 全球百强科技创新集群以专利申请量和科学出版物份额为排名依据。

③ 科技强度由专利申请量和科学出版物份额除以人口总量计算得到。

表 1-2 2023 年全球科技创新集群前 20 名

排　　名	集 群 名 称	经 济 体
1	东京—横滨	日本
2	深圳—香港—广州	中国
3	首尔	韩国
4	北京	中国
5	上海—苏州	中国
6	加利福尼亚州圣何塞—旧金山	美国
7	大阪—神户—京都	日本
8	马萨诸塞州波士顿—剑桥	美国
9	加利福尼亚州圣地亚哥	美国
10	纽约	美国
11	南京	中国
12	巴黎	法国
13	武汉	中国
14	杭州	中国
15	名古屋	日本
16	加利福尼亚州洛杉矶	美国
17	华盛顿哥伦比亚特区—马里兰州巴尔的摩	美国
18	大田	韩国
19	西安	中国
20	伦敦	英国

资料来源：世界知识产权组织，2023 年 9 月。

二、全球企业科技创新保持活跃

2023 年 12 月，欧盟委员会发布了《2023 年欧盟工业研发投资记分牌》，面向全球研发投资额最多的 2500 家企业开展调研，结果显示，2022 年的研发投资总额达到历史新高，共计 12497 亿欧元，同比增长了 12.8%。

（一）美国研发投入持续保持领先

从所属经济体来看，美国共有 827 家企业入围，比 2021 年多了 6 家，稳居第一，总的研发投资高达 5265 亿欧元，占入围企业研发投资总额的

42.1%。中国大陆有 679 家企业进入榜单，名列第二，比 2021 年多了 1 家，总的研发投资高达 2220 亿欧元，占投资总额的 17.8%。日本有 229 家企业进入榜单，排名第三，比 2021 年少了 4 家，总的研发投资高达 1162 亿欧元，占投资总额的 9.3%。值得关注的是，2022 年全球研发投资增长额主要来自研发投资额排名前 50 名的企业，且这些企业的排名基本保持稳定。

（二）ICT 行业研发投入增长强劲

从行业来看，研发投入规模最大的行业是 ICT 行业，研发投资总额高达 2856 亿欧元（经通胀调整后为 2431 亿欧元），特别是在企业数量不断减少的情况下，整体研发投入维持稳定。其中，计算机硬件行业研发投资额的平均年复合增长率为 8.7%，半导体行业为 7.1%，电子和电气设备行业为 6.4%，电信设备行业为 5.3%。在半导体行业，美国一如既往地占据主导地位，拥有入围半导体企业总数的 37.4%，研发投入达到了所有半导体企业研发投资总额的 62.6%。相比之下，中国大陆的半导体企业数量和研发投资总额均占比较低。

第二节 国外主要经济体产业科技创新发展情况

一、美国产业科技创新发展情况

2023 年，美国继续重点关注量子技术、数字技术、能源技术等领域的发展，先后出台系列政策推动上述领域的科技创新。在量子技术领域，美国国防部高级研究计划局（DARPA）于 6 月启动了量子增强网络计划，公开征集计划提案，旨在通过量子技术提升网络安全，建设世界上第一个可操作的量子增强网络，覆盖硬件和硬件封装、数据流量子增强、拓扑量子增强三个重点技术方向。8 月，美国国家科学基金会（NSF）发布 2023 年"量子信息科学与工程能力扩展"（ExpandQISE）计划的资助名单，计划共资助 22 个研究项目，预计投入 3800 万美元，旨在继续扩大对量子信息科学与工程领域的支持。在数字技术领域，3 月，美国白宫发布近五年来的首份《国家网络安全战略》，提出了五大支柱共 27 项具体政策举措，明确了各个利益相关方的具体战略目标，以帮助美国构建"可防御、有韧性的数字生态系统"。同月，美国国务院宣布设立"CHIPS 计划"的国际技术安全与创新基金，计划于 2023—2028 年每年投入 1 亿美元以进一步促进其与合作伙伴和盟友在半导体、安全信息和通信技术等领域的合作。在能源技术领域，早在 2023 年初，美国能源部就宣布将投入 2.96 亿美元支持生物燃料、清洁氢能和碳捕集利用与封存技术的研发。3 月，美国拜登政府公布能源部 2024 财年预算，预算申请总额为 520 亿美元，目的在于通过美国制造支持清洁能源的发展，其中的 88 亿美元用于美国能源部科学办公室在清洁能源、气候变化、新兴技术等领域的研发。同月，美国能源部宣布投入约 17.79 亿美元，支持低碳能源的基础研究、技术开发和示范。8 月，美国能源部继续宣布投入约 15.34 亿美元支持能源转型变革性技术、氢能技术、建筑及交通减排技术、碳捕集利用与封存技术和小企业研发创新等。此外，美国白宫于 5 月发布《美国政府关键和新兴技术国家标准战略》，提出将进一步加强在通信和网络技术、半导体和微电子、人工智能、生物技术、量子信息技术等关键和新兴技术领域的标准化投入力度。

二、日本产业科技创新发展情况

2023 年，日本继续扩大对科技创新的支持力度，重点在深海、航天、低碳等领域出台相关政策。2 月，日本最高科技创新决策机关的"综合科学技术创新会议"（Council for Science, Technology and Innovation，CSTI）启动了第三期战略性创新推进计划（SIP）。6 月，日本政府发布《统合创新战略 2023》，从战略高度推动科技创新，在税收、研发投入、人才培养、产学研合作、政府采购等方面均出台了系列举措。同月，日本政府发布 2023 年版《制造业白皮书》，提出要大力推动制造业基础技术的产业振兴和前沿技术研发。7 月，日本内阁批准通过了"促进向低碳化增长型经济结构转型的战略"（GX 推进战略）。8 月，日本政府发布《第二批经济安全保障技术培育计划愿景（草案）》，涉及海洋资源开发利用、航天能力开发等技术培育。此外，日本在 2023 年税收改革方案中，强化了对研发投入的引导和对高端科研人才的激励，以推动产业科技创新。

三、英国产业科技创新发展情况

2023 年，英国先后发布了多个重要科技战略支持产业科技创新，重点关注人工智能、量子技术、移动通信等领域。3 月，英国发布《科学技术框架》，旨在将政府各个部门聚集在一起，以协同实现英国成为全球科技超级大国的目标，预计将投入超过 3.7 亿英镑，通过促进基础设施建设、科研投资和技能培养等 10 项关键行动,将英国技术发展提升到未来十年全球科技前沿,重点包括量子技术、人工智能、移动通信等前沿领域。在量子技术领域,3月,英国科学、创新和技术部发布《国家量子战略》,提出从 2024 年开始,预计在 10 年内通过投入 25 亿英镑政府资金来撬动 10 亿英镑的民间资本,投入约 35 亿英镑来支持创建"十年量子研究和创新计划",旨在到 2033 年,推动英国成为世界先进的量子经济体,确保量子技术成为英国数字基础设施和先进制造业不可或缺的一部分。在人工智能领域,4 月,英国政府继续加大对人工智能的投入,向构建英国版 AI 基础模型的团队提供 1 亿英镑的起始资金,以确保英国在人工智能方面的"主权能力",广泛应用安全可靠的基础模型,助力英国人工智能技术的快速发展。在移动通信领域,3 月,英国科学、创新和技术部公布了《无线基础设施战略》,预计总投资 1.5 亿英镑支持 5G 技术创新、6G 研究以及利用卫星技术为最偏远地区提供宽带服务,旨在到 2030 年英国所有人口稠密地区实现 5G 独立组网可用,进而推动无线基础设施建设,以保证英国在电信技术领域的前沿地位。

四、法国产业科技创新发展情况

2023 年,法国产业科技创新的核心是推动工业绿色化转型,围绕其密集出台了系列政策。6 月,法国宣布了多项投资计划,预计在 2024—2027 年投资 85 亿欧元发展低碳航空交通,通过生产低排放的商业机型、发展生物燃料等推动下一代零排放飞机的发展。9 月,法国总统马克龙召开第二次"生态规划"内阁会议,提出要在 2027 年实现生产 100 万辆电动汽车、退出煤电的目标。同时,计划实施"绿色产业税收抵免"政策,重点支持电池、热泵、风力涡轮机和太阳能电池板的生产,提高法国工业的竞争力。10 月,法国国民议会和参议院通过"绿色工业法案",预计将投入 10 亿欧元推动风电、光伏、热泵、电池和氢能五大脱碳技术的研发,推动工业绿色化发展。12 月,"法国 2030 投资计划"提出下一阶段的七个重点领域,具体包括推动能源领域的颠覆性创新、氢能领域的技术研究、开发碳捕集利用与封存技术、加大人工智能芯片研发和微模块研究、推动矿产资源和生物基资源的开发利用、支持生物药研发以及投资太空领域。为了实施下一阶段的计划,法国对行政改革、资金和人才等方面作了最新的部署。同月,为加强决策层与科学界的沟通,马克龙宣布在总统府设立"总统科学委员会",以提高科技创新的决策效率和质量。

五、德国产业科技创新发展情况

2023 年，德国一如既往地重视前沿技术的发展，针对量子信息、人工智能、能源技术等重点技术领域出台系列政策举措。2 月，德国出台《未来研究与创新战略》，一方面，将推动科学研究和科技成果的转化；另一方面，致力于加快解决经济、社会、生态等领域的关键问题，最终捍卫德国的技术领先地位和国际竞争力。7 月，德国通过《跨越式创新署自由法案》，旨在推动更多的跨越式创新。具体领域上，5 月，通过《量子技术行动计划》，提出要将量子技术投入应用、有针对性地推动技术开发、为强大的生态系统创造良好条件三个优先事项，预计投入 30 亿欧元，以保证德国在量子技术领域的世界领导力。7 月，通过更新版《国家氢能计划》，以推动到 2030 年德国氢能技术产品从生产到应用实现全覆盖，进一步提升德国在氢能技术领域的领先地位。11 月，发布《人工智能行动计划》，明确 3 个总体目标 11 个重点任务，以推动德国人工智能行业的高质量发展。此外，德国十分重视聚变能技术，认为本国在激光聚变的工业和研究方面具备较大潜力，应积极推动聚变研究工作，计划在未来 5 年额外增加 3.7 亿欧元投入聚变研究。

第三节 中国产业科技创新发展情况

一、产业科技创新基础更加牢固

（一）产业基础不断增强

产业综合实力大幅提升。2023 年，我国打出一系列的稳增长政策"组合拳"，全年工业经济呈现稳中向上、回升向好的态势。全部工业增加值为399103 亿元，比上年增长 4.2%，其中，规模以上工业增加值增长 4.6%，较2022 年提升 1.0 个百分点。制造业规模以上工业增加值增长 5.0%，制造业总体规模连续 14 年位居全球第一。全年新设经营主体 3273 万户，日均新设企业 2.7 万户。

产业结构不断优化。2023 年，我国第三产业对经济的拉动作用进一步提升。第一产业增加值占国内生产总值的比重为 7.1%，第二产业增加值比重为38.3%，第三产业增加值比重为 54.6%。

新动能持续发力，现代化产业体系逐步建立。高技术制造业增加值增长2.7%，占规模以上工业增加值的比重为 15.7%。新能源汽车产量为 944.3 万

辆,比上年增长 30.3%;太阳能电池(光伏电池)产量为 5.4 亿千瓦,比上年增长 54.0%;服务机器人产量为 783.3 万套,比上年增长 23.3%;3D 打印设备产量为 278.9 万台,比上年增长 36.2%。国家统计局社科文司《中国创新指数研究》显示,2022 年,"三新"经济增加值占 GDP 比重指数、专利密集型产业增加值占 GDP 比重指数的增速分别达到 2.3%、2.1%。其中,我国专利密集型产业规模稳步壮大,2022 年产业增加值首次突破 15 万亿元,占国内生产总值的比重达到 12.7%,近 5 年年均增速达到 9.4%。

(二)创新基础不断夯实

研发经费投入规模和强度不断提升。2022 年,我国全社会研发经费投入首次突破 3 万亿元,达到 30782.9 亿元,比 2021 年增加 10.1%;研发经费投入强度(R&D 经费与 GDP 之比)逐年递增,首次突破 2.5%,比 2021 年增加 0.12 个百分点(见图 1-1);基础研究经费投入比重连续 4 年超过 6%。

图 1-1 2018—2022 年我国全社会研发经费投入规模和强度
(数据来源:2019—2023 年的《中国科技统计年鉴》)

研发人员队伍持续扩大。2022 年,我国全社会研发人员全时当量达到 635.4 万人年,比 2021 年增加了 11.2%。其中,基础研究、应用研究和试验发展研发人员数量分别增加了 7.9%、7.3% 和 12.0%。

创新基础设施建设取得成效。截至 2022 年底,我国已布局建设的重大科技基础设施即大科学装置达 57 个,已基本覆盖重点科研领域,部分设施综合水平达到世界领先水平;数字基础设施规模能级大幅提升,累计建成开通 5G 基站 231.2 万个,5G 用户达 5.61 亿户,全球占比均超过 60%;移动物联网终端用户数达 18.45 亿户。

二、企业科技创新能力显著提升

（一）科技型企业和创新型企业队伍不断壮大

2023 年，我国不断完善优质企业梯度培育体系，加快推动技术、资金、人才等各类资源向企业集聚，更多科技型企业和创新型企业涌现。企业上规取得新进展，截至 2023 年底，规模以上工业企业数量达到 48.2 万户，较 2022 年底增加 3.1 万户。优质企业培育成效显著。截至 2024 年 4 月，我国累计拥有科技型中小企业 50 万家，高新技术企业 46.5 万家，创新型中小企业 21.5 万家，专精特新中小企业 10.3 万家，"小巨人"企业 1.2 万家，制造业单项冠军企业 1186 家。此外，《中国独角兽企业发展报告（2024 年）》显示，截至 2024 年 3 月，中国大陆共有独角兽企业 369 家，超过全球独角兽企业数量的四分之一，位列全球第二。近一年多来，新晋为独角兽企业的有 67 家。

（二）企业研发投入力度不断加大

2022 年，我国企业在资金、人才、研发平台等方面的研发投入不断加大。研发经费投入方面，我国规模以上工业企业研发经费投入已经达到 19361.8 亿元，比 2021 年增加了 10.5%；研发经费投入强度为 1.39%，比 2021 年增加了 0.06 个百分点（见图 1-2）。同时，全国研发经费支出中源于规模以上工业企业的资金基本保持稳定，为 78%，企业研发投入主体地位得到巩固。研发人员投入方面，企业研发人员队伍建设取得新成绩，2022 年规模以上工业企业研发人员全时当量为 421.47 万人年，相较于 2021 年增加了 10.14%。研发平台建设方面，企业办研发机构数量不断增多，2022 年为 13.68 万个，相较于 2021 年（12.04 万）增加了 13.62%。

（三）创新主体融合程度不断加深

2022 年，我国先后推出系列政策举措推动以企业为主导的产学研合作。科技部、财政部联合印发的《企业技术创新能力提升行动方案（2022—2023 年）》提出，依托更多企业组建一批国家技术创新中心等各类创新基地。工业和信息化部等十一部门部署开展"促进大中小企业融通创新"行动，"推动大企业加强引领带动，促进产业链上中下游、大中小企业融通创新"。教育部、工业和信息化部、知识产权局联合组织开展"千校万企"协同创新伙伴行动。国资委召开中央企业关键核心技术攻关大会，进一步要求中央企业要"推动产学研用联合、上中下游贯通"。我国加快推动以科技创新引领现代化产业体系建设，建设了 45 个国家先进制造业集群，形成产业链上下游紧密合作的产业发展生态，有力推动了产业链协同创新。《2023 年中国专利调查报告》显示，截至 2022 年底，我国内地共有 12.6 万件产学研发明专利，较上年增长 11.5%，其中，企业作为第一专利权人的产学研发明专利为 7.9万件，较上年增长 9.4%。

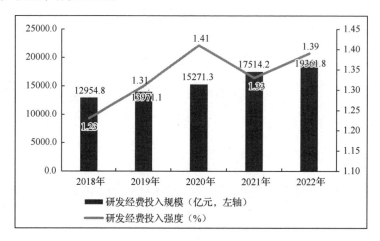

图 1-2 2018—2022 年我国规模以上工业企业研发经费投入规模和强度
（数据来源：2019—2023 年的《中国科技统计年鉴》）

三、产业科技创新成果竞相涌现

（一）科技论文量质齐升

中国科学技术信息研究所发布的《中国科技论文统计报告 2023》显示，2022 年我国在各学科最具影响力期刊上发表的论文数量为 16349 篇，占世界总量的 30.3%，首次超过美国排名世界第一。按第一作者第一单位统计分析，我国发表高水平国际期刊论文 9.36 万篇，占世界总量的 26.9%，被引用次数为 64.96 万次，论文发表数量和被引用次数均位列世界第一。我国卓越科技论文共计 59.58 万篇，比 2021 年增加了 11.53 万篇，其中卓越国际科技论文27.89 万篇、卓越国内科技论文 31.69 万篇。2022 年，我国医学领域的卓越科技论文数量较多，在临床医学、化学、环境科学、电子、通信与自动控制、计算技术、地学、生物学、材料科学、农学、中医学领域均达到 2 万篇以上。

（二）产业科技成果不断涌现

我国产业科技创新成果取得显著成效，工业母机、关键软件等领域创新实现新突破，大飞机、高端医疗装备等攻关成果投入应用。2022 年，我国应用技术类科技成果达到 74438 项，相较于 2021 年的 68199 项增加了 9.1%。其中，制造业的应用技术类科技成果达到 30556 项，比 2021 年增加了 18.8%，达到 2018 年以来历史最高水平，占应用技术类科技成果总数的比重达到 41.1%，比 2021 年增加了 3.4 个百分点（见图 1-3）。

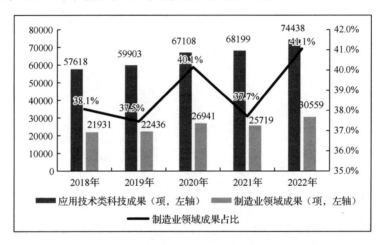

图 1-3　2018—2022 年我国应用技术类科技成果及制造业领域成果数量
（数据来源：EPS 数据库）

（三）专利数量实现新突破

我国知识产权创造数量和质量不断提升。截至 2023 年底，我国有效发明专利量为 499.1 万件。其中，内地有效发明专利量为 401.5 万件，同比增长 22.4%，成为世界上首个有效发明专利数量突破 400 万件的经济体，且每万人口高价值发明专利拥有量达 11.8 件。企业仍然是专利生产主体。截至 2023 年底，我国拥有有效发明专利的企业达 42.7 万家，较上年增加 7.2 万家。内地企业拥有有效发明专利 290.9 万件，占比首次超过七成。其中，国家高新技术企业、科技型中小企业拥有有效发明专利 213.4 万件，同比增长 24.2%，占国内企业总拥有量的近四分之三，达到 73.4%。重点技术领域专

利成果量稳步提升。截至 2023 年底，我国有效发明专利量增速前三的技术领域分别为信息技术管理方法、计算机技术和基础通信程序，分别同比增长59.4%、39.3%和30.8%，远高于国内平均增长水平。

（四）新产品产出稳步提升

我国工业企业的新产品开发能力不断提升。2022 年，我国规模以上工业企业新产品开发项目数为 1093975 个，比 2021 年增加了 14.1%；新产品开发经费支出为 25540.0 亿元，比 2021 年增加了 12.7%（见图 1-4）。国家统计局社科文司《中国创新指数研究》显示，2022 年我国创新成效指数为 128.2，自 2015 年以来年均增长 3.6%。分指标看，新产品销售收入占营业收入比重指数增长相对较快，年均增速为 8.8%，2022 年这一指数值为 181.0。

图 1-4　2018—2022 年我国规模以上工业企业新产品开发情况

（数据来源：EPS 数据库）

四、科技成果转化能力持续增强

（一）科技中介服务体系不断完善

科技中介服务在推动创新链和产业链深度融合中发挥着桥梁纽带的作用，是破解科技、经济"两张皮"的良方，主要通过提供技术扩散、成果转化、科技评估、创新决策和管理咨询等专业化服务，推动科技成果的转移转化。我国持续推动科技服务业的发展，推动技术交易市场的建设和国家技术转移机构的认定工作，截至 2022 年底，我国共培育技术转移机构 420 家。技术经理人作为科技界和产业界的"红娘"，是科技中介服务的核心力量，

2022 年，我国正式将技术经理人归为第二类"专业技术人员"，作为新职业被纳入《中华人民共和国职业分类大典》，为长期活跃在技术转移一线的从业者明确了职业身份。同时，我国积极推动技术经理人的学历和非学历教育，上海交通大学、北京理工大学、清华大学等高校积极开设技术转移相关专业或方向，科技部、中国科协、国家中医药管理局等有关部门及 36 家国家技术转移人才培养基地和相关行业学（协）会等机构开展技术转移人才专业化培训。

（二）科技成果转移转化取得进展

我国大力推动科技成果转化工作，地方也积极开展职务科技成果赋权、科技成果单列等改革探索，科技成果转化工作取得显著成效。2022 年，我国技术市场成交合同数为 772507 项，相较于 2021 年的 670506 项增加了 15.2%；成交额为 47791.0 亿元，相较于 2021 年的 37294.3 亿元增加了 28.1%（见图 1-5）。《2023 年中国专利调查报告》显示，2019—2022 年，我国发明专利转让率逐年上升，2022 年达到 11.5%，为近 5 年最高水平。同时，2022 年我国发明专利产业化率为 36.7%，较上年提高 1.3 个百分点，专利许可率为 6.1%。

图 1-5　2018—2022 年我国技术市场成交合同数和合同额
（数据来源：2019—2023 年的《中国科技统计年鉴》）

第二章

2023 年质量品牌创新发展情况

2023 年，国内外质量品牌领域发生新变化，取得新进展。国际方面，人工智能技术与可持续性发展理念在世界质量品牌领域产生广泛而深刻的影响。国内方面，我国质量品牌建设稳步推进，质量领域，发布首个质量工作文件《质量强国建设纲要》，取得一系列创新成果，树立一批先进典型，开展多场国际质量交流活动，加快推进质量强国建设；品牌领域，我国品牌综合实力稳步提升，消费品工业"三品"战略成效显著，科技创新、人工智能、优质环境三大要素助力中国品牌行稳致远。

第一节　世界质量品牌创新发展情况

一、世界质量创新发展情况

（一）主要国家质量创新发展动向

1. 美国调查显示人工智能将深刻影响质量控制

2023 年，互联网制造平台 Fictiv 联合技术市场研究公司 Dimensional Research 共同发布《2023 年制造业发展状况报告》。这是该公司发布的第八份美国制造业发展状况报告。报告调研了数百家美国制造业企业，发现人工智能驱动的制造技术在应对充满挑战的经济环境上发挥着越来越重要的作用，正在开辟着行业发展新路径。报告显示，85% 的制造业企业已经采用人工智能解决方案；97% 的制造业企业认为人工智能会影响产品开发和制造能力；在供应链管理、可制造性设计、质量控制和检查、机器操作、产品设计、采购等诸多环节中，工程师们认为人工智能对质量控制和检查的影响最大，对采购的影响最小，同时 50% 的制造业企业在选择采购合作伙伴时最看重的是原型组件的质量。

2. 德国通过标准制定促进高技术领域质量创新发展

德国标准是德国占领国际市场的利器，也是促进德国制造质量创新发展的基石。德国标准化学会（DIN）每年发布上千个行业标准，其中约 80%的标准上升为欧洲标准或国际标准化组织（ISO）标准，对 ISO 标准的贡献率是 19%，世界排名第一。2023 年 1 月，DIN 与德国工程师协会（VDI）、德国电子电气信息技术委员会（DKE）联合发布《循环经济标准化路线图》，围绕"数字化、商业模式和管理，电子和 ICT，包装，塑料，电池，纺织品，建筑和市政"七大主题，提出了 200 多项规范和标准，这将对德国及欧洲绿色转型和高质量发展产生重大影响。此外，2023 年，德国在高技术领域出台了《量子技术行动计划》《国家氢能战略》《轻量化战略》等一系列国家层面发展战略，而通过标准制定提升产业高质量发展水平正是这些战略的重要内容之一。

3. 日本人才缺口导致制造质量下滑

日本一直推崇精益制造和精益供应链，日本制造曾是优良品质的代名词，但近年来多家知名日企被曝出造假，如 2022 年，日野汽车被爆发动机排放数据造假长达 19 年；2023 年，大发工业承认 64 款车型在新车安全性及尾气环保测试中存在违规行为，丰田爆出安全碰撞数据造假等。究其原因，人口老龄化导致的质量管理人才短缺是引起制造质量问题的根源之一。2023 年 6 月，日本发布的 2023 年版《制造业白皮书》显示，在老龄化趋势下，高质量人才缺口越来越大，且人才质量将长期下降，特别是制造业数字化人才缺口明显，这在一定程度上阻碍了日本制造业的数字化转型和质量效益提升。

（二）世界质量创新发展大事件

1. ISO 9000 新版本重视环境保护与可持续发展

ISO 9000 是全球普遍采用的质量管理标准。2023 年 7 月，ISO 9000 发布了其最新版本 ISO 9001:2023。与之前的版本相比，新版本主要有三大变化：一是引入全生命周期思维，强调产品质量管理要涵盖产品设计、制造、使用、报废的全生命周期，以降低资源消耗，减少环境影响；二是引入风险管理，要求组织对其可能面临的各种风险进行识别、评估和管理，以预防和应对潜在的问题与挑战；三是强调关注客户需求和反馈，以及与供应商的合作关系，以提高客户满意度及建立稳定可靠的供应链。由此可见，新版本的质量管理

标准非常重视环境保护和可持续发展，这将为组织长期发展奠定基础，推动全球质量管理进入新阶段。

2. 《世界质量报告（2023—2024）》关注 AI 驱动下的质量创新与变革

2023 年，OpenText、凯捷、Sogeti 联合发布《世界质量报告（2023—2024)》。本次报告探讨了当今质量工程面临的趋势、挑战、变革与颠覆，指出质量工程中出现的新方法，特别强调生成式 AI 正在提升质量工程技能水平，是软件和质量工程领域真正的变革因素。具体来看，该报告主要分为敏捷质量管理、质量生命周期自动化、AI、质量生态系统、数字核心可靠性等内容。其中，敏捷质量管理部分提出制订强大的培训计划，以使企业适应行业技术变化和技能要求，以及实现质量工程组织现代化；质量生命周期自动化部分提出拓展有效的方法，以提高团队使用 AI 和评估 AI 系统的能力，以及确定自动化的优先次序；AI 部分提出慎重思考和分析 AI 用例，确定优先次序，制定关键绩效指标，同时继续投资扩展质量工程流程、技能和带宽，以及用迭代的方法来选择优先级高的用例；质量生态系统部分提出投资劳动力转型，考虑智能集成，加速将云和基础设施测试纳入软件开发生命周期、评估故障事件对云的影响；数字核心可靠性部分提出推动更多细分的自动化测试执行，利用服务虚拟化来应对来自应用程序、环境和数据依赖的挑战，提高质量团队技能水平等。

3. 2023 年国际质量创新大赛成功举办

国际质量创新大赛是由芬兰质量协会于 2007 年发起的一项国际质量创新领域的权威竞赛，旨在帮助创新项目获得质量创新领域的专业评价和水平对比，同时提升企业知名度和国际竞争力。2023 年国际质量创新大赛全球共有 562 个项目参加，其中 8 个类别的 39 个项目进入国际赛决赛阶段，经过角逐有 8 个项目获得奖项（见表 2-1），我国华北制药河北华民药业有限责任公司的头孢噻肟钠结晶技术研究与应用、中兴通讯股份有限公司的自研轻量化 AR 虚拟拍摄系统、湖南省建筑设计院集团股份有限公司的基于提质增效的装配式建筑集成创新研究 3 个项目位列其中。

表 2-1　2023 年国际质量创新大赛获奖名单

序　号	类　别	企 业 名 称	项 目 名 称
1	潜在创新类	西班牙巴斯克地区祖尼拔有限公司	更可持续的金枪鱼捕捞 AI 优化系统

续表

序　号	类　别	企业名称	项目名称
2	循环经济创新类	芬兰芬琳芬宝集团和 CollectiveCrunch 公司	识别和帮助预防森林虫害的 AI 应用
3	医疗行业创新类	华北制药河北华民药业有限责任公司	头孢噻肟钠结晶技术研究与应用
4	教育行业创新类	中兴通讯股份有限公司	自研轻量化 AR 虚拟拍摄系统
5	公共服务创新类	西班牙数据保护机构	保护儿童享受健康、积极和安全的网络环境的实际举措
6	微型企业和新创企业创新类	以色列技术机器人有限公司	TeamRobotics® 满足中小企业特殊需求、面向数控机床操作和其他应用的智能一体化协作机器人解决方案
7	中小企业创新类	湖南省建筑设计院集团股份有限公司	基于提质增效的装配式建筑集成创新研究
8	大型企业创新类	西班牙撒西尔公司	Sacyr IOHNIC 隧道照明创新方案

资料来源：网上公开资料，赛迪智库整理，2024 年 5 月。

二、世界品牌创新发展情况

（一）国际主要品牌排行榜情况分析

1. 2023 年世界品牌 500 强排行榜

2023 年 12 月，世界品牌实验室发布年度《世界品牌 500 强》，排名前 10 位的品牌有微软、苹果、亚马逊、谷歌、沃尔玛、麦当劳、丰田、特斯拉、可口可乐、梅赛德斯-奔驰。按照国别来看，美国拥有了 500 强中的 193 个品牌，稳居品牌大国第一位。第二阵营由法国、中国、日本和英国占据，分别有 49 个、48 个、43 个和 34 个品牌上榜。其中，中国排名较前的工业品牌包括海尔、华为、台积电、联想等。第三阵营由德国、瑞士和意大利组成，分别有 28 个、17 个和 15 个品牌入选。2023 年世界品牌 500 强排行榜中品牌入选数量前 10 位的国家如表 2-2 所示。

表 2-2　2023 年世界品牌 500 强排行榜中品牌入选数量前 10 位的国家

排　名	国　家	品牌数量	代表性品牌
1	美国	193	苹果、微软、谷歌、亚马逊、沃尔玛等

续表

排　　名	国　　家	品牌数量	代表性品牌
2	法国	49	路易威登、香奈儿、迪奥、欧莱雅、爱马仕等
3	中国	48	国家电网、腾讯、海尔、中国工商银行、华润、五粮液等
4	日本	43	丰田、本田、索尼、佳能、花王、松下等
5	英国	34	联合利华、英国石油、普华永道、沃达丰、汇丰等
6	德国	28	梅赛德斯-奔驰、宝马、敦豪、思爱普、大众等
7	瑞士	17	雀巢、劳力士、阿第克、瑞银、万国、欧米茄等
8	意大利	15	古驰、法拉利、葆蝶家、菲亚特、普拉达等
9	加拿大	9	汤森路透、庞巴迪、加拿大皇家银行等
9	荷兰	9	壳牌、飞利浦、喜力、荷兰国际集团、TNT 等

数据来源：世界品牌实验室，赛迪智库整理，2023 年 12 月。

从行业层面来看，上榜品牌数量最多的行业是食品与饮料行业，共有 35 个品牌上榜；排名第二的是汽车及零部件行业，共有 32 个品牌上榜；零售行业与能源行业并列第三，均有 28 个品牌上榜；排名第五的是传媒行业，有 26 个品牌上榜。除此之外，还有互联网、银行、保险等行业排名靠前，上榜品牌数量均为 24 个。

2023 年世界品牌 500 强中最古老的 10 个品牌如表 2-3 所示。从品牌年龄层面来看，品牌成立时间超过 100 年的多达 225 个，占比超过四成。其中，中国入选的"百年老牌"只有茅台、青岛啤酒、五粮液、中国银行、友邦保险等。在最古老的前 10 个品牌中，法国和英国各拥有 4 个，中国和瑞士各拥有 1 个。

表 2-3　2023 年世界品牌 500 强中最古老的 10 个品牌

排　　名	品牌年龄/年	品牌名称	榜单排名	国　　家	行　　业
1	358	圣戈班	360	法国	建材
2	327	英杰华	358	英国	保险
3	319	茅台	225	中国	食品与饮料
4	308	葛兰素史克	466	英国	制药
4	308	马爹利	494	法国	食品与饮料
6	299	人头马	470	法国	食品与饮料
7	296	苏格兰皇家银行	412	英国	银行

续表

排　　名	品牌年龄/年	品　牌　名　称	榜单排名	国　　家	行　业
8	280	酩悦香槟	150	法国	食品与饮料
9	279	苏富比	219	英国	拍卖
10	268	江诗丹顿	335	瑞士	钟表与珠宝

数据来源：世界品牌实验室，赛迪智库整理，2023 年 12 月。

2. 2023 年 BrandZ™ 最具价值全球品牌 100 强排行榜

2023 年 6 月公布的《BrandZ™ 最具价值全球品牌 100 强》排行榜显示，全球最具价值的前 100 个品牌总价值突破 6.9 万亿美元，较上年下降了 21%，但与疫情前（2019 年）相比，依然增长了 47%。2023 年 BrandZ™ 最具价值全球品牌 100 强排行榜前 10 强如表 2-4 所示。

从国家层面来看，美国品牌总价值达 52065 亿美元，对榜单品牌总价值的贡献率约 75%；中国上榜品牌总价值为 6198 亿美元，是第三名法国（3145 亿美元）的 1.97 倍、第四名德国（1858 亿美元）的 3.3 倍、第五名印度（1216 亿美元）的 5.1 倍、第六名日本（677 亿美元）的 9.2 倍。

从行业层面来看，今年榜单涉及 19 个行业，科技品牌整体价值占据榜单最大份额，其中苹果位居榜首，品牌价值高达 8804.6 亿美元；谷歌位居第二，品牌价值为 5776.8 亿美元；微软位居第三，品牌价值为 5018.6 亿美元。中国科技品牌腾讯入围榜单 10 强，位居第七，品牌价值 1410.2 亿美元。

表 2-4 2023 年 BrandZ™ 最具价值全球品牌 100 强排行榜前 10 强

排　　名	品　　牌	国　　家	品牌价值/亿美元
1	苹果	美国	8804.6
2	谷歌	美国	5776.8
3	微软	美国	5018.6
4	亚马逊	美国	4687.4
5	麦当劳	美国	1911.1
6	VISA	美国	1690.9
7	腾讯	中国	1410.2
8	路易威登	法国	1248.2
9	万事达卡	美国	1106.3
10	可口可乐	美国	1061.1

数据来源：凯度集团，赛迪智库整理，2023 年 6 月。

（二）2023 年世界品牌创新发展特征分析

1. 人工智能为品牌创新全面赋能

人工智能技术的进步，正在为品牌创新发展带来新思路。自 ChatGPT 推出以来，腾讯、谷歌、百度、阿里巴巴等科技公司已将生成式人工智能大模型作为竞争新方向。在企业品牌管理中，人工智能在数据分析、内容生成、决策支持、消费者互动、风险管理等多个方面都能提供创新实践，如人工智能能够实时收集、处理和分析海量的品牌相关数据，预测消费者行为，也可以自动生成和优化广告文案、社交媒体软文等品牌宣传相关内容，有效提升品牌管理水平。

2. 环境、社会和公司治理（ESG）已成为品牌发展的重要因素

当前，企业的长期发展需要关注环保与社会责任，因此将 ESG 发展理念融入品牌战略，是提升品牌公益性和社会影响力的重要举措。根据 BrandZ™ 最具价值全球品牌 100 强排行榜发布机构凯度华明通略的测算，只有 2%的上榜品牌在 ESG 领域被消费者认为是市场领先的，因此品牌发力 ESG 发展是提升品牌价值的好机遇，并将推动品牌可持续发展。

3. 品牌发展需平衡全球化和本土化的关系

一方面，品牌要发展壮大必然需要全球化的战略眼光，采用一定程度的标准化运营方式，以提升品牌管理效率；另一方面，品牌发展也要关注地方差异性，加强本土化运营研究与实践，在不同国家制定适应当地社会、市场环境的品牌战略，凭借海外市场的力量，不断扩大品牌的全球影响力。当前，跨国品牌的总体发展战略都在寻求全球化与本土化的平衡，推行全球化与本土化的并行发展。

第二节 中国质量品牌创新发展情况

一、中国质量创新发展情况

（一）质量政策制度不断健全

1. 党中央、国务院首次发布质量工作文件

2023 年 2 月，中共中央、国务院发布《质量强国建设纲要》，这是第一个由党中央、国务院印发的关于质量工作的中长期纲领性文件，为新时代建

设质量强国指明方向。《质量强国建设纲要》提出，到 2025 年质量强国建设取得阶段性成效，到 2035 年质量和品牌综合实力达到更高水平等目标，并提出推动经济质量效益型发展、增强产业质量竞争力、增强企业质量和品牌发展能力、构建高水平质量基础设施等八大重点任务，以及围绕区域质量、产品质量、品牌建设、质量基础设施等部署七项重大工程。《质量强国建设纲要》的出台，凸显了质量在全面建设社会主义现代化国家中的重要意义和战略地位。

2. 质量系列文件助力质量强国建设

为推动质量强国建设，2023 年有关部委陆续出台质量相关政策文件。5月，工业和信息化部、国家发展改革委、教育部等九部门联合印发《质量标准品牌赋值中小企业专项行动（2023—2025 年）》，旨在发挥质量标准品牌的牵引作用，促进中小企业提质增效，向专精特新发展。6月，工业和信息化部、教育部、科技部等五部委联合发布《制造业可靠性提升实施意见》，提出提升制造业质量与可靠性管理水平、加快可靠性工程技术研发与应用推广、完善可靠性标准体系等八个重点任务，旨在提升机械、电子、汽车等制造业可靠性水平，实现制造业高质量发展。12月，工业和信息化部、国家发展改革委、金融监管总局联合印发《制造业卓越质量工程实施意见》，提出增强企业质量意识、提升企业质量发展能力、推进质量管理数字化、开展质量管理能力评价四个重点任务，同时提供了制造业企业质量管理能力划分等级说明，包括经验级、检验级、保证级、预防级、卓越级。质量系列文件从行业、企业、产品等多维度推进我国质量事业跨越式发展。

（二）质量创新成效明显

从数据上看，2023 年，我国制造业产品质量合格率达 93.65%，食品安全评价性抽检合格率保持在 99%以上，农产品质量安全例行监测合格率达97.8%。生活性服务、公共服务满意度分别提高到 81.30 分和 81.43 分，首次进入"满意"区间。①

从管理上看，我国设立的国家质量强国建设协调推进领导小组，成员单位增加到 33 个，并首次实施中央质量督查考核，在安徽、福建、黑龙江等省份开展实地督查。

---

① 《我国质量总体水平稳步提升 2023 年质量工作亮点纷呈》，央视新闻，2024年 3 月 19 日。

从行动上看，我国启动量子信息、人工智能、集成电路等一批质量强链重大项目，在家用电器、家居、服装等消费领域推进质量分级，在稀土功能材料、农机装备等领域筹建国家产业计量测试中心 10 家，发布《关于推进国家级质量标准实验室建设的指导意见》，推进国家质量标准实验室培育与创建。同时，北京、山西等 12 个省（自治区、直辖市）出台进一步提高产品、工程和服务质量行动方案。

（三）质量创新先进典型发挥示范作用

在可靠性提升方面，2023 年 1 月，工业和信息化部公布了 2022 年制造业可靠性提升优秀案例遴选结果，鼓励开展优秀案例经验交流，促进更多的企业实现产品可靠性水平提升。本次共遴选优秀案例 50 个，涵盖机械、轻工、汽车、电子、机械、电力、航天、仪器仪表、电线电缆等诸多领域，优秀案例包括广东美的制冷设备有限公司的面向客户应用的全寿命周期可靠性管理体系构建与应用、浙江吉利控股集团有限公司的吉利汽车可靠性流程体系建设与应用、苏州华星光电显示有限公司的基于应力—强度模型的 PWQ 可靠性提升应用方案等。

在质量提升方面，2023 年 11 月，工业和信息化部公示了 129 个质量提升典型案例。其中，质量管理能力方面的典型案例包括安徽合力股份有限公司的基于 QMS 的创新质量管理模式、中核陕西铀浓缩有限公司的基于"1342"质量管理模式的典型案例等；质量技术创新应用方面的典型案例包括博泰车联网科技（上海）股份有限公司的基于数字孪生的虚拟仿真技术提升智能座舱设计质量的典型经验、郑州煤矿机械集团股份有限公司的薄煤层成套综采装备一体化设计创新典型案例等；可靠性提升方面的典型案例包括石家庄钢铁有限责任公司的基于"机器人取样+全自动分析+自调整模型"的炼钢全过程质量与可靠性管控、天津海尔洗涤电器有限公司的基于工业信息互联的数字化质量与可靠性管理典型案例等。

（四）质量创新交流与合作活动蓬勃开展

2023 年，我国相关部门举办了多场大型国际质量活动。6 月，在长沙举办了中非质量基础设施互联互通论坛，活动以"质量基础设施互联互通，助力中非贸易提质增效"为主题，集聚了非洲多个国家的国际组织代表、质量主管部门官员、驻华使节以及企业代表，共同交流夯实质量基础设施，促进中非贸易畅通。9 月，在成都召开的中国质量（成都）大会，围绕"经济复苏中的质量变革与合作"主题，共举办包括"质量提升、建设一流企业""深化国际质量合作、助力稳定全球供应链"等在内的 8 个分论坛和 1 场国家级标准计量质量技术机构与四川企业对接会，以及 1 场中国质量管理与质量创新成果展。来自全球 40 个国家和地区、7 个国际和区域组织以及国内有关方面的 800 多位代表参加了活动。通过举办质量创新发展大型国际交流活动，我国进一步拓展国际质量创新交流合作机制，促进"一带一路"质量交流合作不断取得新成效。

二、中国品牌创新发展情况

（一）品牌综合实力稳步提升

中国品牌在国际主流品牌评价体系中的排名持续上升。世界品牌实验室的《世界品牌 500 强》、全球最大传播集团 WPP 旗下调研公司凯度华明通略的《BrandZ™最具价值全球品牌 100 强》，连续发布品牌排行榜十年以上。《世界品牌 500 强》数据显示，2012 年至 2023 年，中国上榜品牌数量由 23 个增加到 48 个，增长一倍多，现排名第三位，与法国（49 个）、日本（43 个）、英国（34 个）同属世界品牌大国第二阵营。其中，国家电网、腾讯、海尔位居中国上榜品牌前三名；保利、抖音、中国华电、通威、中国航油和波司登 6 个品牌于 2023 年最新上榜。《BrandZ™最具价值全球品牌 100 强》数据显示，2012 年至 2023 年，中国上榜品牌价值由 2580.78 亿美元猛增至 6198.31 亿美元，排名仅次于美国位居全球第二。其中，茅台价值同比增长 158%，荣登中国品牌价值增幅榜榜首；希音和农夫山泉于 2023 年首次上榜，排名分别为第 70 位和第 81 位。综合来看，我国品牌建设成效显著，综合实力不断增强。

（二）"三品"战略成效显著

1. 消费品工业"三品"战略示范城市数量突破 100 个

2023 年 12 月，工业和信息化部公示了 2023 年消费品工业"三品"战略示范城市名单，并于 2024 年 1 月正式发布。河北省邢台市、内蒙古自治区呼和浩特市、辽宁省沈阳市、吉林省辽源市、江苏省徐州市、浙江省台州市、福建省泉州市等 60 个城市获得消费品工业"三品"战略示范城市称号。

当前，我国已经创建消费品工业"三品"战略示范城市 139 个，涉及省级行政区 26 个，基本覆盖主要消费品行业。这些城市在品牌建设、创意设计、数智转型、绿色发展等方面不断进步，有力促进消费品行业品质和品牌效益提升。

2. "三品"全国行活动向纵深发展

2023 年 4 月，工业和信息化部、商务部联合启动"三品"全国行活动。本次活动的主题是"数智赋能品'制'增效 优质消费"，创建"文化力量，匠心国牌""数字活力，绿色时尚""城乡联动，消费提振"等七个消费主题月，聚焦服装、家纺、家具、家电、五金、洗涤、休闲食品、乳制品、健康养老、绿色智能十大领域，开展多场巡展活动，旨在提升消费品工业产品和服务供给能力，增强消费对经济增长的拉动作用。

全国各地积极响应"三品"全国行活动。河北省在保定市举办了"三品"全国行（河北站）暨首届数字"三品"创新发展大赛启动会，聚焦生活食品、造纸、纺织等行业，挖掘技术先进、易复制推广的解决方案，发布河北省数字"三品"公共服务平台，交流数字化赋能技术创新、产品创新和模式创新。福建省组织开展"三品"全国行福建系列活动，包括漳州休闲食品博览会、福州预制菜选品对接会、莆田鞋业供应链集采节等。

（三）品牌创新发展特征分析

1. 科技创新驱动品牌创新

近年来，我国研发投入大幅提高，全社会研发经费从 2012 年的 1.03 万亿元增长到 2023 年的 3.3 万亿元，研发经费投入强度从 1.91%提高到 2.65%。世界知识产权组织发布的《2023 年全球创新指数报告》显示，中国内地创新能力综合排名全球第 12 位，是前 30 名中唯一的中等收入经济体。科技正在推动中国品牌在产品质量、设计能力、生产技术、售后服务等方面快速提升，不断推出新技术、新产品，满足全球消费者对高品质的需求。

2. 人工智能是推动品牌创新的重要力量

腾讯、阿里巴巴、百度、华为、海尔等中国品牌翘楚，在人工智能技术驱动下不断探索、拓展边界，发展新制造、新零售、新服务，构建品牌生态，不断提升品牌价值与国际影响力，如腾讯大模型产品在数智人客服、交互翻译、金融风控等应用场景落地，阿里巴巴开展 AI 驱动下的数字化办公最新实践，百度发布大语言模型产品文心一言等。而对于新品牌，人工智能技术驱动的营销策略是其快速打响知名度，实现品牌出海的重要举措。

3. 品牌发展环境日益优化

政府层面，我国相继出台《关于发挥品牌引领作用推动供需结构升级的意见》《关于新时代推进品牌建设的指导意见》《质量标准品牌赋值中小企业专项行动（2023—2025 年）》等一系列政策文件，并将每年 5 月 10 日设立为"中国品牌日"。企业层面，我国企业创建新品牌的热情高涨。截至 2023 年底，我国有效商标注册量为 4614.6 万件，同比增长 8.1%，品牌价值与效益正在不断释放。

第三章

2023 年产业标准化工作创新发展情况

2023 年，新一轮科技革命和产业变革深入演进，以规则、标准为基础的多边贸易体系面临着严峻的挑战，世界产业科技标准领域呈现意识形态化趋势。以美国为代表的西方国家进一步加强产业标准化战略布局，维护其在标准领域的全球领导地位，并明确将我国列为对抗对象，诋毁我国标准化工作。2023 年，我国在推进产业标准化方面开展了诸多工作，取得了一系列成效。在标准支撑新型工业化方面，先进标准引领作用持续提升、标准促进工业发展更加有力、百项团标应用示范深入开展、绿色发展标准化更加高效；在新兴技术领域标准研制方面，产业标准政策体系不断完善、关键技术领域标准供给更为有力、科技创新和标准制定协同互动持续增强；在标准助力高水平开放方面，中外标准一致性水平持续提升、国际标准化活动参与能力持续增强、标准化工作国际影响力显著提升。

第一节　世界产业标准化工作创新发展情况

一、世界主要国家高度重视产业标准化创新

（一）美国高度重视维持其标准制定全球领导地位，推动加强人工智能领域标准研究

在标准战略制定方面，2023 年 5 月 4 日，拜登政府发布《美国政府关键和新兴技术国家标准战略》（以下简称《战略》），以持续强化美国在全球标准制定方面的领导地位和竞争力。《战略》的出台不仅显示了美国政府对关键和新兴技术的重视，更标志着美国将与我国的科技竞争提升到了顶层设计的标准制定层面。作为美国在关键和新兴技术（Critical and Emerging

Technologies，CETs）领域的标准化行动纲领，《战略》重申了标准化工作对于美国的重要性，计划更新美国目前基于规则的标准制定方法。《战略》强调了美国联邦政府对制定 CETs 国际标准的支持，认为此举有助于加快私营部门领导的标准工作，以促进全球市场、促进互操作性，并增强美国的竞争力和创新力，同时强调了开展 CETs 标准研制对美国竞争力和国家安全具有的重要战略意义。《战略》侧重 CETs 标准开发的四个关键目标：一是加强对标准化前研究的投资；二是推动政府与私营部门、学术界以及其他主要利益相关方合作；三是强化技术标准劳动力培育；四是促进国际标准体系的完整性和包容性。《美国政府关键和新兴技术国家标准战略》涉及的技术领域如表 3-1 所示。

表 3-1　《美国政府关键和新兴技术国家标准战略》涉及的技术领域

分　类	技术领域	技术领域描述
优先考虑标准制定的领域	通信和网络技术	该技术正在使消费者、企业和政府的互动方式发生巨大变化，构成未来通信网络的基础
	半导体和微电子技术	该技术包括计算、内存和存储技术，影响着全球经济、社会和政府，并为科技创新提供动力
	人工智能和机器学习	该技术有望成为各行业的变革性技术，但必须基于值得信赖的风险防控方式进行技术开发
	生物技术	该技术影响所有国家的健康、农业和工业部门，需要安全使用
	定位、导航和授时服务	该技术在一定程度上难以察觉技术和基础设施效用，包括电网、通信基础设施和移动设备、交通运输、农业、天气预报和应急响应等
	数字身份基础设施和分布式账本技术	该技术对关键经济部门的影响愈发明显
	清洁能源生产和储存	该技术对能源的生产、储存、分配，对气候安全和能源高效利用的技术安全至关重要
	量子信息技术	利用该技术来存储、传输、操纵、计算或测量信息，对国家安全和经济有重大影响
优先考虑标准应用和推广的领域	自动化和连接的基础设施	涉及如智能社区、物联网和其他领域的应用
	生物库	涉及生物样本的收集、储存和使用
	自动、互联和电气化交通	包括多种类型的自动、互联的地面车辆和无人驾驶飞机系统，其中许多可能是电动汽车（EVs），以及安全和高效地整合到智能社区和整个交通系统，包括将电动汽车与电网和充电基础设施整合的标准

续表

分　类	技术领域	技术领域描述
优先考虑标准应用和推广的领域	关键矿物供应链	该技术促进各种标准，支持增加对制造可再生能源技术、半导体和电动汽车所需的关键矿物的可持续开采
	网络安全隐私	该技术对促进新兴技术的发展和部署至关重要，能促进数据和信息的自由流动和信任
	碳捕集、清除、利用和储存	可以建立在不断发展的二氧化碳储存标准和新兴的点源碳捕集、清除和利用标准之上

资料来源：赛迪智库整理。

在新兴技术标准研究方面，2023年10月10日，美国国家标准学会（ANSI）举办2023ANSI世界标准周活动，技术专家、标准化工作专家、企业和政府等的资深专家就生成式人工智能标准、法规等开展深入讨论。讨论按照分小组形式开展，"创造未来：跨部门的影响"小组讨论生成式人工智能在各部门、各行业发挥的作用，以及应用的优势和挑战；"值得信赖和负责任的人工智能"小组讨论如何确保生成式人工智能可信赖、能负责。10月30日，拜登政府在签署的一项行政命令中确立了人工智能安全和安保的新标准，该标准由美国商务部各机构，工业与安全局（BIS）、国家电信与信息管理局（NTIA）、国家标准技术研究所（NIST）以及美国专利商标局（USPTO）负责制定，对保护用户隐私、促进公平和公民权利、维护消费者和工人权益、促进创新竞争等八个方面进行了规定。

（二）欧盟以《欧盟标准化战略》为引领，围绕新兴领域持续深化研究和投入

2023年，欧盟进一步落实《欧盟标准化战略》，以提升全球标准制定能力，降低对外依赖，保护欧盟价值观，维护欧洲技术主权。2023年2月1日，欧洲标准化委员会（CEN）和欧洲电工标准化委员会（CENELEC）共同发布2023年工作计划（以下简称《计划》）。《计划》分析了欧洲标准化工作面临的形势任务，对2023年标准化工作进行了全面部署。《计划》概述了化学制品、数字社会等14个行业的主要标准化战略目标、项目和优先领域，分析了各行业部门标准化现状和相关法律法规等。《计划》指出，应对当前挑战的关键因素包括无障碍、可持续性和智能技术，并归纳了年度关键战略重点，包括持续实施《CEN-CENELEC战略2030》，加强与欧洲机构的合作，加大参与国际标准化活动的力度，与中国、印度等重点国家深化标准合作，以及推出一系列标准化主题会议与培训活动等。

在量子技术、网络安全等新兴领域层面，2023年2月7日，欧洲标准化组织（ESO）、欧洲标准化委员会、欧洲电工标准化委员会、欧洲电信标准化协会（ETSI）与欧盟网络安全局（ENISA）联合举办了第七届年度会议，会议的重点是商定"支持欧盟网络安全立法的欧洲标准"。2023年3月22日，欧洲标准化委员会、欧洲电工标准化委员会发布了《量子技术标准化路线图》和《量子技术使用案例》两份报告。报告全面阐述了欧洲对量子计算、量子通信和量子计量学的标准化需求。2023年6月22日，欧洲电信标准化协会的多接入边缘计算行业规范小组（ISG MEC）发布了一份新的白皮书，详细阐述了"边缘原生"的概念和愿景，并描述了它对边缘应用程序开发人员的意义。该白皮书将指导开发人员了解边缘计算的主要原则和特定要求，以及将它们与现代架构方法相联系。

（三）英国围绕跨国贸易、人工智能等领域，加强与其他国家/地区的标准合作

英国标准协会（BSI）与英国外交、联邦和发展办公室（FCDO）牵头拟订在孟加拉国、加勒比海、埃塞俄比亚等11个国家和地区实施新标准合作伙伴关系计划。该计划建立在英国标准协会与其他国家标准机构在加纳、肯尼亚、卢旺达和乌干达成功实施标准合作伙伴关系试点计划的基础上，主要目标是增加标准在跨国贸易中的制定和使用，以减少贸易壁垒，促进目标经济体供应链的多元化和可持续增长，提高出口潜力，加大符合国际标准的产品和服务数量，增加贸易和投资机会，优化市场准入环境，以及搭建各国国家标准机构与贸易部门沟通的桥梁基础。

人工智能领域，2023年4月10日，英国标准协会与总部位于日本的自动化人工智能测试和监视工具供应商 Citadel AI 开展合作。合作双方均认可独立方在评估行业标准合规性、审计和认证方面具有至关重要作用，该合作将专注医疗保健行业，并将进一步扩展到监督高风险行业（如汽车行业），以及其他高敏性产品（如生物识别）等，进而确保人工智能的应用更加值得信赖、透明和负责任。

（四）其他国家强化与美、欧等经济体的标准交流合作，以推动技术领先为目标开展标准研发布局

1. 德国

2023 年 3 月，德国启动首批氢能标准化路线图实施项目，德国标准化学会负责制定相关战略路线图并实施具体标准化项目。首批行动以九个具体实施项目形式转交给技术监管机构，目标是启动 4 项欧洲标准和 2 项国际标准、1 项 VDE（德国电气工程师协会）/EN（欧洲标准）/IEC（国际电工委员会）技术规则和 2 项 DVGW（德国科学与技术协会下属空气与水检测部门）技术规则。2023 年 4 月，美国国家标准学会与美国国家委员会/国际电工委员会（USNC/IEC）、德国标准化学会、德国电气工程师协会、德国电工委员会（DKE）共同举办了 2023 年美德标准小组会议。会议重点讨论了气候变化、人工智能、数字化转型和智能标准等议题，并就美国、欧洲标准战略相关的事项和行动进行了充分讨论。

2. 韩国

2023 年 8 月 9 日至 10 日，韩国技术与标准局（KATS）与美国国家标准学会共同举办了 2023 年韩美标准论坛，双方围绕量子技术、半导体、人工智能、自动驾驶汽车、碳中和等领域，就美韩两国开展标准战略和活动合作事项进行了讨论。2023 年 11 月 6 日，韩国科学技术信息通信部（MSIT）宣布发布 6G、智能电网等 12 项数字技术标准化战略，旨在通过将政策、研发、产业和服务联系起来，确保韩国未来的技术领先地位。核心技术领域的研发标准战略和现有技术的国际标准化促进战略，将使韩国在国际标准化合作中发挥关键作用。

3. 日本

2023 年 6 月 2 日，日本发布 2023 年版《制造业白皮书》，围绕促进制造业基础技术的产业振兴，日本计划开展推进新产业集群建设及强化现有产业集群功能，加强与新兴产业相关的支撑功能建设；推动战略性标准化认证；加强供应链韧性等相关举措。

二、标准化组织不断推进创新

（一）国际标准化组织

2023 年 7 月 9 日，国际标准化组织（International Organization for

Standardization，ISO）宣布作为新合作伙伴加入联合国"影响管理平台"（UN Impact Management Platform）。这一举措将有利于建立更清晰、更连贯的影响管理标准和指南体系，推动指导系统的互操作性和可访问性，以及其与相关政策制定者的协调对话。2023年10月19日，ISO和IEC成立联合工作组JWG 4，以推进人工智能系统安全性。联合工作组以ISO/IEC TR 5469《人工智能 功能安全和人工智能系统》为基础，制定新标准ISO/IEC TS 22440，重点关注人工智能系统功能应用的多个领域，以推动人工智能系统安全性提升。2023年12月4日，ISO联合IEC举办第四届ISO/IEC AI研讨会，对标准如何支持人工智能中的新兴技术和趋势进行讨论。研讨会主要包含人工智能技术如何彻底改变医疗保健行业诊断工具、人工智能如何改变媒体和摄影，以及媒体和摄影新兴技术趋势等议题。

（二）国际电工委员会

2023年4月21日，国际电工委员会（International Electrotechnical Commission，IEC）公布2023年IEC托马斯·爱迪生奖获奖名单，五位获奖者分别是：主动辅助生活系统委员会主席乌尔里克·哈尔特里希（Ulrike Haltrich）、可穿戴技术委员会秘书朴在永（Jae-yeong Park）、照明技术委员会灯具附件分技术委员会主席佛朗哥·鲁斯纳蒂（Franco Rusnati）、特高压交流输电系统技术委员会秘书再马荣（Eiichi Zaima）、国际电工委员会电子元器件质量评定体系执行领导团队的财务主管韦恩·鲍曼（Wynn Bowman）。IEC托马斯·爱迪生奖设立于2010年，是世界标准化及合格评定领域的最高技术管理大奖之一，旨在表彰投身国际电工委员会事业并通过其卓越有效的管理，对IEC做出突出贡献、取得杰出成就的标准化技术委员会（TC）、分技术委员会（SC）、系统委员会（SYC）官员和合格评定体系官员。在IEC技术委员会主席轮换方面，自2023年12月开始，中国标准化专家委员会委员、中国家用电器研究院副院长、中国家用电器标准化技术委员会秘书长、IEC/TC 61家用和类似用途电器的安全技术委员会副主席、IEC托马斯·爱迪生奖获奖者、IEC1906奖获奖者马德军接替此前担任该委员会主席的乌尔里克·哈尔特里希（Ulrike Haltrich），担任国际电工委员会主动辅助生活系统委员会（IEC/SYC AAL）的新主席。

（三）国际电信联盟

国际电信联盟（International Telecommunications Union，ITU）新一届高

层领导团队于 2023 年 1 月 1 日上任，美国的多琳·伯格丹-马丁（Doreen Bogdan-Martin）任 ITU 秘书长，立陶宛的托马斯·拉马瑙斯卡斯（Tomas Lamanauskas）任 ITU 副秘书长，乌拉圭的马里奥·马尼维奇（Mario Maniewicz）任 ITU 无线电通信局主任，日本的尾上诚藏（Seizo Onoe）任 ITU 电信标准化局主任，津巴布韦的科斯马斯·扎瓦扎瓦（Cosmas Zavazava）任 ITU 电信发展局主任。2023 年 7 月 6 日至 7 日，ITU 在瑞士日内瓦的国际会议中心举行"2023 年人工智能造福人类全球峰会"（AI for Good Global Summit 2023）。大会提出了各种与人工智能未来相关的理念，包括设立人工智能新应用或预期应用注册机构、人工智能全球观察站等新机构，以及赋能已拥有应对人工智能挑战的专业知识的现有组织提案。2023 年 12 月 1 日至 9 日，ITU 借助在迪拜举办的第 28 届联合国气候变化大会（COP28），与联合国、各国政府和企业等 40 多个合作伙伴一起召开绿色数字行动会议，以制定切实可行的解决方案。

三、2023 年世界产业标准化重要活动

（一）ISO 第 45 届大会

2023 年 9 月 18 日至 22 日，ISO 第 45 届大会在澳大利亚布里斯班召开，来自 169 个 ISO 成员体、国际和区域组织的 600 余名代表参会。大会听取了 2023 年度 ISO 各项工作报告，评选了 2023 年度劳伦斯·艾彻领导奖，审议通过了 2024 年 ISO 成员体会费，批准发布了新修订的《ISO 战略 2030》《ISO 章程和议事规则》，投票选举产生了下一届政策副主席和理事会成员等。我国代表团参加了 ISO 全体大会、理事会会议、技术管理局会议、发展中国家事务委员会会议以及太平洋地区标准大会执委会会议等全部会议。

（二）第 87 届 IEC 大会

2023 年 10 月 19 日至 11 月 2 日，IEC 召开第 87 届 IEC 大会，来自世界各地 115 个国家的约 1770 名商界领袖和技术专家参加了此次大会。大会以全线上的方式举办，包括 IEC 理事会会议、标准化管理委员会会议、合格评定委员会会议和青年专业人员研讨会等 25 场会议。

（三）2023 年金砖国家标准化合作会议

2023 年 11 月 29 日，2023 年金砖国家标准化合作会议以视频方式召开。

中国、俄罗斯、南非、巴西、印度等金砖国家标准化机构代表共计 20 余人线上参加本次会议。南非国家标准化机构（SABS）作为今年金砖国家标准化合作轮值主席国机构主持本次会议。会议交流了金砖各国标准数字化转型发展相关情况并进行了深入探讨，就加快推动签署金砖国家标准化合作谅解备忘录，建立标准化信息交流工作组等达成了共识。

（四）ITU 2023 年无线电通信全会

2023 年 11 月 13 日至 17 日，4 年一届的 ITU 无线电通信全会（RA-23）在阿联酋迪拜召开，来自 128 个 ITU 成员国的 1300 余名代表参加了大会，并规划了无线电通信系统的未来方向。无线电通信全会期间讨论的重点议题包括：商议将 IMT-2030 作为 6G 国际移动通信的技术参考，修订保护卫星无线电导航业务的 ITU-R 建议书，通过国际电信联盟无线电通信组（ITU-R）各研究组、无线电通信顾问组及 2027 年世界无线电通信大会（WRC-27）筹备会议的主席、副主席拟议名单等。

第二节　中国产业标准化工作创新发展情况

一、产业标准支撑新型工业化更加有效

（一）先进标准引领作用不断增强

2023 年 6 月 7 日，国家市场监督管理总局发布《2023 年度实施企业标准"领跑者"重点领域》，明确了 60 余项产业类别、265 个领域方向。2023 年，全国新增"领跑者"标准 1399 项，覆盖 947 家企业。其中，工业领域"领跑者"标准 640 项，电气机械和器材制造业占比近 20%，通用设备制造业、专业设备制造业分别占比 12% 和 10%。截至 2023 年底，已有 2003 家企业的 3631 项标准成为"领跑者"，覆盖 893 类产品及服务。

（二）标准促进工业发展更加有力

2023 年，围绕现代化产业体系建设，我国发布工业基础国家标准 126 项、高端装备制造国家标准 41 项、航空航天国家标准 50 项，围绕增材制造、氢能等产业链发布国家标准 38 项，制定出台再生铜原料等涉及国家铜铝供应链需求的重要标准，助力产业链韧性和安全水平提升。截至 2023 年底，

我国工业领域国家标准 35851 项、行业标准备案数 25871 项、团体标准公布数 36434 项，企业通过企业标准信息公共服务平台自我声明公开执行的标准 1692235 项。

（三）百项团体标准应用示范深入开展

实施团体标准有助于促进产业协同发展，优化行业结构，从而更好地提高行业整体质量水平。2023 年 12 月 6 日，工业和信息化部发布《关于公布 2023 年团体标准应用示范项目的通告》，经自愿申报、地方或行业推荐、专家审查和社会公示等环节，遴选出 109 项 2023 年团体标准应用示范项目，涉及人工智能、物联网、车联网、区块链等新技术领域的有近 20 项，如表 3-2 所示。

表 3-2　2023 年团体标准应用示范项目领域分布汇总

所 属 领 域	项 目 数	所 属 领 域	项 目 数	所 属 领 域	项 目 数
钢铁	9	车联网	2	基础工艺	1
建筑材料	9	科技管理	2	机器人	1
化工	8	机床工具	2	新能源汽车	1
电工电器	7	特种设备	2	数字化转型	1
家电	6	船舶	2	日化	1
工程机械	4	绿色制造	2	造纸	1
通用零部件	4	自行车	2	家具	1
纺织	4	锂离子电池	2	五金	1
仪器仪表	3	软件	2	皮革	1
汽车	3	算力基础设施	2	消费电子	1
智能制造	3	智能终端	2	大数据	1
集成电路	3	工业互联网	2	云计算	1
网络和数据安全	3	区块链	2	IPv6	1
人工智能	2	物联网	1	无线接入网	1

数据来源：赛迪智库整理。

（四）绿色发展标准化更加高效

2024 年 2 月 5 日，工业和信息化部等七部门研究制定《关于加快推动制造业绿色化发展的指导意见》，旨在明确各项落实举措，分类指导、分业施策，一体化推进重点行业、园区、企业和地区发展方式绿色低碳转型。2023 年 4 月 22 日，国家标准化管理委员会、国家发展改革委、工业和信息化部等十一部门联合印发《碳达峰碳中和标准体系建设指南》，旨在建立"双碳"标准体系建设施工图，服务国家"双碳"目标。2023 年，我国发布二氧化碳捕集、能耗限额、取水定额等相关国家标准 11 项，推进钢铁、建材等重点行业企业碳排放核算与报告标准制定，构筑绿色发展标准化屏障。

二、新兴技术领域标准研制持续加强

（一）产业标准政策体系不断完善

在年度工作计划方面，2023 年 3 月 21 日，国家标准化管理委员会发布《2023 年全国标准化工作要点》，强调深入实施《国家标准化发展纲要》，围绕"加强新兴技术领域标准研制，加快科技成果转化步伐""提升产业标准化水平，支撑现代化产业体系""完善绿色发展标准化保障，助力美丽中国建设""织密筑牢标准安全网，切实统筹发展和安全""强化民生领域标准供给，助力提高人民生活品质""加强标准化国际合作，稳步扩大标准制度型开放""深化标准化改革创新，激发标准化发展内生动力""健全标准化工作体系，不断夯实标准化发展基础"八个方面，提出 89 条重点任务。

在新产业标准化方面，2023 年 8 月 22 日，工业和信息化部联合科技部、国家能源局、国家标准化管理委员会等部门制定形成《新产业标准化领航工程实施方案（2023—2035 年）》（以下简称《实施方案》），旨在持续完善新兴产业标准体系建设，前瞻布局未来产业标准研究，充分发挥新产业标准对推动技术进步、服务企业发展、加强行业指导、引领产业升级的先导性作用。《实施方案》主要聚焦新兴产业与未来产业的标准化工作，形成"8+9"的新产业标准化重点领域。

（二）关键技术领域标准供给更为有力

2023 年，我国战略性新兴产业标准供给比例达 40% 左右，围绕北斗导航、载人航天等领域，开展了 7 项北斗卫星导航标准、14 项空间科学标准研制攻关，推进了百余项北斗应用标准研制；围绕集成电路、生物技术、清洁能源等领域，开展了 200 余项国家标准研制。新增备案行业标准 4141 项，其中涉及战略性新兴产业标准 1902 项，占比为 45.9%。新增企业自我声明公开标准 546160 项，其中涉及战略性新兴产业标准 210508 项，占比为 38.5%。新增公布团体标准 23162 项，其中涉及战略性新兴产业标准 11644 项，占比为 50.3%。

（三）技术创新和标准制定协同互动持续增强

立足国家重大战略、重大工程、重要行业和新兴产业标准化发展需求，围绕新一代信息技术、新材料、高端装备与智能制造、新能源与新能源汽车、环保低碳 5 个领域及综合验证需求，国家标准化管理委员会批准设立了首批 38 家国家标准验证点。2023 年，我国建成 34 家国家技术标准创新基地，智能制造、光伏、家用电器等国家技术标准创新基地累计推动 1924 项具有应用潜力的先进科技成果转化为 2245 项技术标准；新批准成立有色金属、化工新材料、医疗器械、民航等 8 家国家技术标准创新基地；建立涵盖宏观战略、标准化、测量测试、检验检测、科技研发、产业应用等方面近 500 人的标准验证点高级专家库。

三、标准助力高水平开放更加有序

（一）中外标准一致性水平持续提升

2023 年，我国共转化国际标准 999 项，整体国际标准转化率达到 82%。我国主要消费品与国际标准的一致性程度为 96%，重点装备制造、新一代信息技术等领域国际标准转化率超过 90%。我国组织开展了全国专业标准化技术委员会与国际标准组织国内技术对口单位数据比对工作，明确有 380 个国际标准组织技术机构与我国技术委员会为对应关系，对应程度超过 90%。

（二）国际标准化活动参与能力持续增强

2023 年，我国在国际标准化组织新承担机械储能、创新物流等 7 个秘书处和 9 个主席、副主席职务，新增注册专家 1311 名；提出分子生物等 244 项国际标准提案；国际标准制定参与度达到 82.2%。围绕国际贸易、对外承包工程、国际科技合作与交流、碳达峰碳中和等领域下达 480 项推荐性国家标准外文版计划，发布 398 项国家标准外文版。

（三）标准化工作国际影响力显著提升

一直以来，标准在推动科技创新、消除技术壁垒、增进国际合作等方面发挥着重要作用。随着越来越多的中国标准走向国际，我国在国际标准化舞台上实现了从"参与者和贡献者"向"推动者和引领者"的跃升。截至 2023 年底，我国主导制定的 ISO、IEC 国际标准超 1400 项，在国际标准化组织注册的专家数超过 1.3 万人，已成为贡献国际标准最活跃的国家之一。

2023 年 6 月 7 日，由国家市场监督管理总局（国家标准化管理委员会）、德国电工委员会、英国标准协会联合指导，国际电工委员会、国际标准化组织、国际电信联盟世界三大国际标准化机构提供支持的 2023 国际标准化（麒麟）大会在南京召开。会议重磅发布了由我国牵头编制的 IEC 新兴技术战略白皮书，这是我国参与国际电工委员会工作、建设碳达峰碳中和国际标准体系的最新成果，为我国引领全球碳达峰碳中和领域的国际标准制定奠定了重要基础。

四、2023 年我国产业标准化重要政策

（一）《工业领域数据安全标准体系建设指南（2023 版）》

2023 年 12 月 19 日，工业和信息化部、国家标准化管理委员会联合印发《工业领域数据安全标准体系建设指南（2023 版）》。该指南明确，工业领域数据安全标准体系由基础共性、安全管理、技术产品、安全评估与产业评价、新兴融合领域、垂直行业六大类标准组成。指南提出，要根据基础共性、安全管理、技术产品、安全评估与产业评价标准，结合原材料、装备等重点工业行业/领域数据特点和安全需求，制定垂直行业数据安全标准。

（二）《钢铁行业智能制造标准体系建设指南（2023 版）》

2023 年 9 月 27 日，工业和信息化部办公厅印发《钢铁行业智能制造标准体系建设指南（2023 版）》。该指南明确，到 2025 年建立较为完善的钢铁行业智能制造标准体系，累计研制 45 项以上钢铁行业智能制造领域的国家和行业标准。指南提出了钢铁行业智能制造标准体系的体系结构、体系框架、建设内容，列明了现行和在研国家标准、行业标准清单以及未来标准建设重点。

（三）《国家车联网产业标准体系建设指南（智能网联汽车）（2023 版）》

2023 年 7 月 18 日，工业和信息化部、国家标准化管理委员会联合印发

《国家车联网产业标准体系建设指南（智能网联汽车）（2023 版）》。该指南是《国家车联网产业标准体系建设指南》的第二部分，是对《国家车联网产业标准体系建设指南（智能网联汽车）（2018 版）》的继承、延伸与完善。该指南对第一阶段标准体系建设情况进行了客观总结，对产业新需求和新趋势进行深入分析，形成了框架更加完善、逻辑更加清晰、内容更加全面的标准体系建设指南，为智能网联汽车产业高质量发展奠定了坚实基础。

（四）《有色金属行业智能制造标准体系建设指南（2023 版）》

2023 年 3 月 1 日，工业和信息化部办公厅印发《有色金属行业智能制造标准体系建设指南（2023 版）》。该指南围绕有色金属行业智能制造特点，提出了标准体系结构和框架，其框架包含四层，其中第二层分为基础综合、装备与系统、智能工厂及评价四个部分。指南明确，到 2025 年基本形成有色金属行业智能制造标准体系，累计研制 40 项以上有色金属行业智能制造领域标准，基本覆盖智能工厂全部细分领域，实现智能装备、数字化平台等关键技术标准在行业的示范应用。

（五）《工业领域碳达峰碳中和标准体系建设指南（2023 版）》（征求意见稿）

2023 年 5 月 23 日，工业和信息化部公开征求对《工业领域碳达峰碳中和标准体系建设指南（2023 版）》（征求意见稿）的意见。该文件提出，到 2025 年，工业领域碳达峰碳中和标准体系基本建立；针对低碳技术发展现状、未来发展趋势及工业领域行业发展需求，制定 200 项以上碳达峰急需标准。文件还提出，工业领域碳达峰碳中和标准体系框架包括基础通用、核算与核查、技术与装备、监测、管理与评价五大类标准。

行　业　篇

第四章

电子信息行业

在新一轮科技革命和产业变革深入发展的大背景下，全球科技浪潮奔涌而来，新一代信息技术突破正引领产业群体跃升。随着以数字化、智能化为特征的信息科技革命重塑全球产业版图，电子信息产业呈现跨学科、多领域渗透融合特点，量子通信、超级计算等前沿颠覆性领域正孕育着巨大力量，业已成为现代化产业体系的重要支柱，对经济社会发展起着不可替代的作用。2023年，我国电子信息产业科技创新日新月异，在智能手机、通信设备制造、超级计算机、核心电子元器件等领域取得了一系列重大创新成果，以华为、小米为代表的行业领军企业的国际影响力不断扩大，并持续开辟发展新领域新赛道，不断塑造发展新动能新优势。但同时也要清醒地看到，当前逆全球化思潮抬头，单边主义、保护主义明显上升，世界经济复苏乏力，电子信息产业成为大国博弈主战场，我国电子信息产业尚存在产业创新能力不足、企业科技创新能力偏弱、产学研协同创新生态不完善等问题，迫切需要从关键核心技术攻关、创新型企业培育、加强产学研协同创新等方面加以提升。

第一节　创新情况

一、重点领域技术发展、创新及产业化情况

（一）通信设备制造业

1. 手机产品

2023年，我国智能手机市场呈现复苏向好的态势，华为、小米等各大国产品牌推出一系列新款机型，满足广大消费者不同层次的需求。中国信息通

信研究院数据显示，2023 年 1—12 月，我国市场手机总体出货量累计达 2.89 亿部，同比增长 6.5%。其中，5G 手机出货量为 2.40 亿部，同比增长 11.9%，占同期手机出货量的 82.8%；累计上市新机型 406 款，同比增长 5.5%，占同期手机上市新机型数量的 92.1%。特别值得关注的是，我国智能手机市场价格段延续 K 形分化趋势，其中 600 美元以上高端市场份额达 27.4%，同比增长 3.7 个百分点，200 美元以下低端市场份额恢复到 27.5%，同比增长 5.2 个百分点，侧面反映出仍有不少消费者对于高端智能手机产品热情不减，且兼具外观、功能和性价比的千元 5G 精品智能手机受到大家青睐。从品牌市场占有率看，IDC 发布的 2023 年中国智能手机市场份额排名显示，除了排名第一的苹果，紧随其后的四名分别为荣耀、OPPO、vivo 和小米，均为国产品牌，反映了国产品牌在高端手机市场竞争中的重要地位。

2023 年，通过尖端技术创新引领的产品综合体验、开拓高端市场成为智能手机企业的不二选择，特别是在 5G、AI 等技术的赋能下，我国智能手机市场有望迈入下一个增长周期。

一是移动平台芯片极大提升了智能手机的性能和用户体验，重新定义了智能手机在新时代下的标准，为手机市场逐渐复苏提供强大动力。2023 年高端旗舰国产手机中，荣耀 Magic 6 系列所搭载的第三代骁龙 8 移动平台是其中的典型代表，该系列配备的 Magic OS 8.0 系统基于意图识别的人机交互体验，使相关产品迈向了 AI 手机时代。基于骁龙 8 移动平台，荣耀智能手机实现跨应用一步直达的意图识别人机交互体验，例如当用户有用车需求时，只需要按住包含地址的短信文本拖至打车软件，即可完成相关打车功能。

二是 5G+AI 应用爆发趋势初现。2023 年 2 月，高通宣布推出骁龙 X75 5G 调制解调器及射频系统，成为全球首款 "5G Advanced-ready" 基带产品，实现了从 600MHz 到 41GHz 的全频段支持。该产品承诺在 Wi-Fi 7 和 5G 中达到 10Gbps 下行速度，加上自身毫米波 mmWave 硬件（QTM565）与 Sub-6 硬件相融合，可以比上一代 X70 提升 20%能效。目前，骁龙 X75 5G 芯片已经陆续应用在国产智能手机上，该系列先进调制解调器及射频软件套件可以大大提升包括轨道交通、航空运输等用户场景下的通信效率，而 5G PowerSave 和高通射频能效套件则能够延长电池续航。

三是通过 "手机端硬件+云" 组合的端侧大模型概念逐步兴起。2023 年，国产智能手机企业陆续提出通过不同量级的模型，实现超越依赖云服务的智能语音助手的强大功能。例如，2023 年 10 月，OPPO 宣布与联发科技合作

共建轻量化大模型端侧部署方案，其中联发科 AI 处理器 APU 与 AI 开发平台 NeuroPilot 共同构建了完整的生成式 AI 计算生态，促进大模型在端侧落地并实现性能优化。11 月，vivo 宣布 X100 系列智能手机搭载了 vivo 自研 AI 蓝心大模型，该模型包含了十亿、百亿、千亿三个参数量级共 5 款，能够全面覆盖核心应用场景。同期，OPPO 也正式推出自主训练、个性专属的大模型——安第斯大模型 AndesGPT，该模型拥有对话增强、个性专属和端云协同三大技术特征，同时在知识、记忆、工具与创作四大方向表现不俗。

2. 移动通信设备

2023 年，我国移动通信设备产业保持良好的发展势头，相关领域技术创新亮点纷呈，数据中心机架规模持续增加，算力网络进一步完善，兼具绿色低碳技术、安全可靠能力和高效优质服务的新型基础设施呈现良好的发展势头。工业和信息化部数据显示，截至 2023 年底我国移动通信基站总数达 1162 万个，其中 5G 基站为 337.7 万个，占移动通信基站总数的 29.1%，占比较上年末提升 7.8 个百分点。其中，中国移动、中国电信和中国联通三家基础电信企业为公众提供服务的互联网数据中心机架数量达 97 万个，全年净增 15.2 万个。

2023 年，6G 成为我国关注布局的重点领域，相关技术创新持续加速。工业和信息化部、科技部、国家发展改革委等相关部门重要会议及文件多次提出，前瞻布局第六代移动通信（6G）网络技术储备，加大 6G 技术研发支持力度，为我国电子信息产业高质量发展提供强大动力。2023 年 6 月，工业和信息化部部长金壮龙在第 31 届中国国际信息通信展览会上表示，将前瞻布局下一代互联网等前沿领域，全面推进 6G 技术研发。与此同时，基于 IMT-2030（6G）推进组，2023 年工业和信息化部会同国家发展改革委、科技部等部门系统推进 6G 愿景需求研究、技术研发、国际合作等工作，我国通信设备制造商积极布局小型化的天线技术、低功耗的芯片、复杂加密网络等 6G 产品。2023 年 6 月，国际电信联盟（ITU）发布《IMT 面向 2030 及未来发展的框架和总体目标建议书》，明确 6G 典型场景及关键能力指标体系，我国提出的典型场景和关键能力指标被采纳。

在智能化移动通信网络建设方面，2023 年中国移动、中国电信和中国联通三大运营商统筹推进网云建设，积极构建综合性新型数字信息基础设施，取得一系列关键进展和技术创新成果。例如，中国联通研究院以 CUBE-Net3.0 网络创新体系为指引，在算力体系、算网编排等方向持续开展创新研究，加快构筑算网融合技术体系。此外，中国联通遵循"5+4+31+X"一体化多层级算力布局，着力建设重点区域全面覆盖、技术领先、安全可靠的算力体系，有力推动了算网融合。中国移动充分发挥头部运营商科技创新牵引作用和网络技术优势，于 2023 年 8 月举办的"第四届科技周暨战略性新兴产业共创发展大会"上成功发布了自主研发的"破风 8676"可重构 5G 射频收发芯片，努力实现"从 0 到 1"的突破。截至 2023 年 9 月，基于自研磐石服务器，中国移动采用"4+N+31+X"体系构建的"移动云"泛在算力，已服务近 4000 家央国企，推动超 6000 个行业云项目落地。

（二）电子视听设备制造业

2023 年，AR、VR、超高清沉浸式视频等新一代视听科技加快融入人民群众的日常生活，技术创新进一步引领大众视听生活新时尚。《中国网络视听发展研究报告（2024）》显示，截至 2023 年底，我国网络视听用户规模达 10.74 亿人，网民使用率为 98.3%。

在技术创新方面，随着多模态数据处理和多模态感知技术融合，电子视听设备正在从过去的文本、图片、音频和视频等单模型向多模型不断转变，从而实现全面感知。2023 年，生成式人工智能（AIGC）在电子视听领域广泛应用，视觉算法实现了泛化性、可提示性、生成质量和稳定性等方面技术突破，能够深度参与网络视听行业前期项目风险评估，中期影视拍摄制作剪辑环节以及后期的宣传发布环节。例如，作为全球首个万字创作大模型，"中文逍遥"可以根据创作者的创意，生成小说故事概要、写作大纲、模拟角色对话等内容，同时支持图片与文本的模态转化。诸如 Runway "Gen-2" 模型、Stability AI "Stable Video Diffusion" 模型等均能实现多模态视频内容生成，大大开拓了电子视听产业市场。

随着大规模、强算力、高智能技术持续突破，电子视听设备制造业中的芯片、光学、屏幕、声学、感知交互等细分赛道迎来长足发展，互动视频、云游戏等沉浸视听技术推动实现视听三维交互体验，一定程度上推动了内容制作、传输分发、终端呈现等视听产业链上下游迭代升级。国内综合视频平台正加快将 AIGC 引入内容生产和日常运营，为创意策划、内容生产、运营推广、效果评估等环节提供数智化且具有针对性的解决方案。例如，芒果 TV 发布的 AIGC HUB 平台具有领域模型、语音生成文本等多项功能，推动 AI 技术落地应用与业态创新。又如，爱奇艺"星罗剧情理解平台"依托大语言模型能力与多模态视频理解技术，实现 AIGC 自动化批量产出拆条、解说、混剪等多类型视频内容及多元化图文内容。

在生产端方面，虚拟制作等数字化拍摄方式应用更加广泛。基于实时渲染、动态全局光照等技术，虚拟制作突破了传统耗时低效的线性创作流程，一体化实现了数字资产、虚拟预演、现场剪辑、后期制作等环节，具有实时性和交互性特征，为观众呈现更加逼真自然的体验。例如，2023 年的《云之羽》等网络剧采用了"实景拍摄+影视虚拟制作"手段，其效率比本项目常规拍摄部分的效率高 30%，相关剧组工作人员减少 1/3。

在消费端方面，裸眼 3D、6DOF（6 自由度）等视听技术和业态更加成熟，XR 等硬件相继发布，数字人在营销推广、教育培训、客户服务等应用场景持续扩大，促进视听产业内容交互的从弱到强、从被动观影向互动体验的转变。

（三）计算机制造业

2023 年，我国计算机制造业延续数字化、智能化发展态势，细分领域持续产出一系列尖端科技创新成果。国家统计局数据显示，2023 年我国微型计算机设备产量为 3.31 亿台，同比下降 17.4%；全年电子计算机整机产量为 34551.7 万台，同比下降 17.6%。从区域上看，2023 年全年我国电子计算机整机产量大区分布不均衡，其中以重庆为代表的西南地区产量最高。

1. 超级计算机

2023 年，我国超级计算机继续保持国际先进水平，为科学研究、工程设计、国防安全等领域提供强大的支持。根据 2023 年 6 月的全球超级计算机榜单，美国橡树岭国家实验室 Frontier 位居榜首，超级计算机算力突破百亿亿次，成为榜单中唯一一达到这个级别的设备，日本的 Fugaku 和芬兰的 LUMI 分别位居第二和第三。我国有两台超级计算机跻身榜单前十，分别是神威太湖之光（第七）和天河二号甲（第十）。从技术层面看，全球超级计算机 Top 500 榜单中约 20%的计算机采用了 AMD 处理器，75.8%的机器采用了 Intel X86 处理器，关键芯片技术仍然被欧美等国家掌控。除性能排行榜 Top500 榜单外，在 2023 年 Green500 榜单（全球最高能效超级计算机排行榜）中，Henri 超算位居首位。基于联想 ThinkSystem SR670 V2 和 NVIDIA 的 H100 80GB PCIe 显卡，Henri 仅消耗 31kW 的功率，能源效率达到 65.091GFLOPS/Watt。

梳理处于全球前十位的我国超级计算机，其中安装在江苏省无锡市的国家超级计算中心的"神威·太湖之光"计算机系统能够实现 93PFLOP/s 的运算速度，国防科技大学开发的天河二号甲系统部署在广州的国家超级计算机中心具有 61.4PFLOP/s 的运算速度，这两台超级计算机主要用于药物筛选和疾病机理研究、应对极端气候和自然灾害的减灾防灾建设等场景。在 2023年超算创新应用大会上，国家超算广州中心正式发布新一代国产超级计算系统"天河星逸"。"天河星逸"以应用为中心，采用国产先进的计算架构、高性能多核处理器、高速互联网络和大规模存储等关键技术，在通用 CPU 计算能力、网络能力、存储能力和应用服务能力等方面相比之前的"天河二号"系统实现倍增，能够支持多种应用模式，包括高性能计算、AI 大模型训练和大数据分析等。

2. 个人计算机（PC）

根据市场研究机构 Canalys 发布的 2023 年 PC 及平板中国市场数据，2023年中国大陆 PC 市场出货量为 4120 万台，同比下降了 17%。从品牌看，2023年联想出货量为 1553.6 万台，虽然出货量环比下滑 19%，但仍占据 38%的市场份额，稳坐头把交椅；惠普以 430.0 万台的出货量排名第二，年增长率下滑 2%；戴尔 2023 年出货量接近"腰斩"，环比下滑 44%，出货量仅剩 314.8万台。值得关注的是，华为是唯一一个在 2023 年取得正向增长的个人计算机品牌，出货量 398.6 万台，环比增长 11%。之所以能取得不错的市场销量，科技创新对于笔记本电脑厂商至关重要。例如，联想推出的全新笔记本电脑Yoga Book 9i，成为全球首台全尺寸的双屏笔记本电脑。得益于两块 13.3 英寸、2.8K 分辨率的 OLED PureSight 屏幕，Yoga Book 9i 自身 100%的 DCI-P3色彩精度和杜比视界 HDR 功能提升了观影感受。又如，通过全场景 AI 深度赋能 PC，华为基于笔记本电脑构建起超级终端、多屏协同以及智慧搜索等智慧互联领域的生态体系，从而为消费者带来全方位进阶的智慧体验。

（四）电子材料、元器件制造业

根据国家统计局公布的数据，2023 年我国集成电路扭转了 2022 年的下滑趋势，产量为 3514 亿块，同比增长 6.9%，但进出口量已连续两年下滑。分领域看，处理器及控制器进口金额为 1763 亿美元，占比为 50.3%，同比下降 14.1%；存储器进口金额为 789 亿美元，占比为 22.5%，同比下降 22.1%。值得关注的是，2023 年我国处理器及控制器、存储器贸易逆差分别为 1263

亿美元和 231 亿美元，部分关键核心技术产品对外依赖度较高。

2023 年，我国电子元器件产业取得了一系列重大突破，相关产业发展如火如荼。2023 年 1 月，量子计算芯片安徽省重点实验室与安徽省量子计算工程研究中心联合发布超导量子芯片——"悟空芯"（夸父 KF C72-300），标志着我国正式进入量子算力"可用"时代，为我国超导量子计算机的产业化提供了有力支撑。2023 年 10 月，清华大学吴华强教授团队基于存算一体计算范式，研制出全球首颗全系统集成的、支持高效片上学习的忆阻器存算一体芯片。相比传统芯片，该芯片相关能耗仅为先进工艺下专用集成电路（ASIC）系统的 3%，未来有望应用于人工智能、自动驾驶、可穿戴设备等诸多场景之中。2023 年 9 月，武汉光谷成功签约总投资 30 亿元的子牛亦东集成电路核心零部件研发及产业化项目，未来将成为国内最大的集成电路零部件生产基地，并招引一大批国内外产业链"链主"企业和专精特新企业落地。2023 年 11 月，龙芯中科合肥通用 GPU 芯片总部基地在合肥高新区正式揭牌，该项目围绕通用 GPU 产业生态，将建设龙芯中科数据中心、信创产业适配验证中心及孵化加速平台，打造区域性信创产业集群。

（五）软件和信息技术服务业

工业和信息化部数据显示，2023 年我国软件和信息技术服务业运行稳步向好，软件业务收入高速增长，盈利能力保持稳定，但出口小幅回落。2023 年，软件业务出口 514.2 亿美元，同比下降 3.6%。据统计，2023 年，我国软件和信息技术服务业规模以上企业超 3.8 万家，累计完成软件业务收入 123258 亿元，同比增长 13.4%，利润总额达 14591 亿元，同比增长 13.6%，增速较上年同期提高 7.9 个百分点。其中，信息技术服务收入 81226 亿元，同比增长 14.7%，高出全行业整体水平 1.3 个百分点，占全行业收入的 65.9%；云服务、大数据服务共实现收入 12470 亿元，同比增长 15.4%，占信息技术服务收入的 15.4%，占比较上年同期提高 0.5 个百分点；信息安全产品和服务收入 2232 亿元，同比增长 12.4%，增速较上年同期提高 2.0 个百分点。

总体来看，2023 年我国软件和信息技术服务业科技创新呈现良好势头，自主可控能力持续提升，不断夯实国家信息安全基石。首先，操作系统领域取得突破，部分产品实现国产化替代。经过不懈努力，我国操作系统技术积累已经基本完成，多款"可用程度"技术产品实现市场推广，腾讯

OpenCloudOS、华为 OpenEuler、阿里巴巴 OpenAnolis 等成熟软件产品已经形成具备一定市场规模的用户群体,可满足党政、金融、电信、能源等领域基础业务场景需求。基于智能手机等终端平台,华为鸿蒙系统在多端通信领域呈现显著技术优势并逐步建立原生应用生态;我国在云操作系统领域已具备自主研发的全链条技术体系,实现一系列原创性引领性技术突破。

其次,国产数据库产品进入主流市场。截至 2023 年底,国内企业已经能够覆盖主流关系型产品、新型数据库产品及生态工具,AnalyticDB、TBase 等 OLTP 领域和 OceanBase、TDSQL、GaussDB 等 OLAP 领域技术产品在市场应用中不断迭代升级,满足广大用户需求。阿里巴巴、腾讯等行业头部企业围绕数据库应用部署提供了数据传输、数据管理、数据库备份等工具,加速布局时序、键值、向量等新型数据库产品,未来有望提供数据迁移/评估、安全审计、备份恢复等全流程服务。

最后,我国工业软件自给能力逐步增强。2023 年,我国研发设计软件领域中的几何引擎核心技术取得突破,中望 2D CAD 平台产品 ZWCAD 采用"轻量级"设计理念;CAx 产品部分自研能力国内领先,它在保持高速稳定运行速度的同时,实现多核并行计算功能,广泛应用于机械、模具、零部件等制造业领域。中望龙腾、华天软件等拥有核心技术的企业异军突起,快速抢占业务管理类软件市场,用友、金蝶以及浪潮等国内供应商为制造业中小企业用户服务水平不断提升。

2023 年 9 月,中国电子信息行业联合会发布了"2023 年度软件和信息技术服务竞争力百强企业"榜单,其中,腾讯、华为、百度位居前三,上榜企业凭借良好的经营态势、突出的创新实力等综合实力在软件和信息技术服务业中表现突出,成为行业的领头羊。该榜单前十名如表 4-1 所示。

表 4-1 2023 年度软件和信息技术服务竞争力百强企业榜单前十名

排 名	企 业 名 称
1	深圳市腾讯计算机系统有限公司
2	华为技术有限公司
3	北京百度网讯科技有限公司
4	中国通信服务股份有限公司
5	海尔集团技术中心
6	中兴通讯股份有限公司

续表

排　名	企 业 名 称
7	网易（杭州）网络有限公司
8	浪潮集团有限公司
9	杭州海康威视数字技术股份有限公司
10	小米集团

资料来源：《2023 年度软件和信息技术服务企业竞争力报告及前百家企业名单》，2023 年 9 月。

二、重要数据

（一）研发投入情况

2022 年，我国电子及通信设备制造业、电子工业专用设备制造业、电子器件制造业、电子元件及电子专用材料制造业等电子信息制造业细分领域研发投入情况如表 4-2 所示。

表 4-2　2022 年我国电子信息制造业细分领域研发投入情况

细 分 领 域	研发机构数/个	R&D 人员折合全时当量/人年	R&D 经费内部支出/万元
电子及通信设备制造业	13909	796975	42457099
电子工业专用设备制造业	958	33786	1342272
通信设备、雷达及配套设备制造业	1417	227532	13149507
电子器件制造业	3168	182968	11006852
电子元件及电子专用材料制造业	4610	182551	8486984
智能消费设备制造业	870	44463	1856008
计算机整机制造业	178	20608	1197751

数据来源：《中国科技统计年鉴 2023》，2023 年 12 月。

（二）专利及技术经费支出情况

2022 年，我国电子及通信设备制造业、电子工业专用设备制造业、电子器件制造业、电子元件及电子专用材料制造业等电子信息制造业细分领域专利及技术经费支出情况如表 4-3 所示。

表4-3　2022年我国电子信息制造业细分领域专利及技术经费支出情况

细 分 领 域	专利申请数量/件	发明专利数量/件	有效发明专利数量/件	技术改造经费支出/万元	购买境内技术经费支出/万元	引进境外技术经费支出/万元
电子及通信设备制造业	293667	164751	582865	5496097	1492689	411104
电子工业专用设备制造业	17193	6326	26318	73913	9402	3500
通信设备、雷达及配套设备制造业	78191	64268	281560	770275	1005874	183712
电子器件制造业	70590	43295	136190	1518275	70339	111891
电子元件及电子专用材料制造业	48609	19236	61981	1601487	88378	41857
智能消费设备制造业	22211	8045	18267	156173	6324	3314
计算机整机制造业	5961	3723	17362	249752	8830	668

数据来源：《中国科技统计年鉴2023》，2023年12月。

（三）新产品情况

2022年，在我国电子信息制造业中，除通信设备、雷达及配套设备制造业的新产品销售收入略有下降外，其余细分领域在新产品开发项目数、新产品开发经费支出及新产品销售收入等方面均呈现较快增长态势，具体数据如表4-4所示。

表4-4　2022年我国电子信息制造业新产品开发项目数、开发经费支出、销售收入情况

细 分 领 域	新产品开发项目数/项	新产品开发经费支出/万元	新产品销售收入/万元	新产品销售收入中出口额/万元
电子及通信设备制造业	126721	56877598	611768971	204663707
电子工业专用设备制造业	9195	1962565	13970239	1462483
通信设备、雷达及配套设备制造业	14567	20081351	179215531	76727709

续表

细 分 领 域	新产品开发项目数/项	新产品开发经费支出/万元	新产品销售收入/万元	新产品销售收入中出口额/万元
电子器件制造业	32064	13718579	117345991	37696197
电子元件及电子专用材料制造业	38107	10062262	141198075	37764458
智能消费设备制造业	9103	2526164	38417049	19108799
计算机整机制造业	2288	1651300	52215678	37816862

数据来源:《中国科技统计年鉴 2023》，2023 年 12 月。

第二节　主要问题

一、产业科技创新能力不足

我国电子信息产业科技创新能力不足，核心电子元器件、基础电子材料等细分赛道与国际先进水平差距较大，部分关键核心技术产品仍受制于人，导致产业链、供应链安全风险较高。同时，我国电子信息市场竞争日趋激烈，高价值技术产品相对稀缺，同质化问题突出，部分领域专利、标准、品牌布局滞后，影响产业科技创新能力整体提升。

二、企业科技创新能力偏弱

在通信设备制造、消费电子等领域，我国电子信息产业头部企业科技创新能力不强，行业领军企业集成创新能力有待提升，与产业链、创新链关键环节中小企业分工协调性不强，缺少从基础研究、技术研发、工程应用到产业化的系统创新能力，培育产学研结合、上中下游衔接、大中小企业协同的创新格局尚未形成。

三、产学研协同创新生态不完善

针对电子信息产业特别是集成电路等基础领域以及人工智能、超级计算等前沿颠覆性领域的政策体系不健全，涉及财政税收、投融资、知识产权保护等方面政策法规相对缺乏。电子信息产业中产学研合作的层次不高、深度有限，主要停留在技术转让、合作开发和委托开发等合作方式上，企业牵头的创新联合体及技术联盟相对较少。产学研合作财政投入经费总额有限，存在"量少面广"的问题，且经费来源单一。

第三节　对策建议

一、全面精准开展关键核心技术攻关

一是做好工业软件、电子元件等重点领域国家重大科技项目的组织实施，发挥新型举国体制优势，一体化部署科技攻关任务，加快推进电子信息产业技术创新体系建设和应用，加快突破一批关键核心技术。

二是组织电子信息产业重点企业构建技术体系，分类分级建立短板技术攻关库、长板技术储备库及先进适用技术推广库。

三是鼓励民营企业牵头承担电子材料、元器件等领域的攻关任务，促进重大科研基础设施和大型科研仪器开放共享，提升科技攻关效能。

二、加快培育行业创新型企业

一是发挥企业作为出题人、答题人和阅卷人的作用，绘制电子信息产业链图谱，建立重点领域企业库，构建优质企业梯度培育体系，发展壮大产业链骨干企业，促进中小企业专精特新发展。

二是实施大中小企业融通创新"携手行动"，推动大企业、中小企业联合科研院所、高校等组建一批大中小企业融通、产学研用协同的创新联合体，通过大企业"发榜"、中小企业"揭榜"，促进大中小企业加强创新合作。引导大企业向中小企业开放品牌、设计研发能力、仪器设备、试验场地等各类创新资源要素，共享产能资源，协同发展。

三、加强产学研协同创新

一是促进集成电路、基础软件等电子信息产业细分领域产学研政策协同，营造推动产学研协同创新相关的专项税制、政策等外部环境，加强高校集成电路、光学、通信工程等重点学科专业建设，促进电子信息龙头企业与高校院所协同育人。

二是构建产学研协同创新的评价体系，以市场份额、行业影响、保障国家安全等指标衡量电子信息领域重大科技项目绩效，特别注重在金融、能源、交通等国计民生领域的应用考核。

三是加强电子信息产业科技中介服务机构的建设，重点要培育和发展技术、数据、资本等要素市场，为产学研合作创造充分的交流渠道和服务平台。

第五章

装备行业

随着新一轮科技革命与产业变革突飞猛进，叠加央地两级产业政策全力引导支持，我国装备行业的产业规模加速扩大，产业结构持续优化，技术创新成果不断涌现，在智能制造、海洋工程装备、机械装备等重点领域实现一系列从 0 到 1 的重大突破。然而，我国装备行业仍面临产业技术创新能力有待增强，产业协同创新体系有待健全，高端人才引培机制有待完善等困难问题，亟须通过加强产业技术创新能力，完善产业协同创新体制，健全高端人才引进培育机制，促进装备行业高质量发展，推动我国从制造大国向制造强国迈进。

第一节　创新情况

一、重点领域

（一）智能制造

2023 年，我国以智能制造作为制造强国建设的主攻方向，央地两级发布一系列智能制造产业推进政策，推动新一代信息技术与先进制造技术深度融合，推进制造业数字化转型、网络化协同、智能化变革，实现智能制造产业市场规模持续提升、产业生态不断完善、产业技术创新突破、典型应用场景加速推广等重要成果，打造智能制造产业成为助推产业体系优化、制造模式变革的关键力量。

1. 技术创新情况

2023 年 12 月 6 日，2023 世界智能制造大会在南京召开，会上发布"2023 中国智能制造十大科技进展"，展示了我国智能制造产业在智能机器人、智能制造装备、智能工厂、智能平台、智能系统等方面的技术创新成果。

在智能机器人方面，一是南开大学、南开深研院及天津农科院联合研发的活体细胞精准操作机器人技术及系统，攻克机器人操作活体细胞成功率低、成活率低等难题，实现运用智能机器人开展自动化活体细胞操作，可有效运用于生物医药、脑科学等诸多领域；二是彼合彼方机器人（天津）有限公司研发的立面维护机器人，聚焦石化、船舶等行业大型复杂立面难维护问题，突破爬壁机构创成设计、人机互助高效协作、智能感知安全作业等关键技术，实现运用智能机器人开展大型复杂立面喷涂、除锈、检测等工作。

在智能制造装备方面，一是湖南大学研发的核燃料组件自主化智能化制造技术、工艺及装备，攻克辐射损伤可靠性分析与设计关键共性技术、核燃料芯块磨削制造工艺及自动化装备、核燃料元件智能无损检测工艺及装备、核燃料组件组装智能化装备等；二是佛山市博顿光电科技有限公司研发的全国产化高性能离子源及离子束装备；三是北京星航机电装备有限公司与航天增材科技（北京）有限公司等单位运用 5G、工业互联网等数字技术，联合研发的增材制造全流程智能化自动化生产线。

在智能工厂方面，一是中国船舶集团有限公司第七〇三研究所、中船重工龙江广瀚燃气轮机有限公司联合研发的燃气轮机全寿命周期一体化智能研制工厂，实现研发设计数字化、制造过程可视化、试验数据资产化、服务保障智能化；二是新凤鸣集团股份有限公司研发的差别化聚酯长丝高效规模化智能制造工厂，解决超高产能管理问题、数据链断缺问题、产业链协同弱等问题。

在智能平台方面，中联农业机械股份有限公司、中联智慧农业股份有限公司、国家农业智能装备工程技术研究中心以及安徽中科智能感知科技股份有限公司联合研发的水稻生产全流程智能化数字化管控平台，运用数字技术赋能耕整地、种植、收获、烘干等水稻生产全环节。

在智能系统方面，一是中国科学院沈阳自动化研究所研发的一种融在线工艺知识学习与推理、自动编程为一体的工艺与控制一体化、自动化架构，实现批量定制过程柔性控制系统的自适应可重构；二是上海大学、上海仪器仪表研究所有限公司、山东创典智能科技有限公司，以及江苏中天互联科技有限公司联合研发的现代制造业高速高精智能感知测控系统，实现动态检测精度 0.01 毫米，解决高速测控难题。

2. 政策发布情况

在国家政策方面，工业和信息化部、科学技术部、国家发展改革委等政府部门高度重视智能制造对实现新型工业化、建设现代化产业体系的重要作用，于 2023 年出台了一系列国家政策以推动智能制造产业更快更好发展。2023 年 5 月，工业和信息化部、国家发展改革委、教育部、科学技术部、人力资源和社会保障部、国家市场监督管理总局、国家金融监督管理总局、中国证券监督管理委员会、国家知识产权局、中华全国工商业联合会十部门联合印发《科技成果赋智中小企业专项行动（2023—2025 年）》，提出增强云计算、人工智能、虚拟现实、机器人、工业互联网等为代表的智能技术的供给及推广，支持中小企业实施智能制造与建造，通过智能化技术改造和"上云上平台"，加快中小企业数字化转型、智能化升级。2023 年 8 月，工业和信息化部、国家发展改革委、财政部、国务院国有资产监督管理委员会、国家市场监督管理总局联合印发《关于开展 2023 年度智能制造试点示范行动的通知》，旨在遴选一批智能制造优秀示范，以揭榜挂帅方式建设一批智能制造示范工厂和智慧供应链，在各行业、各领域选树一批排头兵企业，推进智能制造高质量发展。2023 年 9 月，国家市场监督管理总局、工业和信息化部联合印发《关于开展 2023 年度智能制造标准应用试点工作的通知》，提出优先试点已发布、研制中的国家标准，配套应用相关行业标准、地方标准、团体标准和企业标准，形成一批推动智能制造有效实施应用的"标准群"。2023 年 10 月，工业和信息化部、国家市场监督管理总局联合印发《关于开展 2023 年度智能制造系统解决方案揭榜挂帅项目申报工作的通知》，旨在面向重点行业领域智能工厂和智慧供应链建设需求，聚焦 21 个智能制造系统解决方案攻关方向，发掘培育一批掌握关键核心技术、具备较强自主可控供给能力的优势单位，推进工艺、装备、软件、网络技术的深度融合，突破一批先进适用、可大规模复制推广的智能制造系统解决方案，提升专业化、标准化的智能制造集成服务能力。

在地方政策方面，江苏、山东、上海等省市政府积极响应中央政府智能制造相关国家政策，纷纷出台一系列智能制造推进政策和配套措施，大力推动智能制造产业高质量发展。2023 年 3 月，江苏省印发《2023 年全省智能制造工作要点》，提出要以智能制造为主攻方向推动产业技术变革和优化升级，深入开展智能制造试点示范，切实增强智能制造支撑能力，强化智能制造服务对接，推动智能制造交流合作，加快推进全省制造业智能化改造和数字化转型，全力提升产业链现代化水平。2023 年 4 月，山东省印发《山东省 2023 年数字经济"全面提升"行动方案》，提出高标准实施制造业数字化转型行动，指导成立制造业数字化转型促进会，新培育 20 家以上智能制造标杆企业，建设 100 家以上智能工厂（数字化车间、智能制造场景），深入推进中小企业数字化赋能行动等。2023 年 4 月，山西省印发《山西省智能制造 2023 年行动计划》，提出将重点实施拓展智能制造行业应用、打造智能制造试点示范企业、遴选智能制造标杆项目、开展智能制造专家诊断咨询、培育系统解决方案供应商等 8 项工作加快推进智能制造发展。2023 年 5 月，上海市印发《上海市推动制造业高质量发展三年行动计划（2023—2025 年）》，提出实施数字蝶变行动：一是加快传统制造业数字化改造，推动传统制造业企业加快机器人应用、设备联网和生产环节数字化连接，面向工业场景加快部署 5G 专网、千兆光网、算力平台等；二是加快建设智能工厂，实施智能工厂领航计划，建设新型智能制造信息基础设施公共服务平台等；三是深化工业互联网应用赋能，实施"工赋上海"行动计划，打造行业性工业互联网标杆平台，梯度培育"工赋链主"企业，加快工业元宇宙创新应用等。

（二）海洋工程装备

海洋工程装备是现代海洋经济发展的重要支柱，是世界各国开发、利用、保护海洋资源的核心工具。多年来，我国大力推动海洋工程装备的关键技术研发与应用，实现海洋资源开发装备、高技术船舶等重点领域重大技术突破，产业整体创新水平获得稳步提升。

1. 技术创新情况

2023 年，我国海洋工程装备产业在海洋油气装备、海洋渔业装备、海洋勘探装备、海上作业装备等方面技术创新成果显著，实现了"渤中 19-6 凝析气田""耕海 1 号""梦想号""龙吟 9 号"等首创式突破。

在海洋油气装备方面，2023 年 11 月 14 日，我国自主设计与建造的东部首个大型、整装、高产、特高含凝析油的千亿方大气田"渤中 19-6 凝析气田"Ⅰ 期开发项目成功投产，该气田位于渤海中部海域，目前已探明天然气地质储量超 2000 亿立方米、探明凝析油地质储量超 2 亿立方米，气田平均井深 5598 米，最深井达 6494 米，共计布置 65 口开发井，日产油气量超 5000 吨，标志着我国达成海上深层钻井技术重大突破，迈入海上深层复杂潜山油气藏开发新阶段。

在海洋渔业装备方面，2023 年 5 月 1 日，由山东海洋集团投资、烟台中集来福士设计建造的全国首座智能化大型现代海洋牧场综合体平台"耕海 1 号"二期项目正式投入运营，该项目探索融合 5G、物联网、大数据等数字技术，成功打造"5G+海洋牧场"装备型范例标杆，实现"可视、可测、可控、可预警"的智能化养殖、体验型文旅和立体化安防。

在海洋勘探装备方面，2023 年 12 月 18 日，由中国船舶集团自主设计建造的首艘大洋钻探船"梦想号"在广州南沙下水试航，"梦想号"具备全球海域无限航区作业能力和 11000 米钻探能力，共计突破十余项关键技术，达成多项全球首创设计，标志着我国深海探测水平和海洋工程装备制造水平迈上新的台阶。

在海上作业装备方面，2023 年 3 月 29 日，由江西江州联合造船有限责任公司承制的万吨级远洋通信海缆铺设船"龙吟 9 号"在江西九江下水，该船是全球最大、国内首艘万吨级远洋通信海缆铺设船，全长 155 米，宽 23.2 米，续航能力为 60 天，最大航速 15 节，一次性载缆量可达 10000 吨，可以一次性完成从中国跨越太平洋的海底光缆铺设，是我国第一艘悬挂中国国旗、入级中国船级社的万吨级 DP2 远洋铺缆船，真正实现铺缆作业系统国产化替代，铸就我国远洋海底光缆、电力电缆高水平铺设能力。

2. 政策发布情况

在国家政策方面，我国高度重视海洋工程装备这一战略性新兴产业，出台了一系列国家级产业政策，推动海洋工程装备产业高质量发展。2023 年 8 月，工业和信息化部、科学技术部、国家能源局、国家标准化管理委员会联合印发《新产业标准化领航工程实施方案（2023—2035 年）》，提出聚焦海洋工程装备领域，研制总体设计、总装建造、关键系统标准，研制潜水器标准。2024 年 2 月，工业和信息化部、国家发展改革委等七部门联合发布《关于加快推动制造业绿色化发展的指导意见》，提出在船舶与海洋工程装备领域，加快液化天然气（LNG）、甲醇、氨、电池等动力形式的绿色智能船舶研制及示范应用，推广内河、近海船舶电气化改造工程试点。

在地方政策方面，江苏、上海、山东等省市政府积极出台一系列海洋工程装备产业推进政策，大力推动海洋工程装备产业高质量发展。2023 年 8 月，江苏省印发《江苏省海洋产业发展行动方案》，提出做大做强海洋工程装备制造业，重点发展圆筒型、自升式、半潜式钻井平台和浮式油气生产储卸平台（船）等总装平台，重点突破动力、动力定位、锚泊等系统部件和深水管缆、深海高压容器、全海深系列潜航器、海上重大装备物联网等关键技术。2023 年 10 月，上海市印发《上海船舶与海洋工程装备产业高质量发展行动计划（2023—2025 年）》，提出实施大型液化天然气船提升工程、大型邮轮创新工程、深海采矿海试工程、船舶动力突破工程、智能制造应用工程、电动船舶示范工程、港口装备提质工程、深海油气水下生产系统研制工程等重点工程。2023 年 11 月，山东省印发《山东省船舶与海工装备产业链绿色低碳高质量发展三年行动实施方案（2023—2025 年）》，重点围绕深海油气矿产资源开发装备、超大型散货船绿色智能水平提升、绿色智能内河船舶、新型燃料船舶发动机、漂浮式海上风电、智能化深远海渔业养殖装备等领域，开展关键核心技术攻关，保障产业链自主安全可控。

（三）机械制造

机械制造产业包含农业机械、动力机械、化工机械、冶金矿山机械、运输机械、纺织机械以及仪器仪表等，是为国民经济发展、国防军工建设和民生事业提供技术装备的基础性和战略性行业，是稳住工业经济大盘的"压舱石"，更是拉动内需和推动内循环的重要引擎。多年来，我国持续完善机械制造产业创新体系建设，致力于推动机械制造产业不断实现技术创新和产业升级。

1. 技术创新情况

2023 年，我国机械制造产业在动力机械、化工机械、运输机械、仪器仪表等方面技术创新成果显著，实现了重型燃气轮机、乙烯"三机"、二氧化碳输送管道、透射电子显微镜等关键技术突破。

在动力机械方面，2023 年 6 月，由中国航空发动机集团有限公司自主研制生产的"太行 110"重型燃气轮机（代号 AGT-110）在深圳通过产品验证鉴定，标志着我国已经成功研制出具有完全自主知识产权的 110 兆瓦重型燃气轮机，填补了国内该功率等级产品空白。

在化工机械方面，2023 年 3 月，由沈鼓集团股份有限公司为山东裕龙石化项目设计制造的中国首台套 150 万吨/年乙烯"三机"（即乙烯装置需要的裂解气压缩机、丙烯压缩机和乙烯压缩机三套机组）正式交付安装，该机组是目前国内规模最大、技术最高端、工艺最先进的国产化超大型乙烯"三机"。

在运输机械方面，2023 年 7 月，我国首条百公里输送距离、百万吨输送规模、百公斤输送压力的高压常温密相二氧化碳输送管道工程——齐鲁石化—胜利油田百万吨级 CCUS 项目正式投运。该项目标志着我国二氧化碳捕集、利用及封存产业规模化发展迈上新的台阶。

在仪器仪表方面，2023 年 12 月，由苏州博众仪器科技有限公司自主研发的 200kV 透射电子显微镜进入了小批试产阶段，标志着我国首台国产 200kV 透射电子显微镜取得从 0 到 1 的重大突破。

2. 政策发布情况

在国家政策方面，我国将机械制造产业视为国民经济的重要支柱，于 2023 年有针对性地出台引导扶持政策，激发机械制造产业创新发展活力。2023 年 8 月，工业和信息化部、财政部、农业农村部、商务部、海关总署、金融监管总局、国家药监局七部门联合印发《机械行业稳增长工作方案（2023—2024 年）》，提出强化精准施策，以推动重点细分行业高质量发展为主线，统筹推进补短板、锻长板、强基础、育新兴，激发工业母机等重点细分行业内生动力持续增长。一是聚焦工业母机、仪器仪表、农机装备、基础零部件和基础制造工艺等领域，着力补链升链，推动基础装备提质增效。二是聚焦工程机械、轨道交通装备等领域，着力固链强链，巩固优势产业发展势头。三是聚焦机器人、医疗装备等领域，着力建链延链，持续培育壮大新兴产业。

在地方政策方面，山东省、河南省等政府积极响应机械制造相关国家政策，出台一系列机械制造推进政策和配套措施，大力推动机械制造产业高质量发展。2023 年 11 月，山东省印发《山东省工业母机产业高质量发展行动计划（2023—2027 年）》，提出实施创新攻关突破行动、链式发展跃升行动、应用深度拓展行动、产业集群提质行动、创新体系建设行动、企业数字化转型行动等，重点开展高端主机、关键功能部件以及共性技术、基础材料、工业软件等技术创新。计划到 2027 年，将山东省建设成为全国工业母机研发创新高地、高端生产基地和应用示范区。2023 年 12 月，河南省发布《河南省培育壮大先进工程机械产业链行动方案(2023—2025 年)》，明确了从补链、延链、强链、提升智能绿色水平和打造建设、矿山、起重三大千亿级产业集群五个维度的培育路径，计划到 2025 年，河南省工程机械产业达到 4000 亿元产业规模。

二、重要数据

（一）研发投入情况

研发投入情况反映了一个行业对科技创新活动的重视程度和支持力度。本节采用《中国科技统计年鉴 2023》中的数据，选取企业 R&D 人员数量、研发经费支出、企业办研发机构数量等关键指标，聚焦装备制造行业规模以上工业企业，综合展示 2022 年我国装备制造行业在科技创新重视程度与支持力度上的总体情况，相关数据如表 5-1 所示。

表 5-1　2022 年我国装备制造行业规模以上工业企业研发投入情况

细 分 领 域	企业 R&D 人员数量/人	研发经费支出/万元		企业办研发机构数量/个
		内 部 支 出	外 部 支 出	
通用设备制造业	439744	11905883	395383	12956
专用设备制造业	403605	11500869	329352	10880
汽车制造业	447097	16516513	2464230	6320
铁路、船舶、航空航天和其他运输设备制造业	168064	6332286	739422	2124
电气机械和器材制造业	557825	20984935	617139	14185
计算机、通信和其他电子设备制造业	1041232	40999337	5140824	13414
仪器仪表制造业	141411	3540924	158551	3300

数据来源：《中国科技统计年鉴 2023》，2023 年 12 月。

（二）新产品情况

新产品情况反映了一个行业的创新活力与市场活力。本节采用《中国科技统计年鉴 2023》中的数据，选取新产品开发项目数、新产品开发经费支出、新产品销售收入、新产品出口收入等关键指标，聚焦装备制造行业规模以上工业企业，综合展示 2022 年我国装备制造行业在创新活力与市场活力上的总体情况，相关数据如表 5-2 所示。

表 5-2　2022 年我国装备制造行业规模以上工业企业新产品情况

细分领域	新产品开发项目数/项	新产品开发经费支出/万元	新产品销售收入/万元	新产品出口收入/万元
通用设备制造业	107317	15287009	164964953	22429674
专用设备制造业	98719	15197506	141538983	19541959
汽车制造业	62762	21715505	305127064	26396169
铁路、船舶、航空航天和其他运输设备制造业	24786	7555713	87494502	17457114
电气机械和器材制造业	115098	27241687	435135381	83250877
计算机、通信和其他电子设备制造业	123986	55260911	612862082	242996141
仪器仪表制造业	33454	4907799	34648082	4808974

数据来源：《中国科技统计年鉴 2023》，2023 年 12 月。

（三）专利情况

专利情况反映了一个行业的科技创新能力。本节采用《中国科技统计年鉴 2023》中的数据，选取专利申请数、发明专利申请数、有效发明专利数等关键指标，聚焦装备制造行业规模以上工业企业，综合展示 2022 年我国装备制造行业在科技创新能力上的总体情况，相关数据如表 5-3 所示。

表 5-3　2022 年我国装备制造行业规模以上工业企业专利情况

细分领域	专利申请数/件	发明专利申请数/件	有效发明专利数/件
通用设备制造业	133815	37231	150683
专用设备制造业	139394	43058	169109
汽车制造业	98287	36352	91011
铁路、船舶、航空航天和其他运输设备制造业	38794	17027	57941
电气机械和器材制造业	217105	72857	228830
计算机、通信和其他电子设备制造业	273381	155654	580723
仪器仪表制造业	45198	16150	50747

数据来源：《中国科技统计年鉴 2023》，2023 年 12 月。

第二节　主要问题

一、产业技术创新能力有待增强

多年来，央地两级发布一系列产业政策，引导支持装备行业高质量发展，推动我国装备行业不断实现技术突破与产品创新，智能制造、海洋工程装备等细分领域部分技术已达到世界领先水平。但是，我国装备行业在部分高端装备、基础材料、核心零部件上较为短缺，产业链、供应链仍不够安全稳定。在高端装备方面，我国高档数控机床、光刻机、发动机设备、真空蒸镀机等高端装备严重依赖国际进口。在基础材料方面，我国大尺寸硅片、高性能碳纤维、高纯金属靶材等大批关键新材料难以自给自足。在核心零部件上，除管件、板材等传统机械加工件外，我国大多数整机装备零部件都存在高端依赖进口、自制能力低下的现象，如机床数控系统、高速连接器等附加值较高的工控类、光电类、传动类等核心零部件。

二、产业协同创新体系有待健全

我国目前已成为全球第一制造大国，国内装备制造业多年来蓬勃发展，拥有大量的企业、高校、科研机构，具备丰富的产业发展资源。但是，我国装备行业仍存在统筹协调机制不完善、产学研联动效果不够强等问题。在统筹协调机制方面，我国装备行业规划设计、政策扶持、市场监管等涉及众多政府部门，各政府部门间因行业壁垒导致系统性沟通协调不足，在技术研发创新上的顶层统筹协调缺乏合力。在产学研联动效果方面，一是我国装备行业领军企业还未充分发挥引领带动作用，中小企业较难深入参与重大科技攻关项目，创新资源未能获得优化配置，企业创新积极性仍有较大提升空间；二是我国装备行业企业、高校、科研机构等还未实现紧密连接，存在企业创新需求难满足、高校院所科研成果难转化等问题，产学研协同创新还面临较大壁垒。

三、高端人才引培机制有待完善

当下，推动我国从制造大国迈向制造强国已是重大战略任务，推动我国装备行业加速转型升级，依托科技创新冲向全球产业链中高端已是必由之路。高端人才是我国装备行业提质升级的第一资源和关键要素，但我国现有高端人才储备运用情况难以满足装备行业高质量发展的巨大需求。在人才培养方面，我国装备行业高端人才培养机制不够完善，在数字技术、高端装备等重点领域人才培养投入力度不足，高水平专业学科建设仍存短板，高校与企业间的合作模式亟待创新，如定向联合培养、产教融合基地建设等。在人才引进方面，我国装备行业对海外高端人才吸引力不强，在引进海外高端人才的政策支持力度、管理服务水平、配套保障措施等方面存在不足。

第三节　对策建议

一、提高产业技术创新能力

聚焦我国装备行业高档数控机床、光刻机、发动机设备等国产弱势领域，根据高端装备、基础材料、核心零部件等发展情况，制定产业重点技术攻关清单，发挥新型举国体制强大力量，实施揭榜挂帅、挂图作战等科技创新制度，聚集行业内有关单位联合开展重大科技攻关项目。强化企业科技创新主体地位，加快培育装备行业高新技术企业、专精特新企业等具备较强技术研发能力的科技企业，提高重点技术攻关有关激励政策支持力度，激发企业科研创新积极性。构建完善多元化科研投入体系，加大对装备行业弱势环节的技术研发投入力度，加速实现装备行业高水平国产化替代。

二、完善产业协同创新体制

装备行业要强化装备行业发展规划、政策扶持等方面的顶层协调，围绕装备行业重大需求，协同制定产业科技创新引导政策，统筹调配创新资源。装备行业要梳理各细分领域产业链，建立产业链"链主"企业目录，鼓励链主企业建设产业设计研究院、工业设计中心、制造业创新中心、工程（技术）研究中心等科研创新平台，引领带动中小企业开展重大技术改造升级和重大科研攻关。装备行业要提升产业重点技术攻关体系化作战能力，针对科技企业、高校、科研机构、重点实验室等优势特色与供需条件，分类施策以打破政产学研各界科研协作壁垒，促进政产学研各界在不同细分领域、不同区域间实现高效协同创新，激发行业整体创新活力，促进装备行业高质量发展。

三、健全高端人才引培机制

聚焦装备行业重大发展需求，围绕智能制造、海洋工程装备、机械制造等重点细分领域，分析研判产业发展短板环节和未来重大趋势，针对性前瞻

性构建高校院所专业学科教育体系。促进高校与企业间开展人才联合培养，从装备制造企业发展需求出发，创新实施实践基地建设、双向交流挂职等培养模式。完善装备行业海外高端人才引进管理机制，详细制定装备行业不同细分领域人才引进规划，运用海外高端人才一站式服务模式，高质量开展海外人才引进工作。拓宽装备行业海外高端人才引进渠道，包括海外招聘站、海外招聘线上平台、海外招聘宣讲会等。加大装备行业海外高端人才引进激励力度与福利待遇，强化创新创业、落地落户、子女入学、医疗保障等保障措施。

第六章

消费品行业

近年来，我国出台了一系列旨在稳定外贸、激发国内消费潜力和稳固市场信心的政策措施，加大新兴消费领域金融支持力度，革新商品流通模式，挖掘培育新的消费增长点，驱动消费品行业朝向丰富产品种类、提升产品质量、创立知名品牌的目标迈进。在此背景下，消费品行业的核心竞争力和创新能力显著提升，产品的市场供应效能、供需匹配度等加速提升，为行业发展释放了强大的潜力和活力。然而，我国消费品行业仍面临一些问题和挑战，包括：高端消费品供应未能充分满足市场需求，低端产能则出现过剩现象；企业研发投入不足，导致关键核心技术缺失；品牌建设与培育工作尚有欠缺，国际影响力亟待提升。为此，本章提出以下对策建议：加强产业链整合和产品结构优化升级，确保行业稳定发展；加强技术创新，推进传统支柱产业与新兴技术产业的深度融合，实现协同发展效应；深化"数字化赋能消费品"进程，通过数字化转型全面提升产品的设计、生产及营销水平，加速行业转型升级。

第一节　创新情况

一、重点领域技术发展、创新及产业化情况

（一）纺织行业

2023 年，纺织行业面临多重不利因素，包括国际形势不稳定、市场需求波动及消费信心减弱等，行业经济活动承受显著压力。但随着新冠疫情影响消减、内需带动作用渐强、行业产销顺畅，行业整体呈现回升向好态势，特别是通过技术革新和产业创新，行业发展展现出了强大的韧性和活力。据工

业和信息化部的数据，2023 年纺织行业规模以上企业工业增加值同比下降
1.2%，降幅较 2022 年收窄 0.7 个百分点；行业营业收入 47009 亿元，同比下
降 0.8%；利润总额 1802 亿元，同比增长 7.2%，凸显了行业在技术创新和产
业升级方面的积极成效。规模以上企业纱、布、服装产量同比分别下降 2.2%、
4.8%、8.7%，化纤产量同比增长 10.3%。中国纺织工业联合会调查数据显示，
2023 年四季度纺织行业综合景气指数分别为 55.6%、57.0%、55.9%和 57.2%，
回升至近年来的较高位水平。2023 年，全国限额以上单位消费品零售总额
178563 亿元，同比增长 6.5%，其中，限额以上单位服装鞋帽、针纺织品类
商品零售额同比增长 12.9%，实物商品网上穿类商品零售额同比增长 10.8%。
2023 年全年我国纺织品服装累计出口额为 2936 亿美元，同比下降 8.1%，其
中 12 月当月出口额为 253 亿美元，同比增长 2.6%，重新恢复单月正增长。
在面临压力的同时，我国纺织行业也加大了转型升级的力度，在技术革新和
应用上取得明显突破，推动产品向高品质、高附加值方向发展，特别是在工
业互联网应用，以及绿色化、数字化和智能化改造方面取得了显著进展，纺
织行业市场竞争力稳步提升。

1. 数字化转型为纺织工业的高质量发展提供了强劲动力

纺织工业作为我国经济的重要组成部分和传统的优势产业，正迎来一场
由技术发展、创新及产业化引领的深刻变革，特别是数字化转型成为推动纺
织工业高质量发展的核心动力。借助数字技术发展机遇，传统纺织行业积极
拥抱数字经济浪潮，通过开发应用数字技术有效缓解了行业长期存在的劳动
力密集、效率低下及资源浪费问题，实现了生产全过程的清晰化管理。例如，
智能裁剪技术大幅缩短制衣周期，仓库机器人和数字化管理系统提升仓储、
搬运和配送物流效率，聚酯行业更是构建了覆盖 PTA 至终端贸易的全产业链
工业互联网平台，实现了生产流程的全面优化，确保了生产的透明高效。一
系列数字技术的应用不仅催生了众多高科技数字工厂，也促成了多个数字化
工厂的诞生，以及苏州、无锡等地区高端纺织集群的形成。销售环节充分利
用数字技术的优势，通过大数据分析顾客信息、消费行为和偏好，提高了市
场反应速度和个性化产品开发力度，如抗菌、阻燃、抗皱等功能性面料及环
保面料的研发，实现了定制化产品的快速开发，展现出精准营销和差异化设
计的成效。

2. 绿色化技术加速推动纺织工业可持续发展

随着全球对可持续发展的日益重视，纺织工业迈入了绿色化技术飞速发

展的新时代。纺织行业正推进技术创新及技术产业化应用，加快践行绿色理念，致力于开发行业绿色化技术，通过绿色设计、绿色生产和绿色宣传等措施推动行业的绿色化发展。当前，绿色设计已成为行业发展的核心驱动力，企业纷纷通过技术创新设计出既符合时尚潮流又具备环保特性的产品。绿色生产成为行业标配，通过引进先进的生产工艺和设备，实现了节能减排和资源高效利用。行业企业围绕"双碳"目标制定节能减排方案，推广可重复使用及可降解的绿色产品，积极开发新材料循环技术，提高纺织品的循环使用率。这些努力不仅减少了环境污染和资源浪费，而且对全社会绿色生产生活方式起到了一定的引导作用。2023 年，纺织行业推行了一系列减排降碳措施，推广了可循环利用及可降解的绿色产品，增强了纺织品循环利用率及回收利用技术的研发。例如，上海嘉麟杰纺织科技有限公司、江苏恒力化纤股份有限公司、达利丝绸（浙江）有限公司、浙江新澳纺织股份有限公司、浙江东进新材料有限公司等企业入选了工业产品绿色设计示范企业名单（第五批），生物可降解材料制品、可循环纺织制品等在轻纺等行业得到了推广应用。

（二）家用电器行业

2023 年，受国际市场需求不振、国内消费者信心减弱等多重因素的影响，我国家用电器行业在逆境中寻求发展，展现出了强大的韧性和创新能力。全国家用电器工业信息中心发布的《2023 年中国家电行业全年度报告》显示，2023 年，国内市场家电零售额为 7736 亿元，同比增长 1.7%。其中，对美国出口收紧，与东盟、俄罗斯、非洲等新兴市场的贸易联系更加紧密。据海关总署数据，2023 年我国出口家用电器累计达 371741 万台，同比增长 11.2%；全年家用电器出口额 6174 亿元，同比增长 9.9%。其中，空调累计出口量为 4799 万台，同比增长 4.6%；冰箱累计出口量为 6713 万台，同比增长 22.4%；洗衣机累计出口量为 2879 万台，同比增长 39.8%；液晶电视累计出口量为 9887 万台，同比增长 7.5%。2023 年，家用电器行业科技创新与产品智能化、绿色化进程加速，尤其是在智能家电的传感器应用、通信技术应用及全屋智能解决方案上实现了快速融合。

1. 家用电器产品升级与多元化趋势明显

随着家电市场步入存量竞争时代，技术创新、新品开发与产品迭代成为刺激消费的关键。近年来，我国消费升级趋势加强，技术革新是家电产品多元化升级的关键，市场涌现出大量旨在提升生活便利性和质量的新形态家电，例如洗碗机、扫地机器人、洗烘一体机等减轻家务负担的产品，以及集成灶、空气炸锅、果蔬清洗机等注重健康饮食的设备，还涌现出大量游戏电视、智能音箱等娱乐产品，不仅满足了消费者对高品质、便捷生活的需求，更融入了先进的科技元素和智能化设计，为用户带来更加丰富多彩的娱乐体验，受到不同年龄段消费者的喜爱。2023 年，得益于"家电下乡""以旧换新"等政策措施，以及物流服务的优化、城乡消费差异的缩小，家电市场进一步下沉。同时，中高端产品需求随居民收入增长而攀升，直播电商和电商平台的兴起促进了家电销售渠道的多元化，进一步加剧了消费市场细分化和层次化的局面，也为家电市场带来了新的增长点。

2. 家用电器智能化、绿色化稳步推进

2023 年，我国家电智能化水平迈上新台阶，传统家电如电视、冰箱、空调等通过智能化改造，实现了远程操控、语音对话、数字化显示等智能功能。家庭内部智能设备间的互联性得到增强，不同品牌和类型的家电能够顺畅沟通，提升了家居生活的便捷性与舒适度。值得关注的是，借助雷达、红外、温湿度传感器等先进技术，智能家电能够更精准地捕捉用户需求，通过 AI 分析为用户提供更个性化的服务，实现更加智能化、无感化的用户体验。

此外，绿色化转型成为家电行业的另一重要特征。2023 年，家电企业通过开发节能、环保、降噪的绿色家电产品，借助以旧换新和家电回收等活动，有效降低了碳排放，提高了家电产品的能效等级，促进了资源循环利用。同时，随着消费者环保意识的提升，家电产品的能效等级成为市场选择的一个关键要素，绿色家电成为行业发展的重要方向。总而言之，虽然面临诸多挑战，但我国家电行业依然展现出强大的韧性和创新活力。随着消费升级和科技进步的推动，家电市场将继续保持稳健发展态势。

（三）食品行业

2023 年，我国食品行业的增长势头放缓，但技术创新加速推进，新产品不断涌现。据中国食品工业协会数据，2023 年全国规模以上食品工业（含农副食品加工业、食品制造业、酒饮料和精制茶制造业）增加值同比实际增长 1.2%，增速较上年收窄 1.7 个百分点，比全部工业低 3.4 个百分点。规模以上食品工业企业实现营业收入 9.0 万亿元，同比增长 2.5%，增速较上年放缓 3.1 个百分点，增长速度较上年有所回落。规模以上食品工业企业实现利润总额 6168.0 亿元，比上年增长 2.3%，增速较上年放缓 7.3 个百分点，利润

增长速度放缓。据海关统计数据，2023 年，我国进出口食品总额达 2.0 万亿元，同比增长 6.0%。其中，出口额为 5382.3 亿元，同比增长 5.9%；进口额为 14629.8 亿元，增长 6.1%；进出口增长水平与上年相比均有回落，贸易逆差 9247.5 亿元。2023 年，消费者对于食品科技创新与膳食健康的关注度持续上升，食品行业的加工制造方向更加明确，发展目标向高科技、高营养、健康与环保聚焦。通过融合人工智能、数字化技术和新型材料，食品行业在食品研发、生产及营销等方面推进创新，依托大数据分析深入理解消费者需求，全方位构建了食品产业链的数字化生态。

1. **数字化智能化技术创新引领食品行业革新与可持续发展**

近年来，数字化智能化技术的深度渗透，重塑了食品研发、生产及销售流程，特别是人工智能的运用，优化了食品成分分析及产品结构设计。2023 年，食品领域多项科技成就均基于人工智能技术，如食品生物制造中的细胞工厂碳代谢流优化关键技术等，凸显了人工智能技术在食品科技领域的关键作用。食品企业通过引入先进的智能生产线、机器人及自动化设备，提高了生产效率和产品质量，降低了生产成本和人力需求。同时，食品生产企业正构建智能化的生产管理系统，利用消费端管理平台收集消费者偏好，通过 AI 技术预测市场对食品风味和功能的需求，使自身能够推出更加符合市场需求的新产品，并通过精准营销手段将产品送达目标消费者手中。

与此同时，可持续发展原则深刻影响了食品工业全链路，工业和信息化部积极推动农产品深加工的高质量发展，提升原料附加值，避免资源浪费。近年来，食品行业还开展了限制食品过度包装的行动，强调绿色发展的重要性，积极采用清洁生产技术、环保材料和节能减排措施，让消费者更加关注食品本身的品质与口感。

2. **高端食品市场持续升温**

随着消费者对美好生活需求的日益增长，高端食品市场呈现强劲的发展势头。例如，在乳制品领域，行业企业引入先进的生产工艺和设备，生产出更加纯净、营养丰富的有机婴儿配方奶粉和优质奶源液态奶，系列新产品备受消费者青睐。在高端白酒领域，茅台、五粮液等知名酒企及洋河、双沟等中小企业纷纷加码高端酒类产品线，旨在提升品牌形象和高端白酒市场竞争力；国产高端葡萄酒与黄酒也开始积极布局高端市场，满足消费者对品质的追求。在食用油领域，橄榄油、茶籽油、核桃油等高端食用油的市场份额持续增长。通过技术和工艺创新，行业企业能够提取出更加纯净、营养价值更高的油脂。同时，这些企业还积极研发新型食用油产品，如富含不饱和脂肪酸的食用油等，以满足消费者对高品质食用油的需求。此外，以高价雪糕品牌为代表的冷冻甜品，也成为消费热点。这一系列变化反映了消费者对于食品品质、健康属性及品牌价值的高度关注。

（四）医药行业

2023年，我国医药行业持续发展，但也经历了复杂外部环境的考验，特别是在新冠疫苗需求量减缓的影响下，行业整体需求呈现下滑趋势。国家统计局数据显示，2023年规模以上医药工业增加值约1.3万亿元，同比下降5.2%。规模以上医药工业企业实现营业收入29552.5亿元，同比下降4%；实现利润4127.2亿元，同比下降16.2%。在医药工业方面，通过加大品种建设和营销策略的优化，企业实现了营收的稳步增长，在生物制药、中药现代化及高性能医疗器械等领域不断突破。医药零售市场也表现出强劲的增长势头，尤其是电商渠道的快速增长，进一步凸显了渠道的重要性。政府加大对国产创新药的支持及医疗资源下沉力度，进一步培育行业发展新的增长点。此外，数字化转型成为行业新趋势，大数据、人工智能技术的应用优化了诊疗方案，提升了医疗服务效率与质量，为我国医药行业注入强劲动力。

在药品行业方面，医院就诊量下降，药品消费减少；中药行业则因成本上升，利润水平也呈现下滑趋势；然而，医疗器械及疫情防护用品收入大幅上升。虽然面临挑战，但是医药行业的创新研发依然保持活力，产业结构持续优化，新药研发速度加快，数字化转型稳步推进。

1. 国产新药研发不断强化，新药上市步伐加速

2023年，我国医药企业在新药研发上的投入持续增长，新药临床试验和创新药上市申请数量均有所增加。在政策扶持与技术创新双轮驱动下，新药研发管线日益丰富，涵盖了肿瘤免疫疗法、罕见病治疗、基因编辑技术等多个重点前沿领域。同时，政策层面的支持也为新药的研发与上市创造了有利条件，新药上市的步伐明显加快。国家药监局药品审评中心数据显示，2023年，国家药监局药审中心受理新药临床试验申请2997件，同比增加33.56%；验证性临床试验申请170件，同比增加32.81%；新药上市许可申请470件，同比增加40.72%。2023年全年批准上市一类创新药40款。其中，有15款产品的适应证聚焦抗肿瘤领域，其他产品的适应证涉及成人慢性丙肝、胃酸、糖尿病、银屑病等；从药品类型来看，19款为化药、16款为生物制品、

5 款为中药。

2. 产业链优化升级，区域集群效应凸显

我国医药工业在产量、种类、配套能力等方面具有显著优势，但在一些关键原辅料、生产设备及包装材料等方面仍依赖进口。面对国际形势的不确定性增加和供应链挑战，许多行业企业开始加强对产业链短板的布局和投入，通过上下游企业间的紧密合作，推进产业链条的强化与补充，提升产业链整体竞争力。同时，药用辅料、包材及制药设备等行业也取得快速发展，特别是一些上游企业聚焦过滤耗材、培养基等核心原料的研发生产，促进医药行业细分领域快速发展，部分国产产品在质量和性能上已达到国际先进水平。

此外，各地纷纷将医药产业作为重点发展领域，加大投入力度，强化人才、资金与技术资源的配置，积极开展重点行业企业引育，形成了一批以京津冀、长三角、粤港澳大湾区和成渝经济区为代表的、具有明显优势的产业集群，并通过产业链深度融合、集群优势互补和资源协同，推动区域医药行业协同发展。

二、重要数据

（一）研发投入情况

如表 6-1 所示，2022 年我国消费品行业细分领域规模以上企业研发投入情况中，有研发机构的企业数、R&D 经费内部支出整体保持稳步增长。

表 6-1　2022 年我国消费品行业细分领域规模以上企业研发投入情况

细 分 领 域	有 R&D 活动的企业数/户	同比增长/%	有研发机构的企业数/户	同比增长/%	R&D 人员/人	同比增长/%	R&D 经费内部支出/万元	同比增长/%
农副食品加工业	5937	-1.80	3569	17.13	100696	-2.04	3459989	-0.79
食品制造业	3275	1.21	2193	18.48	84283	4.57	1648082	5.23
酒、饮料和精制茶制造业	1344	-3.72	920	6.60	39603	6.30	677292	3.86
纺织业	6476	-1.85	4930	18.25	158864	-0.52	2462512	6.30

续表

细 分 领 域	有 R&D 活动的企业数/户	同比增长/%	有研发机构的企业数/户	同比增长/%	R&D 人员/人	同比增长/%	R&D 经费内部支出/万元	同比增长/%
纺织服装、服饰业	2768	1.35	1877	16.80	67987	-1.77	1178195	2.98
化学原料和化学制品制造业	10811	-1.14	7899	12.27	316063	6.64	10048609	17.23
医药制造业	5539	6.34	3704	12.79	249784	11.22	10488868	11.30

数据来源：《中国科技统计年鉴 2023》，2023 年 12 月。

（二）专利情况

如表 6-2 所示，2022 年我国消费品行业细分领域规模以上企业专利申请数量、发明专利数量、有效发明专利数量整体保持较快增长，只有纺织服装、服饰业的专利申请数量出现负增长。

表 6-2　2022 年我国消费品行业细分领域规模以上企业专利情况

细 分 领 域	专利申请数量/件	同比增长/%	发明专利数量/件	同比增长/%	有效发明专利数量/件	同比增长/%
农副食品加工业	17421	2.55	4318	2.59	18895	13.36
食品制造业	14856	3.70	4849	5.83	20724	13.48
酒、饮料和精制茶制造业	6572	10.29	1425	4.32	6523	24.25
纺织业	20981	2.94	4783	8.04	19539	12.07
纺织服装、服饰业	8193	-0.94	1564	0	6251	4.88
化学原料和化学制品制造业	63393	8.63	25305	12.22	102588	18.19
医药制造业	33128	5.18	16058	4.33	74357	15.26

数据来源：《中国科技统计年鉴 2023》，2023 年 12 月。

（三）新产品情况

如表 6-3 所示，2022 年我国消费品行业细分领域规模以上企业新产品开发项目数、新产品开发经费支出、新产品销售收入整体保持较快增长。其中，化学原料和化学制品制造业的这三项指标整体保持快速增长。

表 6-3　2022 年我国消费品行业细分领域规模以上企业新产品开发项目数、
经费支出与销售收入情况

细 分 领 域	新产品开发项目数/项	同比增长/%	新产品开发经费支出/万元	同比增长/%	新产品销售收入/万元	同比增长/%
农副食品加工业	22528	14.60	4348160	12.33	63181232	27.46
食品制造业	18748	18.14	2743822	9.85	35664242	21.13
酒、饮料和精制茶制造业	6941	10.24	1256316	5.30	16613056	12.62
纺织业	28041	13.31	4197417	9.32	55270683	10.60
纺织服装、服饰业	10885	10.11	1523211	5.69	22329589	7.17
化学原料和化学制品制造业	66388	15.16	14247806	21.77	260575419	43.23
医药制造业	56123	13.03	12697698	12.51	100493102	-9.02

数据来源:《中国科技统计年鉴 2023》,2023 年 12 月。

第二节　主要问题

一、高端产品供给不足

我国消费品市场规模宏大且结构复杂,发展潜力不可限量,但纺织和食品等消费品行业因准入门槛较低,产品同质化现象严重,导致低端产品产能过剩,而市场急需的高端产品供给不足,在市场上中高端产品竞争力不强。当前,随着居民收入增长和消费意愿提升,消费者对高端品牌和高质量产品的青睐日益显著,但国内市场仍难以完全满足消费者的高端化、个性化消费需求,导致部分消费者转向海外购物。

二、创新投入与产出不足

尽管我国在消费品研发创新方面取得显著进展,但与欧美等国家相比仍有较大差距。当前,许多企业在科技创新上过于依赖传统经验和成果,缺乏专门的研发机构和关键共性技术研发能力,在研发创新方面的投入也存在明显不足,导致产业创新引领力不足,产业升级和新兴业态培育受阻。此外,我国产业发展需求与技术供给之间不匹配,部分科技成果难以直接应用于生产实践，技术能力的系统配套条件不足，自主知识产权的核心技术匮乏，成为制约传统产业转型升级和新兴产业培育发展的关键因素。

三、品牌影响力提升缓慢

我国消费品行业在制造能力上表现出色，但在品牌建设上仍有待加强。在市场上，我国品牌众多但知名品牌稀缺，产品品种、品质、品牌均有较大提升空间。随着经济发展和消费模式的转变，消费升级和分级现象日益明显，消费者对产品的品种、使用体验、感性价值等要求日益提高，但我国消费品行业在产品开发、个性化服务等方面进展缓慢，难以满足消费者日益精细化的消费需求，消费品行业面临的挑战更加严峻。因此，提升品牌影响力、加强品牌建设成为消费品行业亟待解决的问题。

第三节　对策建议

一、加强产业链整合和产品优化结构升级

政府和行业组织应促进企业、研究机构间的合作，推动产业链上下游及产学研深度融合，加速关键技术研发及其应用，促进区域协同创新和资源优化配置。鼓励消费品行业企业确立长远愿景、制定长期战略，专注产业链的强化和完善，形成独特的品牌定位，建立消费者信任的坚实基础。支持企业加强自身的核心竞争力建设，通过技术创新、品质提升等方式加速向产业链中高端迈进。

二、以科技创新促进产业转型升级

支持消费品行业加快转变生产方式，鼓励企业加大研发投入，支持企业开展技术创新和品牌建设。积极探索资源节约高效利用和循环利用的新途径，引导避免过度包装和减少塑料使用，推动产业转型升级和绿色发展。立足地方特色和主导产品，通过巩固提升传统优势产业与培育壮大新兴产业相结合，以技术创新和模式创新推动消费品产业向高端化、智能化、绿色化方向发展，培育一批具有地域特色的优质产业集群和区域品牌。

三、加强数字化转型与品牌建设

消费品行业应积极推进数字化转型，加强品牌建设。支持企业加快传统

消费品行业的数字化改造升级，利用新一代信息技术提升产业链、供应链的数字化水平，通过数字化手段实现产品追溯和质量监控，提升产品质量稳定性和可控性。鼓励企业注重打造独特的品牌形象和价值、深化品牌策略，融合中华文化，追求卓越品质，提升品牌知名度和美誉度，以满足消费者对个性化、高品质产品的需求。政府应加强对重点行业产品质量的监督和管理，完善质量管理和监测体系，引导企业规范生产、合法经营，不断提升产品质量和品牌影响力。

第七章

新能源汽车

　　全球新能源汽车产业蓬勃发展，市场规模持续扩大。各国政府通过政策和补贴措施积极推动新能源汽车的发展。以中国、美国和德国等国为代表的诸多国家，正推动着全球汽车产业转型发展，共同促进世界经济持续增长。习近平总书记强调，"发展新能源汽车是我国从汽车大国迈向汽车强国的必由之路"。我国高度重视新能源汽车产业发展，经过三十多年从无到有的发展，新能源汽车产业发展取得了巨大成就，产销量连续多年位居世界第一，成为世界汽车产业发展转型的重要力量之一。这得益于，我国始终将科技创新作为新能源产业发展的内核，围绕新能源汽车产业技术研发和创新成果转移转化进行了战略部署。

第一节　创新情况

　　我国新能源汽车产业保持高速发展，产销量连续多年位居世界第一。2023 年，我国新能源汽车产销量分别为 958.7 万辆和 949.5 万辆，同比分别增长 35.8% 和 37.9%，市场占有率达 31.6%。同时，新能源汽车的出口量也在增长，2023 年出口 120.3 万辆，同比增长 77.6%，在全球市场的份额超过60%，新能源汽车"出海"进程驶入快车道。技术硬实力是支撑我国新能源汽车企业高质量拓展国际市场、掌握产品定义和定价权的根本。2023 年，我国新能源汽车产业的科技创新继续成为推动整个行业发展的关键因素。

一、重点领域技术发展、创新及产业化情况

　　2023 年，我国新能源汽车整车技术的创新势头不减，在动力总成、轻量化器件、智能化等方向的技术创新取得了显著进展。

（一）动力总成技术

我国新能源汽车电驱动总成技术发展方向高度集成化，正从主流技术路线三合一（电机、电控与减速器）集成向多合一深度集成快速演进。目前，多家厂商技术水平已经发展为七合一、八合一，甚至推出与整车热管理系统联动的九合一乃至十合一产品。其中，零跑、北汽等公司推出了六合一电驱动系统，长安深蓝推出了七合一系统，比亚迪推出了八合一系统，钇为 3 推出了九合一系统，华为、东风推出了十合一系统。2023 年整车厂商代表性电驱总成方案如表 7-1 所示。

表 7-1　2023 年整车厂商代表性电驱总成方案

整 车 厂 商	动力控制方案	最新电驱总成	研发制造策略	供 应 商
蔚来	前后电机独立控制+中央整车控制	第二代电驱	全栈自研自制	蔚来驱动科技
小鹏	单电机（后驱永磁）/双电机（四驱）动力域控制	"扶摇" 800VXPower 电驱	全栈自研代工	—
长安汽车	后驱/四驱+智能整车域控制	原力超集电驱	自研	—
广汽埃安	前后双电机四驱+中央运算单元控制	夸克电驱	自研自产/外购	日电产锐湃动力（埃安控股公司）

资料来源：《2023 年新能源汽车电驱动与动力域行业研究报告》。

（二）轻量化技术

在轻量化技术方面，我国走材料、结构、工艺轻量化协同发展的技术路线。一个主要的技术发展方向是多材料车身轻量化技术。以哪吒 S 为例，其车身的材料应用占比（按质量）分别为：软钢 16.5%、普通高强钢 10.7%、先进高强钢 37.1%、热成形钢 29.3%、铝合金 6.4%。另一主要的技术发展方向是压铸工艺的提升，蔚来、赛力斯等车企纷纷推动一体化压铸技术的研发应用（见表 7-2），大压铸的吨级从 6000 吨开始快速提升，2023 年底，小米发布 SU7 一体化大压铸技术，吨级已经达到 9100 吨。

表 7-2　2023 年整车厂商一体化压铸技术应用情况

整车厂商	应用车型	应用时间	吨　级
小鹏	G6	2023 年 6 月	7000
高合	HiPhi Y	2023 年 7 月	7200
赛力斯	M9	2023 年 11 月	9000
小米	SU7	2023 年 12 月	9100

资料来源：国泰君安发布的报告和网络公开数据。

（三）智能化技术

2023 年，我国新能源汽车的智能化竞争加剧，以赛力斯与华为合作推出的问界、小米的 SU7 为代表，整车厂商发布的新车型，均将智能化作为重点提升方向，发力方向主要集中在智能座舱、智能驾驶等技术。一方面，智能辅助驾驶系统加速落地。华为发布的智能驾驶系统 ADS2.0 产品，可以不依赖高精度地图实现城市 NCA 功能。小鹏汽车实施"视觉为主、雷达为辅，重感知、轻地图"的技术路线，具备无高清地图也可以实现智能辅助驾驶的技术应用，产品具备直行交通信号灯识别起停、跨线绕行障碍能力。另一方面，国产大算力芯片正陆续实现装车应用。截至 2023 年 5 月，地平线高等级智能驾驶芯片征程 5 累计获得 9 家车企近 20 款车型的量产定点，出货量已突破 10 万片。亿咖通科技自主研发了 7 纳米车规级 SoC 芯片"龙鹰一号"，并基于此项技术开发了两款计算平台产品。黑芝麻智能发布了智能汽车跨域计算芯片平台武当系列，能够提升智能座舱、智能驾驶等智能应用。

（四）动力电池技术

我国动力电池技术创新的主要发展方向是高能量密度、高倍率性能。动力电池企业围绕系统结构创新、电芯结构创新、新型电池技术创新、配套技术创新和材料创新等方面，规划和实施技术升级路径。随着新能源汽车市场需求的增长，大圆柱电池、高压快充电池、磷酸锰铁锂等锂电池在车型上的应用范围也在不断扩大。此外，新型电池技术，如凝聚态电池、半固态电池和钠离子电池等的落地应用，也标志着新能源汽车行业迈入新的阶段。

1. 系统结构创新情况

2023 年, 电池企业和整车企业深化合作, 共同推动高度集成化的系统方案, 无模组动力电池包（CTP）、电池车身一体化（CTB）和电池底盘一体化（CTC）为三大主流技术方向, 宁德时代、比亚迪、零跑和上汽都已经推出了各自的解决方案。

2. 电芯结构创新情况

2023 年, 我国大圆柱电池研发和量产进程加速。2023 年 4 月, 中创新航发布能量密度可达 300Wh/kg 的圆柱电池。2023 年 12 月, 蔚来汽车发布 46105 大圆柱电芯和电池包, 单颗电芯能量密度可达 292Wh/kg, 整包容量达 120kWh。宁德时代、中创新航、亿纬锂能、瑞浦兰钧、远景动力、比克电池、国轩高科、蜂巢能源、恒泰科技等一批国内企业纷纷布局生产项目, 业内预计 2024 年可能成为中国国产大圆柱电池的集中量产元年。

刀片电池产能和技术创新也在高速发展, 据高工产研锂电研究所（GGII）数据, 2023 年我国刀片电池出货量超 140GWh, 主要由弗迪电池、蜂巢能源等公司集中供应。GGII 预测, 未来两年我国将新增超过 200GWh 的刀片电池产能, 并将有超过 10 家电池企业参与刀片电池的布局。此外, 比亚迪研发的第二代刀片电池系统将在 2025 年发布, 届时创新产品的能量密度将达到 190Wh/kg, 纯电车型的续航里程将突破 1000 千米。

3. 新型电池技术创新情况

我国新能源汽车企业主要布局可量产的半固态电池技术路线。2023 年以来, 国内半固态电池处于逐步量产装车进程中, 国内主要固态电池开发商如清陶能源、卫蓝新能源、赣锋锂业、国轩高科、孚能科技等均已实现半固态电池产业化。2023 年 2 月, 赛力斯与赣锋锂业合作的半固态电池车型 SERES-5 正式上市。2023 年下半年, 清陶能源与上汽合作发布一款能量密度为 368Wh/kg、4C 高倍率容量且低成本的半固态电池, 并计划于 2024 年搭载智己车型上市, 纯电续航超 1000 千米。2023 年 12 月, 蔚来 ET7 在长途测试中搭载了与卫蓝新能源合作研发的 150kWh 半固态电池, 实测续航能力超过了 1000 千米。

2023 年 4 月, 宁德时代在上海国际车展上发布了凝聚态电池这一新型电池技术创新成果。凝聚态电池能量密度能够突破 500Wh/kg, 同时兼具高安全性、轻量化、长循环寿命等特点。宁德时代计划与商飞合作, 将凝聚态电池技术应用于民用电动载人飞机项目的协同研制, 推进实现商业着陆。

同时，国内钠离子电池也已经步入量产阶段，逐步应用在 A0 级别及以下车型。2023 年 4 月，宁德时代宣布已实现钠离子电池在奇瑞汽车上的搭载。同年 6 月，江苏省首款车规级大圆柱钠离子电池实现量产。据中国汽车动力电池产业创新联盟数据，截至 2023 年 12 月，钠离子电池已实现量产装车，装车量达到 317kWh。

4. 配套技术创新情况

2023 年，随着快充电池普及率的提升以及成本和价格的不断下降，国内快充电池装车量快速上量。据东莞证券统计信息，2023 年，比亚迪和吉利、长城、零跑等一众车企相继发布了 800V 技术的布局规划。随着宁德时代麒麟电池 4C 快充技术的推广应用，国内已经有 11 家搭载麒麟电池的车企，推出或即将推出高压快充车型，2023 年成为 800V "快充元年"。

5. 材料创新情况

磷酸锰铁锂电池在动力电池领域加速放量。磷酸锰铁锂电池的能量密度比磷酸铁锂电池高 20% 左右，且理论上其成本比磷酸铁锂电池更低。当前磷酸铁锂电池能量密度接近上限，磷酸锰铁锂电池作为更高能量密度的铁锂方案，迎来了产业化契机。2023 年，宁德时代、国轩高科、比亚迪、亿纬锂能、中创新航等多家电池厂都在布局磷酸锰铁锂电池。2023 年 5 月，国轩高科发布了 L600 启晨电芯及电池包，采用了磷酸锰铁锂技术路线，续航可达 1000 千米。2023 年 8 月，宁德时代推出磷酸铁锂 4C 超充电池神行，能够实现超快充、长续航并拥有高安全特性，有效减少车主的补能焦虑。宁德时代与北汽、奇瑞、阿维塔、哪吒汽车等新能源车企和品牌合作上车。同月，工业和信息化部发布的第 374 批《道路机动车辆生产企业及产品公告》显示，智界 S7 等 4 款车型装配了三元锂离子+磷酸锰铁锂电池，它是宁德时代全资子公司——江苏时代新能源科技有限公司生产的 M3P 电池。

二、政策发布情况

2023 年 4 月，中共中央政治局在分析研究当前经济形势和经济工作时提出，要巩固和扩大新能源汽车发展优势，加快推进充电桩、储能等设施建设和配套电网改造。此后，国务院办公厅、国务院有关部门相继出台新能源汽车系列政策。2023 年 6 月，财政部、国家税务总局、工业和信息化部发布公告延续和优化新能源汽车车辆购置税减免政策。对购置日期在 2024 年 1 月 1 日至 2025 年 12 月 31 日期间的新能源汽车免征车辆购置税，其中，每辆新能源乘用车免税额不超过 3 万元；对购置日期在 2026 年 1 月 1 日至 2027 年 12 月 31 日期间的新能源汽车减半征收车辆购置税，其中，每辆新能源乘用车减税额不超过 1.5 万元。同月，国务院办公厅印发《关于进一步构建高质量充电基础设施体系的指导意见》，具体部署了充电基础设施建设工作。到 2030 年，基本建成覆盖广泛、规模适度、结构合理、功能完善的高质量充电基础设施体系，有力支撑新能源汽车产业发展，有效满足人民群众出行充电需求。2023 年 11 月，工业和信息化部、公安部、住房和城乡建设部、交通运输部四部门联合印发通知，部署开展智能网联汽车准入和上路通行试点工作。在智能网联汽车道路测试与示范应用工作的基础上，工业和信息化部等四部门遴选具备量产条件的搭载自动驾驶功能的智能网联汽车产品（以下简称智能网联汽车产品），开展准入试点；对取得准入的智能网联汽车产品，在限定区域内开展上路通行试点，车辆用于运输经营的需满足交通运输主管部门运营资质和运营管理要求。其中，智能网联汽车产品搭载的自动驾驶功能是指国家标准《汽车驾驶自动化分级》（GB/T 40429—2021）定义的 3 级驾驶自动化（有条件自动驾驶）和 4 级驾驶自动化（高度自动驾驶）功能。

在地方层面，新能源汽车政策多围绕创新应用、充电桩等基础设施部署工作发力。基础设施规划部署政策发布尤为频繁，截至 2023 年 9 月，全国共有 13 个省份发布了新能源汽车充电基础设施建设相关规划（见表 7-3）。这将加快构建布局合理、适度超前、车桩相随的充电网络。

表 7-3　全国各省份新能源汽车充电基础设施建设相关规划发布情况
（截至 2023 年 9 月）

省　份	发布单位	发布时间	政　策　文　件
贵州	贵州省能源局	2023-01-10	《贵州省推进居住社区充电基础设施建设实施方案（征求意见稿）》
湖南	湖南省发展和改革委员会	2023-01-13	《关于进一步加快电动汽车充电基础设施建设的意见》
广东	东莞市发展和改革局	2023-01-15	《东莞市加快电动汽车充（换）电基础设施建设三年行动方案》
广西	广西壮族自治区发展和改革委员会	2023-01-18	《广西居民小区新能源汽车充电设施建设管理实施细则》
四川	巴中市发展和改革委员会	2023-03-23	《巴中市新能源汽车充电基础设施"十四五"规划》

续表

省　份	发 布 单 位	发布时间	政 策 文 件
江西	抚州市人民政府	2023-07-11	《抚州市电动汽车充电基础设施建设管理实施意见》
浙江	浙江省人民政府	2023-07-24	《浙江省完善高质量充电基础设施网络体系促进新能源汽车下乡行动方案（2023—2025年）》
河北	河北省发展和改革委员会	2023-07-25	《关于加快构建全省高质量充电基础设施体系的实施意见》
山东	山东省工业和信息化厅	2023-08-01	《2023年山东省新能源汽车下乡活动方案》
湖北	湖北省人民政府	2023-08-11	《关于加快构建湖北省高质量充电基础设施体系的实施意见》
浙江	浙江省发展和改革委员会	2023-08-14	《浙江省新能源汽车下乡"十大行动"清单》
河南	河南省人民政府	2023-08-15	《河南省电动汽车充电基础设施建设三年行动方案（2023—2025年）》
甘肃	甘肃省发展和改革委员会	2023-08-16	《关于加快推进充电基础设施建设更好支持新能源汽车下乡和乡村振兴的若干措施》

资料来源：新能源汽车国家大数据联盟公开资料。

三、重要数据

（一）研发投入情况

2023年，我国新能源汽车企业研发投入呈高强度、高增长态势，如表7-4所示。比亚迪的研发经费支出为395.75亿元，增速高达112.2%，大幅领先于其他企业。在造车新势力"蔚小理"中，理想汽车的研发投入增长最为迅猛，2023年同比增长56.1%。相比之下，蔚来的研发投入强度最为抢眼，高达24.1%，几乎占到当年营业收入的1/4。

表7-4　2023年我国新能源汽车代表性企业研发投入情况

企　　业	研发经费支出/亿元	营业收入/亿元	研发投入强度	同比增长
比亚迪	395.75	6023.15	6.6%	112.2%
蔚来	134.3	556.2	24.1%	23.9%
理想	105.86	1238.51	8.5%	56.1%
吉利	78.1	1792.04	4.4%	15.4%

续表

企　业	研发经费支出/亿元	营业收入/亿元	研发投入强度	同比增长
小鹏	52.77	306.76	17.2%	1.2%
赛力斯	16.96	358.42	4.7%	29.1%

数据来源：各企业上市年报。

（二）新技术新产品情况

2023 年，我国新能源汽车行业在重大技术突破、新量产和应用规模提升三大方向上均有新动向。其中，新技术新产品情况如表 7-5 所示。

表 7-5　2023 年我国新能源汽车新技术新产品情况

新技术新产品名称	突　破　情　况	相　关　企　业
中央计算电子电气架构解决方案	突破车辆功能全局动态部署、软硬件解耦、功能持续更新等技术难点	东风岚图、上汽零束、德赛西威等
360Wh/kg 混合固液动力电池	小规模量产	国轩高科、清陶能源、卫蓝新能源等
车桩协同大功率超充（HPC）技术	放量普及	北汽、广汽、吉利、小鹏、国网、特来电、星星充电等
冗余转向系统技术	满足 L3 级以上自动驾驶的控制需求	赛力斯等
千兆车载以太网	前装标配	长安、小鹏、比亚迪、广汽、吉利、长城等
高性能无线短距通信技术	上车搭载应用	华为等
铝合金免热处理一体化压铸技术	快速增长	大众、吉利、蔚来、理想、赛力斯、小鹏、高合等
纯固态 Flash 激光雷达	补盲领域量产	禾赛科技、速腾聚创、亮道智能等
70MPa IV 型储氢瓶	小规模搭载应用	中材科技等
混合动力专用发动机	最高热效率突破 45%	吉利、广汽、长城、奇瑞等

资料来源：国汽战略院《2023 年度中国汽车十大技术趋势》。

第二节　主要问题

一、智能化发展仍面临"缺芯少魂"困境

我国新能源汽车智能化发展势头迅猛，亟须建立完备且自主可控的产业生态体系，目前看仍面临很大挑战。一是自动驾驶操作系统内核、功能软件等核心技术仍由外国主导，我国企业的布局与国外差距还比较大；国内行业推进开发缺乏统一架构，各部分协同不足、重复"造轮子"现象比较突出。二是研发测试工具及相关软件还没有成熟的国产化可替代产品，我国形成自主开发、自主利用软件的产业生态还需要很长时间，至少需要5～10年才能形成一定程度的产业规模，短期内外国软件主导的局面不会改变。三是车规级高性能芯片主要依赖进口的问题没能得到解决，目前国内自主控制芯片主要应用在雨刷器、大灯照明等简单部件上，计算芯片指令集等芯片基础 IP 依然靠外国厂商授权。

二、配套基础设施仍存在供需不平衡

随着我国新能源汽车市场渗透率再攀高峰，配套基础设施供给缺口愈发凸显。尽管国家层面及地方层面密集发布政策，推进配套基础设施建设，进一步破解新能源汽车市场推广障碍，但政策落地仍有诸多困难。一是基础设施建设协调难，居民区私人充电桩随车配建率仅为45%，绿化人防等多部门协调难度大；城市内公共充电桩建设面临占地难协调、公共停车场建设意愿低、服务费分成要求高等现实问题。二是公共充电运营困难，诸多地方公共充电设施整体利用率不足，例如山东目前利用率不足 5%，除专用车充电市场外，其他类型充电设施基本都处于亏损状态，效益低，运维难度大。三是现有充电标准对新能源汽车的充电要求兼容性不足。一方面与地下车库、加油加气站、公共停车场等相关消防安全规定不符，阻碍了充电基础设施的布局规模和速度。另一方面现有标准为非强制性标准，造成部分车桩不匹配。此外，车网互动标准体系尚未建立起来，车网互动的规范化应用尚待时日。

三、无序竞争和产能利用率低问题亟待解决

我国新能源汽车产业加速发展，已经进入激烈残酷的"淘汰赛"阶段，过度竞争问题凸显，对行业整体的可持续性发展造成威胁。一方面，国内新

能源汽车市场已经出现供过于求的情况,同时美国对我国电动汽车的关税调高至100%,欧盟自2022年启动了针对我国电动汽车的反倾销调查,我国新能源汽车行业在发达经济体市场的开拓受阻。这就导致了新能源汽车行业无序竞争的情况加剧,诸多企业陷入价格战,现金流紧张,不得不采用人员优化、降低研发投入等操作,例如理想、广汽本田启动了裁员计划,整体裁员比例分别约为18%、14%。另一方面,行业无序竞争叠加了地方盲目上马、重复建设情况,产能利用率低的问题凸显,变为整个行业的一大隐患。2023年,部分车企如五菱、长城等传统企业产能利用率低于60%,蔚来、小鹏等造车新势力产能利用率低于50%,甚至比亚迪也进行了产线升级改造。

第三节　对策建议

一、加强车用操作系统等核心技术攻关

构建新能源汽车智能化发展的自主可控产业生态,亟须实现关联零部件和元器件的突破。首先,可依托设立重大专项的方式,围绕关键核心技术,加快车规级计算芯片、控制芯片等基础元器件,一体化底盘、车载智能终端、计算平台、高精度传感器等新型零部件攻关,突破制约行业发展的技术壁垒。其次,以龙头企业和行业组织为牵引,集中开发车用底层操作系统。探索开源开放、架构统一的智能网联汽车操作系统技术路径,加强操作系统内核、中间件、功能软件等开发,加快发展测试工具链、场景库等支撑技术,建设标准化工具软硬件平台。

二、加快落地配套设施及完善行业标准

一方面,加快落地充电基础设施。政府部门推动配套政策落地,加大规划引导力度,通过提供完善的标准规范、税收优惠、补助或直接补贴、公私合营、土地租金减免、节假日应急保障等方式,加快城市公共停车场、高速公路、居住区充电基础设施建设落地,全面有序推动充电桩规模化,提升充电服务保障能力。同时,健全监管体系,建立充电桩质量监督体系和充电行业市场监督考核机制,加大对市场无序、恶性竞争的惩处力度。另一方面,加快升级技术标准。制定和实施充电站互操作标准,减少充电基础设施市场的碎片化。研究充电设备认证统一编码,加强充电安全信息防护。组织开展车网互动关键技术研究与示范工程建设。

三、加大政策对市场竞争的调节力度

我国必须加大政策调节力度，助力新能源汽车产业顺利度过激烈的生存竞争期。一是助力扩大市场空间，推动新能源汽车和传统燃油车实现产能转换。尝试通过限制燃油车等市场调节手段，进一步释放国内市场空间，进一步提升新能源汽车的渗透率。充分调动市场活力，打通新能源汽车与燃油车的产能转换，提升有效产能。二是强化对企业的引导、预警和指导，推动地方政府对上马项目精细测算，科学规划决策。三是继续落实好现有消费、财税、补贴等政策，加快出台修订新能源汽车产业相关的法律法规，优化技术标准体系，强化监督管理，保证新能源汽车的安全、质量、环保，调节新能源汽车的市场秩序，推动新能源汽车企业间的公平竞争。

第八章

未来产业

未来产业由前沿技术驱动，当前处于孕育萌发阶段或产业化初期，是具有显著战略性、引领性、颠覆性和不确定性的前瞻性新兴产业。大力发展未来产业，是引领科技进步、带动产业升级、培育新质生产力的战略选择。当前，我国未来产业进入快速发展时期，产业布局逐渐清晰，政策力度持续加大，平台载体建设提速，各地加快布局，探索出一系列重要创新实践模式。但我国未来产业发展仍存在关键核心技术相对落后、成果转化机制有待完善、区域布局尚未明确等问题。

第一节　创新情况

一、重点领域技术发展与应用情况

（一）未来制造：人形机器人崛起

人形机器人集成人工智能、高端制造、新材料等先进技术，有望成为继计算机、智能手机、新能源汽车后的颠覆性产品，将深刻变革人类生产生活方式，重塑全球产业发展格局。2023 年，人形机器人领域新产品加速推出，行业关注度持续提升。

1. 技术专利申请总量居全球第一

根据人民网研究院发布的《人形机器人技术专利分析报告》，目前我国是全球申请人形机器人技术专利最多的国家，累计申请数量已达 6618 件，反映出我国在人形机器人技术方向的研发热度较高。但从全球范围来看，美国、日本、欧洲等国家及地区，人形机器人技术积淀很深，中国在人形机器人专利的质量上，与上述国家及地区依然存在差距。以有效发明专利计算，中国共拥有有效发明专利 1699 件，仅次于日本（1743 件），排名全球第二。

2. 新产品陆续推出

2023 年国内企业和团队推出了 10 余款人形机器人新产品。例如，2023 年 7 月 6 日，傅利叶智能在 2023 世界人工智能大会上发布 GR-1 通用人形机器人，采用自研 FSA 高性能一体化执行器，拥有强大且灵活的运动性能。11 月 22 日，中电科 21 所发布首款人形机器人，身高 162 厘米，体重 60 千克，拥有 39 个自由度，单臂最大负载 5 千克，双臂最大负载 10 千克，最大行走速度可达 5 千米每小时，可拿杯子、搬箱子、走碎石地。

3. 行业关注度持续提升

据中国机器人网统计，2023 年 1 月 1 日到 2023 年 12 月 15 日，国内共有 9 家人形机器人企业获得累计超过 19 亿元的融资，其中有 3 家企业单轮融资金额超亿元，人形机器人创企智元机器人更是在接近半年的时间里连续获得五轮融资。除资本押注外，一批技术高管也进入人形机器人赛道。例如，腾讯 RobticsX 机器人实验室一号员工来杰创办仿生机器人公司星尘智能，中国第一代自动驾驶商用落地操盘手代表、前文远知行 COO 张力加入逐际动力，曾是字节跳动高管的程昊创立了人形机器人公司加速进化。

（二）未来信息：量子信息产业正在迅速发展

我国量子信息产业正在迅速发展，涵盖量子通信、量子计算、量子测量等多个领域。

1. 量子通信或最先商业化

量子通信技术从实验室概念转化为实际应用已取得了显著进展。以中国电信在量子通信领域的成果举例，中国电信在合肥市建立的量子保密通信城域网络，通过连接 1147 千米的光纤，已经成为全球规模最大、用户最多、应用最全的量子通信网络之一。在量子通信服务方面，我国已初步具备商用条件，产业链形态基本形成，预计未来将成为运营商重点开拓的方向。

2. 量子计算正在逐步走向实用化阶段

在量子科技领域，量子计算同样被寄予厚望。2023 年 8 月 19 日，在 2023 中国算力大会主论坛上，中国移动携手中国电科发布量子计算云平台。这是目前国内最大规模的量子计算云平台，也是业界第一次实现"量子与通用算力统一纳管混合调度"的系统级平台。这标志着我国量子计算正在逐步走向实用化阶段。2023 年 11 月，中国电信发布了从真机到操控系统到编译

软件全部国产化的量子计算云平台"天衍"。"天衍"平台对接的超导量子计算机在处理随机线路取样等特定问题上，速度比目前最快的超级计算机快1000 万倍，真正体现了量子计算的优越性。

3. 量子精密测量技术正以极快的速度拓展应用领域

随着科技的飞速发展，量子精密测量已从理论走向实践。2023 年，量子精密测量技术正以极快的速度拓展着其应用领域，从科学实验室到实际产业，呈现了巨大的潜力和前景。光学原子钟、量子磁力计、量子重力仪等技术正在成为各行各业的新宠，为铁路移动通信、国防安全、医学诊断等领域提供了精准的时间测量和定位服务。

（三）未来材料：先进基础材料不断优化升级，部分关键战略材料达到国际领先水平，前沿新材料研究活跃

1. 先进基础材料不断优化升级

先进基础材料是指具有优异性能、量大面广且"一材多用"的新材料，主要包括钢铁、有色、石化、建材、轻工、纺织等基础材料中的高端材料，对国民经济、国防军工建设起着基础支撑和保障作用。例如，高性能钢材料、轻合金材料、工程塑料等产品结构不断优化，有力支撑并促进了高铁、载人航天、海洋工程、能源装备等国家重大工程建设及轨道交通、海洋工程装备等产业的"走出去"。数据显示，目前，我国涵盖金属、高分子等结构与功能材料的研发和生产体系已建成，包括化学纤维、超硬材料等在内的多种新材料产量已位居全球前列。

2. 部分关键战略材料达到国际领先水平

关键战略材料主要包括高端装备用特种合金、高性能分离膜材料、高性能纤维及其复合材料、稀土功能材料、先进半导体材料、新型显示材料等高性能新材料，是实现战略性新兴产业创新驱动发展战略的重要物质基础。在关键战略材料方面，中芯国际前七大耗材中六类材料实现国产采购；南山集团铝合金厚板通过波音公司认证并签订供货合同；中船重工兆瓦级稀土永磁电机体积比传统电机小 50%，质量轻 40%；世界首座具有第四代核电特征的高温气冷堆核电站关键装备材料国产化率超过 85%；液态金属在 3D 打印、柔性智能机器人、血管机器人等领域实现初步应用等。

3. 超材料等前沿新材料研究活跃，呈现百花齐放的局面

前沿新材料是战略性、开创性、突破性的新材料，主导着未来产业发展

的高度，具有重要的引领性和巨大的应用前景，主要包括超导材料、纳米材料、3D 打印材料、生物医用材料、智能仿生材料和超材料等。以超材料为例，其研究在国内非常活跃，呈现百花齐放的局面，所涵盖领域包括电磁超材料、红外/THz 超材料、光学超材料、声学超材料、力学超材料、热学超材料等领域。浙江大学在光波和超低频超材料领域取得了一系列有影响的成果，发展出了基于慢波来设计超薄、宽吸收角度的完美吸波材料，提出了超材料在成像、隐身、磁共振成像和静磁场增强方面的应用。清华大学研究介质基和本征型超材料，提出了通过超材料与自然材料融合构造新型功能材料思想，发展出了基于铁磁共振、极性晶格共振、稀土离子电磁偶极跃迁以及 Mie 谐振的超常电磁介质超材料。深圳光启研究院则在国际上率先推进了超材料产业化，研发出超材料平板式卫星天线，在 22 个省市进行了测试，并在北京、天津等地实际应用。

（四）未来能源：核聚变领域不断取得突破，氢能交通和长时储能持续取得新进展

1. 核聚变领域不断取得突破

可控核聚变技术，作为一种新能源领域的前沿新兴技术，被视为新质生产力的重要发展方向。2023 年 8 月，我国自主设计研制的新一代人造太阳"中国环流三号"取得重大科研进展，首次实现 100 万安等离子体电流下的高约束模式运行，标志着我国磁约束核聚变装置运行水平迈入国际前列，是我国核聚变技术开发进程中的重要里程碑。2023 年 11 月，ITER 项目磁体支撑产品在广州交付。至此，我国已完成最后一批磁体支撑产品，为 ITER 项目第一次等离子体放电的重大工程奠定了基础。

2. 氢能在交通领域应用加速

氢能技术的应用场景正在持续扩大，创新步伐加速，产业发展迅速驶入快车道。氢能源市域列车成功实现高速试运行，氢能源重型卡车批量交付并投入运营，氢能源驱动的共享单车出现在街头巷尾。中车长客自主研制的我国首列氢能源市域列车在位于长春的中车长客试验线进行了运行试验。列车成功以时速 160 千米满载运行，实现全系统、全场景、多层级性能验证，标志着氢能在轨道交通领域的应用取得新突破。

3. 长时储能项目取得新进展

2023 年，长时储能"走红"，多项技术迎来重大发展机遇。例如，压缩

空气储能正式迈入 300MW 单机新时代。2023 年 11 月 11 日,山东肥城 300MW 盐穴先进压缩空气储能示范电站倒送电成功,厂用电系统已带电,电站下一步将统筹开展辅机、公用设备带电调试,为下一阶段的主机试运行和并网发电打下坚实基础。同年 12 月 1 日,应城 300 兆瓦级压缩空气储能项目高标准完成厂用受电,标志着该项目全面进入调试阶段,为后续机组整启和并网发电提供了有力保障。又如,铁基液流电池储能技术迈入兆瓦级应用时代。2023 年 2 月,由国家电投集团内蒙古公司建设的铁铬液流电池储能示范项目(1MW/6MWh)在霍林郭勒市成功试运行,标志着铁铬液流电池储能技术路线迈入兆瓦级应用时代。

(五)未来空间:奔向太空、潜入深海、深地探测取得诸多新成果

未来空间蕴含着无限可能。探索未来空间,主要聚焦空天、深海、深地等领域,研制载人航天、探月探火、卫星导航、临空无人系统、先进高效航空器等高端装备,加快深海潜水器、深海作业装备、深海搜救探测设备、深海智能无人平台等研制及创新应用,推动深地资源探采、城市地下空间开发利用、极地探测与作业等领域装备研制。

1. 探索空天取得诸多新成果

以中国目前唯一一型可以执行载人任务的长征二号 F 运载火箭为例,其安全性评估值达 0.99996,至今保持着 100% 的发射成功率。神舟十八号发射任务是长征二号 F 运载火箭第 13 次执行载人发射任务。相较于上一次任务,火箭完成了 30 余项技术改进,进一步提高了安全性和可靠性。航天技术的发展,辐射带动了诸多相关产业技术进步。据统计,已有 4000 余项空间应用成果进入生物、医疗等行业。通信、导航、遥感等商业航天服务领域日益广泛,相关行业快速成长。特别是在中国空间站长期开展有人参与、大规模的空间科学实验和技术试验,促进了空间科学、空间技术和空间应用全面发展。

2. 大洋钻探领域迎来新突破,深海资源开发取得卓越成绩

2023 年底,我国自主设计建造的首艘大洋钻探船"梦想"号试航成功,近日已进入调试和内装阶段,预计 2024 年内全面建成。"梦想"号不仅在钻探设计深度上是世界之最,还建有全球面积最大、功能最全的船载实验室。此外,2023 年 10 月 16 日,我国首个深水高压项目"深海一号"二期工程的首口开发井作业顺利完成测试,日产天然气超 100 万立方米,日产凝析油超 230 立方米,产能远超设计预期。此次完成的首口开发井作业水深近千米,

完钻井深超过 5000 米, 井身结构末端与井口的水平距离超过 2000 米, 最大井斜角度达 91°, 是一口施工难度极大的深水大位移水平井。

3. 深地探测新成果不断涌现

地球深部为人类生存发展提供了绝大部分的资源和能源。向深地进军、保障国家能源安全, 近年来, 我国在深层油气资源勘探开发上取得了一系列突破。2023 年 5 月 1 日, 位于塔里木盆地的中国石化 "深地一号" 跃进 3-3 井正式开钻施工, 向设计深度 9472 米挺进。同年 11 月 15 日, "深地一号" 跃进 3-3 井成功开井, 获得高产油气流, 地下资源量可达到 600 万吨。该井完钻井深达 9432 米, 刷新亚洲陆上最深井纪录。该井的成功钻探再次证明中国深地系列技术已跨入世界前列, 为进军万米超深层提供重要技术和装备的储备。

(六) 未来健康

1. 基因治疗产品呈现蓬勃发展态势

基因治疗为众多难治性或者遗传性疾病提供了新的治愈希望, 随着技术的不断进步以及市场需求的持续增长, 基因治疗已经从理论研究走向临床实践, 从实验室走向产业化, 成为全球生物医药领域的一大热点。相关数据统计显示, 目前, 我国已有 400 余个细胞和基因治疗产品正在开展药物临床试验, 其中干细胞产品近 100 个, 适应证涵盖了肿瘤、呼吸系统、神经系统、心血管系统、消化系统、风湿免疫等多类疾病。

2. 智能技术赋能新型医疗

在人工智能的持续赋能下, 医药、医疗发展的潜力正逐渐释放。例如, 为切实解决听损患者 "听不清" 的医疗难题, 科大讯飞开发了智能化助听器产品, 实现数字多通道、App 自主验配、自适应场景识别等功能。中国电信推出的 "医疗影像数据共享平台" 则致力于推进医疗大数据的整合应用, 推进国家检验检查数据共享互认, 在保证数据信息安全的前提下, 缓解检查难、查询难、调阅难等问题, 实现医疗资源共享, 节约社会资源。与此同时, 人工智能向制药领域延伸, 高效、绿色制药成为可能。例如, 位于天津经开区的凯莱英已将顺应智能化发展趋势的连续反应技术应用于制药商业化, 实现了连续低温锂化、连续催化氢化、连续光化、连续臭氧化等不同工艺类型的产业化应用。

二、创新政策发布情况

（一）总体政策

在未来产业总体政策方面，国家层面已经开始系统布局。2023 年 8 月，工业和信息化部等四部门联合印发《新产业标准化领航工程实施方案（2023—2035 年）》，提出聚焦新兴产业与未来产业标准化工作，形成 "8+9" 的新产业标准化重点领域。此外，工业和信息化部办公厅还印发《关于组织开展 2023 年未来产业创新任务揭榜挂帅工作的通知》，旨在面向元宇宙、人形机器人等四个重点方向，聚焦核心基础、重点产品等创新任务，发掘培育一批掌握关键核心技术、具备较强创新能力的优势单位，突破一批标志性技术产品，加速新技术、新产品落地应用。2024 年 1 月，工业和信息化部等七部门联合印发《关于推动未来产业创新发展的实施意见》，从技术创新、产品突破、企业培育、场景开拓、产业竞争力等方面提出未来产业到 2025 年和 2027 年的发展目标。

地方政府密集出台相关政策，纷纷加快布局未来产业。2023 年 2 月，浙江省出台《关于培育发展未来产业的指导意见》，提出优先发展未来网络、元宇宙、空天信息、仿生机器人等 9 个创新基础良好、成长较快的未来产业，探索发展量子信息、脑科学与类脑智能、深地深海等 6 个力量尚在集聚、远期潜力巨大的未来产业。同年 12 月，江苏省出台《关于加快培育发展未来产业的指导意见》，提出优先发展第三代半导体、未来网络等 10 个成长型未来产业，谋划布局量子科技、深海深地空天等一批前沿性未来产业，打造自主可控、系统完备、先进安全的 "10 + X" 未来产业体系；青岛市发布《青岛市未来产业发展实施方案》，提出到 2025 年，初步形成特色鲜明、重点突出、布局合理的未来产业发展格局，在基因与细胞、未来网络、类脑智能等领域培育一批具有影响力的创新企业，成为全国重要的创新发展策源地和未来产业增长极。

（二）细分赛道专项政策

在未来产业细分赛道专项政策方面，国家层面围绕元宇宙、生成式人工智能、人形机器人等领域展开部署。2023 年 8 月，工业和信息化部办公厅、教育部办公厅、文旅部办公厅、国资委办公厅、广电总局办公厅等共同印发《元宇宙产业创新发展三年行动计划（2023—2025 年）》，旨在通过构建先进元宇宙技术和产业体系、培育三维交互的工业元宇宙、打造沉浸交互数字生活应用等，引导元宇宙产业健康安全高质量发展。2023 年 8 月，网信办联合国家发展改革委、教育部、科技部、工业和信息化部、公安部、广电总局公布《生成式人工智能服务管理暂行办法》，促进生成式人工智能健康发展，防范生成式人工智能服务风险。2023 年 10 月，工业和信息化部印发《人形机器人创新发展指导意见》，从突破关键技术、培育重点产品、拓展场景应用、营造产业生态和强化支撑能力五个方面发力，加快推动我国人形机器人产业创新发展。

地方层面围绕人形机器人、元宇宙等领域相继出台相关政策。例如，在人形机器人领域，《北京市机器人产业创新发展行动方案（2023—2025 年）》《上海市促进智能机器人产业高质量发展创新行动方案（2023—2025 年）》《江苏省机器人产业创新发展行动方案》《河北省支持机器人产业发展若干措施》等政策文件相继出台，在技术创新、生态营造等方面都提出了非常具体的措施。在元宇宙领域，《江苏省元宇宙产业发展行动计划（2024—2026 年）》《上海市"元宇宙"关键技术攻关行动方案（2023—2025 年）》《郑州市元宇宙产业发展实施方案（2023—2025 年）》等政策文件相继出台。

三、重要数据

2024 年 2 月，全球著名的前沿科技咨询机构 ICV TAnk 发布了《2023 年全球未来产业发展指数报告》（2023 Global Future Industry Index，GFII 2023），GFII 2023 是 ICV TAnk 发布的第二份年度排名报告。ICV TAnk 从创新生态系统和技术能力、产业多样性和新兴产业、可持续性和环境、人才和教育、国际合作和对趋势的适应性五个方面对经济体进行综合排名。如表 8-1 所示，与 2022 年相比，美国和中国的综合排名仍居前两位。美国在创新生态系统和技术能力、产业多样性和新兴产业两个方面位列第一，中国在人才和教育方面位列第一，两国在可持续性和环境方面的排名都比较靠后。

表 8-1　GFII 2023 美国和中国综合排名

经济体	综合排名		创新生态系统和技术能力		产业多样性和新兴产业		可持续性和环境		人才和教育		国际合作和对趋势的适应性	
	2023 年	2022 年	排名	得分	排名	得分	排名	得分	排名	得分	排名	得分
美国	1	1	1	95.9	1	96.6	15	75.7	2	95.7	3	89.5
中国	2	2	8	84.6	2	96.4	14	76.1	1	97.1	6	86.2

资料来源：《2023 年全球未来产业发展指数报告》，2024 年 2 月。

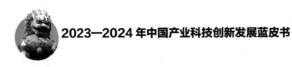

GFII 还评选了最具技术创新实力和未来产业发展潜力的 20 个城市（集群），并将其命名为"未来城市 20 强"，如表 8-2 所示。美国上榜数量最多，共有 8 个，紧随其后的是中国，共有北京、粤港澳大湾区、合肥和上海 4 个城市（集群）上榜。上海的排名从 2022 年的第 7 名降至 2023 年的第 17 名，下降严重。

表 8-2　GFII 2023 "未来城市 20 强" 榜单

2023 年排名	变　　化	2022 年排名	城市/集群名称	得　　分
1	—	1	旧金山—圣何塞	98.2
2	↑	8	伦敦	96.4
3	↓	2	北京	94.6
4	N/A	N/A	慕尼黑	92.8
5	—	5	波士顿	91.1
6	↓	4	纽约	89.3
6	—	6	东京—横滨	89.3
8	↑	17	洛杉矶	85.7
9	↓	3	粤港澳大湾区	83.9
9	↑	13	圣迭戈	83.9
11	—	11	首尔	80.4
12	↑	18	合肥	78.6
13	N/A	N/A	柏林	76.8
14	↓	9	西雅图	75.0
14	↓	10	巴黎	75.0
16	N/A	N/A	匹兹堡	71.5
17	↓	7	上海	69.7
17	N/A	N/A	多伦多	69.7
19	↓	14	华盛顿特区—巴尔的摩	66.1
20	N/A	N/A	莫斯科	64.4

资料来源：《2023 年全球未来产业发展指数报告》，2024 年 2 月。

第二节　主要问题

一、成果转化机制有待完善

未来产业创新的多样性和不确定性直接导致了技术路径选择较为困难，高校、科研机构等研发主体难以预判未来市场所需，科技成果转化率较低。尤其是在生物技术、信息技术和新材料等高技术领域，企业部门的产业需求与高校、科研院所的技术供给还存在着较大差异，合作研发过程中还常常面临利益冲突。同时，地方普遍反映，受场景拓展限制，前沿技术与实体经济融合较慢，例如在量子信息等领域，很多企业对其产业化前景预期不高，认为短期内难以实现经济效益，积极性不高。

二、企业综合实力有待加强

腾讯研究院 2023 年 7 月发布的《数字化转型指数报告 2023——构建未来产业竞争力》显示，在未来信息、未来能源、未来制造、未来空间和未来生物等领域中，大多数企业的人员规模都在 200 人以下，且以中小型创新创业企业为主，缺乏生态主导型领军企业。未来产业企业在初创阶段和风险投资早期的占比较高，占到获得融资且未上市企业的 3/4 以上，大部分仍处于发展初期。相关央企虽已开始布局人工智能、生物技术等前沿领域，但仍处于技术论证和场景前期验证阶段，尚未形成完整的产业链条和市场化规模，难以形成核心竞争力。

三、投融资支持力度有待加强

未来产业从基础研究、应用基础研究、产业萌芽期到产业化，需要大量资金持续性投入。我国未来产业培育仍面临统筹好长期和短期、政府和市场关系等挑战，资本市场"短平快"现象较为普遍，难以满足未来产业发展所需的长期投入。在未来产业的基础核心技术研发方面，现有科技金融机制仍然以政府补贴为主，产业私募基金、风险投资等市场主导的新型金融产品体系仍然缺乏，难以满足未来产业科技成果转化多元化、市场多层次化、细分领域个性化的资金需求。

第三节 对策建议

一、加快优化前沿技术转化路径

强化科技部门和产业部门的合作，以前沿技术能力供给引领重大需求和场景驱动，构建"技术研究—早期验证—产品孵化—场景应用—规模推广"的技术创新和成果转化机制。鼓励有条件的地区加快构建未来产业应用场景常态化发布机制，适时发布未来产业重点场景建设清单，以"揭榜挂帅"方式评选未来产业典型应用场景或优秀案例，推动一批未来产业标志性产品加速落地。支持企业牵手科研院所搭建未来产业创新联合体，积极承担国家重大前沿科技攻关项目，开展以未来产业发展需求为导向的关键技术研究和应用示范，推进产学研一体化发展。

二、培育壮大一批领军企业

鼓励各地通过赛事评选、项目征集等方式遴选有高成长潜力的初创团队和中小型企业，加快推动高成长性创新型企业发展，培育一批未来产业龙头企业。建立未来产业开拓型中小企业孵化机制，聚焦未来产业细分领域专业化和精细化发展，培育一批主营业务突出、创新能力强、成长性好的专精特新"小巨人"企业、"瞪羚"企业、"独角兽"企业。鼓励龙头企业建立开放式未来产业重点领域创新平台，主动开放创新资源、应用场景和技术需求，带动中小企业深度融入产业链和生态圈。

三、优化投融资支持措施

加快形成从基础研发、小试中试到产业化不同阶段的差异化资金支持机制。强化政府资金的耐心投入，实施"科技产业金融一体化"专项，吸引更多资本投早投小投创新。利用政府产业投资基金，建立政府与市场化投资基金的联动机制，支持未来产业发展。完善金融财税政策，鼓励金融机构增加投入，引导地方设立专项资金，建立风险补偿机制，优化风险拨备资金等措施。提高社会对容错纠错机制的认识，探索长周期考核和监管机制，形成政府、市场、社会共同参与的容错纠错体系，为产业创新提供试错空间。

地 方 篇

第九章

北京市产业科技创新发展状况

　　2023 年是全面贯彻落实党的二十大精神开局之年,北京市深入实施创新驱动发展战略,坚持"五子"联动服务,融入新发展格局,充分利用科技、人才、文化优势,立足首都实际,坚持首善标准,开展中关村国家自主创新示范区主阵地建设,科技成果转化和产业化水平持续提高,创新生态更趋完善,为北京率先建成国际科技创新中心打下了坚实的基础。

第一节　产业科技创新概况

　　2023 年,北京市加速产业转型升级步伐,积极培育高精尖产业,潜心探寻适合北京特色的智能制造升级和高精尖转型路径。目前,北京已成为我国的高精尖产业主阵地,拥有新一代信息技术和科技服务业两个万亿级产业集群,集成电路、电力装备等 8 个千亿级产业集群。2023 年,北京市高技术产业实现增加值11875.4亿元,同比增长7.1%,占地区生产总值的比重为27.1%;新增科技型企业 12.3 万家,增幅为 15.9%,占全市新设企业的四成以上。

一、产业科技创新发展情况

(一)总体情况

　　作为中国建设世界科技强国的排头兵,北京市始终坚持创新驱动发展,以支撑高质量发展为主线,以深化改革为动力,大力发展新质生产力,推动北京国际科技创新中心建设再上新台阶。2023 年,北京市专利授权量 19.4 万件,其中发明专利授权量 10.8 万件,同比增长 22.41%;PCT 申请量 1.14 万件,同比下降 0.22%;全市著作权登记量 110.7 万件,同比增长 5.02%;每万人口发明专利拥有量262.9件，同比增长20.43%。全市高价值发明专利29.9万件，每万人口高价值发明专利拥有量136.95件，稳居全国第一。

（二）主要做法

1. 加大基础研究投入力度

2023年，北京市实施基础研究领先行动，从前瞻性、战略性、系统性等方面加强基础研究布局，以国家战略需求为导向，创新人才培育机制，打造创新合作新高地，提升原始性基础研究创新能力，推动基础研究领先发展。从2019年至今，北京全社会研究与试验发展经费投入强度持续高于6%，稳居全国首位。2023年，北京共有高被引论文1292篇，占全国1/5以上，领跑全国；技术合同成交额8536.9亿元，同比增长超7%。

2. 完善政策体系建设

2023年2月，北京市出台《关于北京市推动先进制造业和现代服务业深度融合发展的实施意见》，以加快人工智能、工业互联网、5G等新一代信息技术的创新应用，培育智能经济新业态；支持互联网医疗和医工交叉创新融合发展，培育高端医疗影像设备等领域国产标杆产品。6月，北京市印发《北京市高精尖产业科技创新体系建设实施方案》，以在制造业领域强化创新驱动发展，进一步提升企业创新能力，优化产业发展结构。

3. 加强共性技术平台布局

北京市聚焦高精尖产业共性技术需求，加强产业科技创新共性平台布局规划，促进基础研究成果转化应用。2023年，围绕人形机器人、工业母机、智能检测装备、工业软件等高精尖产业领域，布局建设产业科技创新共性技术平台24家，支持培育制造业单项冠军企业23家，取得重大标志性创新成果33项；发挥"京创融""京创通""京制通"等作用，安排500亿元再贷款、再贴现资金，支持科技创新企业、制造业企业发展。

二、质量品牌创新发展情况

（一）总体情况

北京市不断推动企业提升质量管理水平，积极打造具有国际竞争力的品牌。企业质量主体责任意识显著增强，质量管理体系全面升级，产业链上下游协同创新和质量管理联动持续加强。同时，北京市还通过举办质量品牌活动、加大质量监管和执法力度，为质量品牌建设营造了良好的社会氛围。

（二）主要做法

1. 加强工作统筹，推动质量品牌建设升级

2023 年 4 月，北京市委、市政府印发《关于贯彻落实〈质量强国建设纲要〉的意见》，从提升经济发展质量效益、构筑产业质量竞争优势、推动产品质量提档升级等多个方面，深入贯彻落实中共中央、国务院《质量强国建设纲要》精神，按照质量强国建设重要部署，全面提高北京市质量总体水平。6 月，北京市印发《北京市工业和信息化领域 2023 年质量品牌工作计划》，提出加强全面质量管理、推动企业质量管理体系全面升级、深化工业品牌培育等具体措施，以提升企业品牌建设能力。

2. 借助科研机构聚集优势，创新品牌发展

北京市充分利用拥有众多高质量高等院校、科研院所的优势，助力北京质量品牌升级发展。以丰台区为例，借助轨道交通、航天航空"大院大所"聚集优势，丰台区出台专项产业发展扶持政策，以中关村丰台园为依托，形成轨道交通、航天航空两大千亿级产业集群。目前，集群汇集以中国中铁、中国通号和交控科技等为代表的轨道交通企业 150 余家，以元六鸿远、海丰通航等为代表的航空航天企业 110 余家，已成为首都科技创新成果转化带的重要支撑。

3. 优化营商环境，加强质量品牌保护

一是加大知识产权保护力度。北京市积极推进知识产权服务行业建设，开展北京市知识产权服务业品牌机构评选和培育工作，截至 2023 年底，商标有效注册量累计达 307.9 万件，同比增长 5.88%。二是加大商标侵权打击查处力度。强化对关键核心技术、重点领域、新兴产业的知识产权保护，依法加大知识产权侵权案件办理力度，为全市质量品牌创新发展提供司法保障。2023 年，北京市各级法院审理各类知识产权侵权案件 6.9 万件。

三、产业科技标准工作情况

（一）总体情况

近年来，北京市加强标准化战略实施，优化科技创新环境，在关键领域取得了重要技术突破，培育了一批具有国际竞争力的产业集群。2023 年，北京市在全国团体标准信息平台上新增团体标准 818 项，新增企业标准"领跑者"标准 252 项。

（二）主要做法

1. 修订完善政策法规体系

一是围绕《首都标准化发展纲要 2035》中需落实的十项首都标准化发展"新任务"，制定实施北京市标准化办法，鼓励科技项目和成果转化项目同步开展标准制定。二是发布《关于开展 2023 年中关村企业专利与技术标准项目申报的通知》，提出支持企业参与国际标准化工作，鼓励"中关村标准"转化为国际标准，重点支持在人工智能、区块链、6G、物联网、车联网等领域取得重大突破的国际标准。

2. 加强重点产业科技标准体系建设

北京市积极发展高精尖产业，加强重点领域产业科技标准体系建设。在智能网联汽车领域，印发《关于进一步推动首都高质量发展取得新突破的行动方案（2023—2025 年）》，提出推进亦庄超高速无线通信技术（EUHT）专网建设，努力打造可向全国推广应用的技术标准；在氢能领域，支持建立符合北京市氢能科技和产业发展需要的标准体系。

3. 规范团体标准评价

团体标准作为国家标准体系的关键支柱，其发展对于激发市场主体的创新活力、优化标准供给结构、增强产品和服务竞争力、推动高质量发展具有深远影响。2023 年，《高质量团体标准评价规范》正式实施，成为衡量北京市团体标准水平的关键尺度，对北京市团体标准的高质量发展起到重要的规范和引导作用，为首都高质量发展注入新动力。

第二节　重点领域创新

一、新能源汽车产业

近年来，北京市新能源汽车产业发展势头强劲，得益于北汽集团、理想汽车、小米汽车等在京龙头企业的积极引领，构建起以研发设计为核心驱动力，以整车及关键零部件制造为基础支撑，以汽车金融、销售服务、展示体验、共享出行和无人驾驶等为多元拓展的产业生态，展现了新能源汽车产业在北京市的蓬勃活力和广泛影响力。2023 年，北京市已有新能源汽车产业链企业 6697 家，同比增长 27.22%。

围绕新能源汽车产业，北京市主要开展了以下四个方面的工作。

一是加强政策扶持与规划引领。2023 年 9 月，北京市发布《北京市新能源汽车高质量发展实施方案（2023 年—2025 年）》（以下简称《实施方案》），提出了北京市新能源汽车产业在技术创新、协同联动、产业结构优化等方面的发展目标及具体措施。

二是构建完整与协同的产业链。截至 2023 年底，北京市新能源汽车产业已基本建立完整产业链，涵盖了电池、电机、电控等关键零部件的研发与生产，以及整车制造、充电设施建设、运营服务等，共有上下游企业 300 余家。同时，北京市鼓励上下游企业加强合作，例如，2023 年北京市与小米、宁德时代等多家知名新能源汽车企业建立紧密的合作关系，共同推动新能源汽车产业的发展。

三是强化技术创新。《实施方案》明确支持核心车规级芯片国产化开发及应用，支持自主可控车载操作系统开发应用，加快高精度动态地图与定位技术创新应用，促进新型电池、电机、电控研发及产业化，进而提升北京市新能源汽车产业的竞争力。

四是加快新能源汽车基础设施建设。北京市积极推动新能源汽车基础设施建设，如充电桩、换电站等，以满足新能源汽车日益增长的充电需求。2023年 10 月，北京市发布《北京市电动汽车充换电设施建设运营奖励实施细则》，以全面提升充换电设施服务保障能力，促进电动汽车推广应用。截至 2023 年底，北京市已建成公共充电桩 12.9 万个。

二、人工智能产业

北京是国内人工智能综合实力最强的城市之一，已形成全栈式的人工智能产业链。截至 2023 年底，北京市拥有人工智能相关企业超过 2200 家，约占全国的四成。2023 年，北京人工智能产业核心产值突破 2500 亿元，辐射产值规模超万亿元。围绕人工智能产业，北京市主要开展了以下四个方面的工作。

一是建设人工智能创新策源地。2023 年 5 月，北京市发布《北京市加快建设具有全球影响力的人工智能创新策源地实施方案（2023—2025 年）》，以加快建设国家人工智能创新应用先导区为重点，积极探索人工智能产业发展的新模式、新路径，通过加大科研投入、优化创新环境，建设成为全国乃至全球人工智能创新的策源地。

二是聚集人工智能领军企业。北京市现拥有百度、字节跳动、京东、360等行业领军企业，也培育出月之暗面等行业新势力，这些企业在人工智能算法、大数据处理、云计算等领域具有显著优势，为北京市人工智能产业的发展提供了强大的支撑。

三是加强人才培养和引进。北京市高度重视人工智能领域的人才培养和引进工作，通过建立产学研用紧密结合的人才培养体系，引进国内外优秀人才，为人工智能产业的发展提供了强有力的人才保障。2023 年，北京已吸纳人工智能领域核心技术人才超 4 万人，占全国的 60%。北京共有 9 所高校设立人工智能学院或者研究院，占全国高校人工智能学院设置总量的 20%。

四是打造人工智能应用场景。北京市积极推动人工智能在政务、医疗、工业、生活服务等领域的应用，通过打造一系列具有示范效应的应用场景，推动人工智能技术的快速转化和应用。

三、电子信息产业

北京市作为科技创新中心，电子信息制造业的创新能力不断提升，为产业的高质量发展提供了有力支撑。2023 年，北京市计算机、通信和其他电子设备制造业增加值占规模以上工业增加值的 10.9%；实现生产电子计算机整机 618.4 万台、显示器 213.8 万台、移动通信手机 10286.8 万台、集成电路 211.4 亿块。

围绕电子信息产业，北京市主要开展了以下三个方面的工作。

一是加强政策支持。2023 年 5 月，北京市发布《北京市关于加快打造信息技术应用创新产业高地的若干政策措施》，支持集成电路、基础软件企业组建创新联合体，完善应用生态，促进技术迭代；鼓励企业积极参与国际开源项目，支持国际国内开源组织在京落地，加大开源项目孵化力度，形成开源企业集聚区。

二是推进行业与新基建融合。北京市以智慧城市建设为着力点，以新基建为抓手，推动新一代信息技术和城市基础设施深度融合，数字城市基础底座加速建设。截至 2023 年末，北京市建成 5G 基站 10.7 万个，千兆固网累计接入 228.7 万用户，实现五环内全覆盖、五环外重点区域和典型场景精准覆盖。智慧城市"七通一平"基础设施建设初见成效。

三是加强数据要素管理。2023 年，北京市先后发布"数据二十条"、首席数据官制度试点工作方案、数据基础制度先行区政策、数据要素市场示范奖励政策，推动数据要素市场建设、数据资产价值实现、数据服务产业集聚区形成。

第十章

上海市产业科技创新发展状况

2023 年，上海市持续推进科技创新、实施创新驱动发展战略，科技投入水平稳步提高，创新资源要素加快集聚，高质量创新成果不断涌现，产业创新能级日益提升，在打造体系化战略科技力量、抢占战略前沿领域制高点、营造具有全球竞争力的创新生态上迈出关键步伐。

第一节　产业科技创新概况

上海市贯彻新发展理念，加快实现高水平科技自立自强，着力推动科技创新与产业发展深度融合。2023 年，上海全社会研发经费支出占 GDP 比例达 4.4%，同比增长 0.2 个百分点，全年专利授权量达到 15.91 万件；技术合同成交额达到 4850.2 亿元，同比增长 20% 以上；高新技术企业超过 2.4 万家，同比增长 9% 左右；全年共挂牌运行 7 家高质量孵化器，知识产权质押融资机制优化完善。

一、产业科技创新发展情况

（一）总体情况

上海市持续强化战略谋划、构建体系化能力，推动国际科技创新中心建设取得明显成效。2023 年，上海市研发投入强度为 4.4%，较 2022 年增长 4.2%；牵头承担国家重点研发计划项目 239 项，获批国家自然科学基金项目 4900 项，占全国总获批数量的 10%，位居全国第二。截至 2023 年底，上海已累计牵头承担国家科技重大专项 929 项，累计牵头承担科技创新 2030 重大项目 74 项。2023 年，上海市国家实验室体系建设取得新进展，初步呈现

"3+4"的总体建设格局。其中，张江实验室、临港实验室和浦江实验室3家国家实验室高质量运行，上海长兴海洋实验室等4家国家实验室进入筹建或试运行阶段。

（二）主要做法

1. 深化创新平台建设

2023年3月，上海召开产业技术创新大会，着力在工业基础软件、未来材料等重要领域积极推动产业链上下游企业组建联合创新体，共同推动相关产业的发展和进步。为深入实施重点产业领域的联合创新计划，2023年8月，中国重燃与上海交通大学、上海大学共同组建智慧动力系统技术联合创新中心和高温合金叶片制备技术联合创新中心，加强在关键技术领域的研发合作。

2. 加强关键核心技术攻关

上海市持续加强集成电路、生物医药、人工智能三大先导产业核心技术攻关，以产能升级引导集成电路产业链突破，以创新医疗器械促进生物医药高质量发展，以基础技术支持人工智能升级换代。2023年，上海在创新药械领域继续保持显著优势，成功新增获批了一类创新药4个和三类创新医疗器械9个。同时，上海通过深耕人工智能底层技术，为人工智能的迭代升级提供强有力的支撑。2023年，上海市首家生成式人工智能质量检验检测中心正式挂牌，通用机器人产业研究院和临港机器人产业基地揭牌成立，上海市人工智能创新平台加速布局。

3. 强化创新政策体系

2023年8月，上海市印发《上海市科技成果转化创新改革试点实施方案》，围绕科技成果产权制度改革、科技成果运营管理、科技成果转化合规保障3个方面，提出7项改革试点任务和1项保障任务，以深化科技成果使用权、处置权和收益权改革，充分激发科研人员创新创造活力，促进科技成果转移转化。

二、质量品牌创新发展情况

（一）总体情况

2023年，上海市积极落实党中央、国务院关于建设制造强国、质量强国的决策部署，强化提升企业质量管理水平，大力培育和建设产品卓越、品牌卓越、创新领先、治理现代、具有核心竞争力的一流制造业企业。2023年，

质量品牌工作主要聚焦质量管理体系升级、关键过程质量控制、产业链及供应链的韧性与安全、质量管理数字化等方面。

（二）主要做法

1. 政策体系不断完善

2023 年 6 月，上海市委、市政府印发《质量强国建设纲要上海实施方案》，从增强重点产业和区域质量竞争力、加快产品质量提档升级、提升建设工程品质、增加优质服务供给、增强企业质量和品牌发展能力、构建高水平质量基础设施、推进质量治理现代化等方面系统谋划新时期上海质量强市工作。7 月，上海市印发《上海市进一步提高产品、工程和服务质量行动方案（2023—2025 年）》，到 2025 年建设 200 家市级智能工厂、20 家标杆性智能工厂、1000 个智能制造优秀场景，培育约 10000 家专精特新企业，着力解决产品性能和品质档次瓶颈问题。

2. 激励效应不断扩大

2023 年，上海市完成《上海市政府质量奖评审工作规范》《上海市政府质量奖评审员管理规定》《上海市政府质量奖观察员管理制度》3 项配套制度修订，印发《上海市政府质量奖培育孵化工作指南（试行）》，政府质量奖梯队培育机制不断完善，成效逐步显现。2023 年，上海市共有 8 家组织进入第五届中国质量奖提名奖公示，占全国总提名数的 10% 以上。95 家组织和个人申报 2023—2024 年度上海市政府质量奖，5 家企业质量管理经验入选全国"质量标杆"，与上年入选数量相同，占全国总数的 7%。30 家企业成为上海市"质量标杆"，全市共计支付质量发展专项资金 2.1 亿元。

3. 模范作用不断凸显

上海市加强企业质量品牌建设，积极组织开展上海市"质量标杆"培育遴选和全国"质量标杆"推荐工作，培育挖掘了一批拥有创新性、代表性、引领性质量管理经验和方法的企业，从 2023 年全国质量标杆典型经验遴选结果来看，上海积塔半导体有限公司、中国商用飞机有限责任公司上海飞机设计研究院、上汽通用汽车有限公司、上海机电工程研究所和上海市南电力（集团）有限公司等 5 家企业获评"全国质量标杆"。这些企业涵盖集成电路、航空工业、汽车制造和电力供应等领域，通过提升产品和服务的质量，推动企业质量、安全、人员、设备、环境等方面管理能力的提升，形成了可复制、可推广的先进经验。

三、产业科技标准工作情况

（一）总体情况

上海市发挥区域产业优势、技术优势、人才优势，共享区域国标标准化工作资源，融通"产业链""创新链""标准链"，打造长三角区域国际化标准高地，服务长三角一体化发展国家战略。2023 年，上海市参与制修订国家标准 1283 项，其中主导制修订国家标准 250 项，占当年发布国家标准总数的 8.6%，主要集中在电工、机械、综合、电子元器件与信息技术等领域。截至 2023 年底，上海市累计参与制修订国家标准 15239 项，其中主导制修订国家标准 4564 项。

（二）主要做法

1. 加强标准体系建设

2023 年，上海市按照国内领先、国际先进的要求，评定 10 项"上海标准"，涵盖地方标准 1 项、团体标准 4 项和企业标准 5 项，涉及人工智能、高端装备、运营管理、清洁能源等多个领域。同时，聚焦产业转型升级、超大城市治理和数字化转型需求发布 91 项地方标准；承担新立项国家级标准化试点示范项目 19 项，新立项市级标准化试点项目 72 项；批准设立 9 家新型标准化技术组织，包括 5 家标准化创新中心和 4 家技术标准创新基地。截至 2023 年底，上海市已成立 20 家新型标准化技术组织，包括 11 家标准化创新中心和 9 家技术标准创新基地。

2. 加强重点领域产业标准推进工作

为推动科技创新、提升产业竞争力，2023 年 8 月，上海市政府公布《2023年度上海市"科技创新行动计划"技术标准项目立项清单》，推进新一代信息技术、生命健康、先进制造、生态环境、交通运输及农业农村六大重点领域 52 项标准立项研究工作。2023 年，上海市集成电路、生物医药、人工智能三大先导产业规模达到 1.6 万亿元，通过产业标准领航行动，建立覆盖集成电路全产业链的标准体系，加强生物医药领域相关标准研制，建立健全人工智能标准体系，加快编制和实施先导产业标准化发展路线图，促进产业链、创新链、供应链、标准链融通提升。

3. 加强标准领域国际交流

2023 年 11 月，第六届虹桥国际经济论坛"开展国际标准合作 促进全球市场繁荣"分论坛在上海举办，吸引行业协会、研究机构、中外企业代表等共计 200 余人参会。论坛以标准合作助推制度型开放、全球产业发展、贸易投资便利化和全球经济繁荣复苏，共创标准发展新时代，共建美好世界新未来。

第二节　重点领域创新

一、信息通信产业

信息通信产业是上海市的支柱产业之一。2023 年，上海市电信业务收入达 716.2 亿元，同比增长 6.6%。其中，数据中心、大数据、云计算、物联网等新兴业务收入占比 34.6%，排名全国第一，高质量发展成果显著。5G 用户达 1875.7 万户，同比增长 39.9%，占移动电话用户的 40.8%，成为行业增长新动力。万物互联加速演进，"物超人"幅度全面提升，物联网终端达 1.63 亿个，同比增长 28%，其中车联网终端 5412 万个。

围绕信息通信产业发展，上海市主要开展了以下三个方面的工作。

一是加强技术研发与突破。上海市在信息通信产业的关键技术领域取得了重要突破。例如，在 6G 通信方面，2023 年，上海市提前布局 6G 网络体系架构创新与前瞻共性关键技术研究，针对卫星互联网、全面体验、无人驾驶、智慧工厂等应用场景进行前沿产品的开发。在量子计算方面，加强了量子算法、软件、材料、器件、测控等核心技术攻关，并提前布局了自旋电子、量子芯片、二维材料等后 CMOS 前沿基础研究，推进量子计算机研制，培育产业生态。

二是构建完善产业生态。2023 年，上海市积极支持 5G、千兆光网、云计算、大数据、人工智能等技术发展，有效赋能新型工业化和城市数字化转型。工业互联网、自动驾驶、智慧医疗、智慧旅游、智慧教育、智慧海洋等多个领域涌现出一批全国领先的典型示范应用。

三是完善政策支持与引导。上海市出台一系列政策措施，支持信息通信产业的创新发展。2023 年 11 月，上海市印发《关于进一步深化本市电信基础设施共建共享促进"双千兆"网络高质量发展的实施意见》，推进电信基础设施的共建共享，提升网络覆盖和质量，助力上海打造具有世界影响力的国际数字之都和社会主义现代化国际大都市。

二、高端装备产业

上海市是全国高端装备企业的重要聚集地，2023 年上海市高端装备企业增长趋势明显，高端装备产业规模能级位列全国前三。2023 年，上海市智能制造系统集成工业总产值突破 600 亿元，智能制造装备产业规模突破 1000 亿元，已成为国内最大的智能制造系统集成解决方案输出地和智能制造核心装备产业集聚区，连续三年蝉联"中国先进制造业城市发展指数"全国第一。

围绕高端装备产业发展，上海市主要开展了以下三个方面的工作。

一是加强产业顶层设计。2023 年，上海市发布《上海船舶与海洋工程装备产业高质量发展行动计划（2023—2025 年）》，提出开展集群发展、产业链优化、基础再造、绿色转型、数字升级、开放合作"六大行动"，重点实施大型液化天然气船提升、大型邮轮创新、深海采矿海试等"八大工程"，到2025 年，将上海打造成为原创技术策源、深海极地突破和绿色智能引领的全球船舶海工产业高地，工业产值超过 1000 亿元。

二是提升产业创新能力。2023 年，上海市不断提升高端装备产业创新能力，围绕高端装备核心部件、整机集成、成套系统，建设国家和市级企业技术创新中心，实现关键装备与核心部件首台（套）突破。

三是提高数字化水平。上海市积极推动高端装备产业与 5G、人工智能、工业互联网、大数据等新兴技术的融合，智能制造新模式应用进一步普及，工厂数字化程度进一步提高。截至 2023 年 12 月底，上海已累计培育 3 家国家级标杆性智能工厂，19 家国家级示范性智能工厂，60 家单位 111 个国家级智能制造优秀场景。

三、未来产业

上海市深入落实《上海打造未来产业创新高地　发展壮大未来产业集群行动方案》，大力培育未来产业发展。截至 2023 年末，上海市集成电路、生物医药、人工智能三大未来先导产业规模合计达到 1.6 万亿元，占上海市生产总值的 1/3 以上。

围绕未来产业发展，上海市主要开展了以下三个方面的工作。

一是加强产业布局。2023 年，上海市依托临港、张江、大零号湾等地区，积极推进未来产业先导区建设，集聚创新要素，推动创新链和产业链深度融

合。同时，成立脑机接口、先进核能、新型储能、未来产业投资等领域专委会，为未来产业发展提供有力支持。面向元宇宙、人形机器人、脑机接口和通用人工智能 4 个重点方向，启动未来产业重点领域揭榜挂帅，聚焦核心基础、重点产品、公共支撑、示范应用等创新任务，突破一批标志性技术产品，加速新技术、新产品落地应用。

二是加强人才挖掘。2023 年 3 月，上海市举办 2023 全球"未来产业之星"大赛，立足国际视野，面向全球聚焦前沿科技与应用创新，以"项目+人才"双轮驱动的模式，推进未来产业领域的技术创新和成果产业化。大赛吸引海内外未来产业项目及优秀人才共 536 个（人），实现了 5 大未来产业集群、16 大技术领域全面覆盖。

三是加强行业交流。2023 年 3 月，上海市举行未来产业高峰论坛，论坛聚焦未来产业顶层设计思路、产业先导区建设进展、未来产业场景应用、未来产业功能性平台建设等方面研讨。

第十一章

天津市产业科技创新发展状况

2023 年，天津市深入落实习近平总书记对天津工作的系列重要指示要求，全面贯彻新发展理念，发展质效稳步提升，推动全市产业科技创新高质量发展。在技术创新方面，出台系列政策推动产业科技创新，推动产业链和集群深度协同发展，统筹推进人才队伍建设，提升产业科技创新内生动力。在质量品牌方面，充分发挥政策引导作用，持续推动重点品牌培育战略实施，增强工业老字号老品牌内生动力，积极打造区域品牌形象，提升品牌影响力。在产业科技标准方面，加快构建天津市高质量发展标准体系，制定地方标准立项指南，实施企业标准"领跑者"制度行动，开展 2023 年天津市地方标准制修订相关工作，推动区域标准化建设。

第一节　产业科技创新概况

2023 年，天津市工业生产增长稳定，全市工业增加值 5359.01 亿元，较上年增长 3.6%，规模以上工业增加值同比提升 3.7%。同时，天津市重点产业链支撑作用显著，多个产业链产业增加值实现两位数增长，其中，集成电路、车联网、航空航天、中医药、高端装备产业增加值同比分别增长 32.7%、19.2%、17.8%、14.6%、13.5%。

一、产业科技创新发展情况

（一）总体情况

近年来，天津市积极提升产业科技创新能力，促进制造业转型升级，推动产业高质量发展。一是创新平台建设成效明显。2023 年，天津市脑机交互与人机共融海河实验室揭牌，6 家海河实验室自主立项 140 项，孵化引进 41 家科技型企业，同时，新一代超级计算机、国家合成生物技术创新中心、大型地震工程模拟研究设施等平台处于国际先进水平。二是创新主体稳步发展。天津市国家级专精特新"小巨人"企业累计达 253 家，市级专精特新中小企业累计达 1579 家。国家科技型中小企业、市级"雏鹰"企业、市级"瞪羚"企业分别为 11710 家、6230 家、460 家。2023 年，天津市全年签订技术合同共 15107 项，较上年增长 20.7%；合同成交额为 1957.72 亿元，较上年增长 16.8%；技术交易额为 811.04 亿元，较上年增长 2.3%。三是创新产出成果丰硕。2023 年，天津市级科技成果登记数达 2018 项，较上年增长 18.5%。同时，全年专利授权 5.92 万件，其中发明专利 1.43 万件，较上年增长 21.9%。PCT 专利申请受理量 597 件，较上年增长 3.5%。①

（二）主要做法

1. 统筹出台系列政策

2023 年 4 月，天津市印发《天津市上市企业三年倍增行动计划（2023—2025 年）》《天津市推动制造业高质量发展若干政策措施》，以梯度培育为主线，健全工作机制，强化政策扶持，带动塑造高质量发展新优势；通过发挥重大项目关键性作用，加强信息系统与应用、集成电路、车联网、生物医药和中医药、新能源、新材料、高端装备、航空航天等重点领域政策支持。

2. 推动重点产业链建设发展

天津市充分发挥产业链发展新动能，夯实基础、串珠成链，深入开展短板产业补链、优势产业延链、传统产业升链、新兴产业建链，围绕信创、集成电路、车联网、生物医药、中医药、新能源、新材料、航空航天、高端装备、汽车及新能源汽车、绿色石化等重点产业链建设，逐步构建起"1＋3＋4"现代化产业体系。

3. 统筹推进人才队伍建设

一是制定系列人才政策。2023 年，天津市印发《关于深入落实科教兴市人才强市行动加快引进优秀人才来津创新创业的若干措施》《天津市"海河

---

① 天津市统计局：《2023 年天津市国民经济和社会发展统计公报》，2023 年 3 月 19 日。

英才"卡管理办法》，加快集聚青年后备人才，营造"近悦远来"的人才生态。二是实施重大人才工程。2023年，天津市深入实施科教兴市人才强市行动方案，举办第四届天津市"海河英才"创新创业大赛，进一步激发人才创新创业活力。

4. 数字技术深度赋能实体产业

天津市积极应用数字化技术赋能实体产业，推动产业数字化、智能化、高端化、绿色化发展。2023年，累计打造智能工厂和数字化车间300个，国家级绿色制造单位超200家，企业减排二氧化碳超2万吨，上云上平台企业过万家。同时，天津市人工智能产业稳步发展，人工智能计算中心首批100P算力上线即满载，已服务100多家生物医药、智能制造等领域签约用户。

二、质量品牌创新发展情况

（一）总体情况

2023年，天津市不断夯实质量品牌发展基础，持续推进质量提升与品牌建设工作，强化质量安全监管，在《"十四五"扩大内需战略实施方案》等文件中部署实施品牌战略，增强工业老字号老品牌内生动力，提升企业核心竞争力，积极打造区域品牌形象，为加快推动产业高质量发展提供有力支撑。

（二）主要做法

1. 充分发挥政策引导作用

天津市加强政策引导，持续推进质量品牌提升，强化质量安全监管，先后制定《天津市进一步提高产品、工程和服务质量行动实施方案（2023—2025年）》《天津市振兴工业老字号老品牌实施方案（2023—2027年）》等政策，实施"一品一策"编制，坚持标杆引领，形成示范带动，聚集各类资源，打造公共服务平台，组织开展质量攻关活动，开展集中宣传推介，增强工业老字号老品牌的内生动力。

2. 实施重点品牌培育战略

天津市深入研究品牌特色，加速推进自主品牌培育，扎实开展品牌创建各项工作，形成以"重点产业链""智能制造""津品""卫药""津农精品""津门老字号"等为代表的一批优势企业及城市特色品牌。同时，天津市充分发挥老字号在建设自主品牌、全面促进消费、坚定文化自信等方面的积极

作用，举办"2023 中国（天津）中华老字号精品展"，助力天津市建设成为国际消费中心城市，持续擦亮"津"字招牌。

三、产业科技标准工作情况

（一）总体情况

2023 年，天津市深入落实《国家标准化发展纲要》和《天津市人民政府关于贯彻落实〈国家标准化发展纲要〉的意见》，优化地方标准体系结构，制定地方标准立项指南，实施企业标准"领跑者"制度行动，开展 2023 年天津市地方标准制修订相关工作，加快推进天津市标准体系建设。

（二）主要做法

1. 制定地方标准立项指南

天津市制定《2023 年天津市地方标准立项指南》，以推动制造业高质量发展为重点，聚焦高端制造、智能制造、人工智能、信创等制造业和服务业融合标准，推动制造业高端化、智能化、绿色化等方面管理和服务标准。

2. 实施企业标准"领跑者"制度行动

天津市根据《实施企业标准"领跑者"制度行动计划》，组织征集、确定 2023 年度天津市实施企业标准"领跑者"重点领域共 54 项，包括电子元件及电子专用材料制造、工业控制计算机及系统控制等，并发文征集 2023 年天津市企业标准"领跑者"评估方案和评估机构，引领区域标准化建设。

3. 开展地方标准修订工作

天津市贯彻落实《国家标准化发展纲要》，依照《中华人民共和国标准化法》《天津市标准化条例》《天津市地方标准管理办法（试行）》有关规定，发布 2023 年天津市地方标准制修订计划，稳步推进天津区域标准化建设。

第二节　重点领域创新

一、车联网产业

近年来，天津市积极推进车联网大数据服务平台建设，有序开放众多应用场景，推动自动驾驶车辆上路开展测试应用，开展天津南站科技商务区自动驾驶商业化示范应用等车联网应用示范项目。2023 年，天津市车联网产业增加值同比增长 19.2%。围绕车联网产业，天津市主要开展了以下三个方面的工作。

一是推动顶层规划设计。2023 年 9 月，天津市印发《天津市加快新能源和智能网联汽车产业发展实施方案（2023—2027 年）》，围绕电动化、网联化、智能化发展方向，推动汽车产业向新能源化、智能网联化、高端化转型升级，大力发展新能源整车，抢占智能网联汽车产业新赛道，多技术路线布局商用车产业，优化提升关键核心零部件产业链，完善基础设施体系，重塑汽车服务业版图，推动新能源和智能网联汽车产业高质量发展。

二是打造国内领先的车联网先导区和产业聚集区。天津市以车联网先导区为重点，围绕"四个全域"和"两条线"，加快推进全市智能网联汽车测试道路开放、应用场景搭建，鼓励先行先试，营造良好产业生态，吸引优势企业来津发展，打造国内领先的车联网先导区和产业聚集区。截至 2023 年 10 月，天津市西青区、河北区、中新天津生态城、东疆综保区四个区域率先完成区域全域测试道路开放设施建设和验收工作，开放测试道路总里程达 811.8 千米。

三是积极推进车联网大数据服务平台建设及智能路网建设。天津市积极推动各类"车路云网图"数据平台建设和互联互通，推进智慧出行、智能调度、先进感知监测等系统综合应用，打造全市统一的车联网大数据服务平台；引进并培育了一批高精度地图、数据分析、出行服务、金融保险等领域数据服务企业，持续提升数据应用和增值服务能力；加快网络升级改造和 5G 规模化部署，提升车联网无线通信技术网络覆盖水平。

二、航空航天产业

天津市着力发展航空航天产业，以区促链、以链集群，优化升级存量、持续扩大增量，着力打造高品质、高能级、高效益的航空航天产业集聚区。2023 年，天津航空航天产业发展较快，产业增加值同比增长 17.8%。围绕航空航天产业，天津市主要开展了以下三个方面的工作。

一是充分发挥产业集聚效应。天津市充分发挥航空航天产业集聚优势，持续吸引空客飞机配套、航空动力系统、下一代通航等相关企业落户，推动直升机、无人机、运载火箭、卫星及超大型航天器等关键配套系统制造、研发、服务一体化发展；加快滨海新区民用无人驾驶航空试验区建设，以优质试飞条件吸引无人机企业加速聚集。

二是积极开展产学研合作。天津市搭建技术共享平台，有效破解产业链

"堵"点和创新链"痛"点。例如，天津市东丽区持续深化校企互动，充分发挥"空天"联盟效应，搭建校企合作、产业协作、技术共享平台，推动"高校一流人才"和"产业一流项目"揭榜挂帅、强强联合，助力企业攻克技术难题，解决"卡脖子"痛点，初步形成"联盟搭台、科学家助力、企业家唱戏"的生态格局。

三是搭建高水平专业化交流平台。2023 年 9 月，第六届中国天津国际直升机博览会召开，博览会以"创新引领发展，合作实现共赢"为主题，为航空企业现场对接、拓展合作搭建平台，推动航空产业高质量发展。博览会吸引了 20 多个国家和地区的 350 余家企业参与，天津市人民政府与中国航空工业集团有限公司签署全面战略合作协议。

三、中医药产业

天津市积极深化产业协作，扩大优质中药应用场景，提高中医药产业化、国际化水平，提升中药智能制造水平，扩大"卫药"品牌影响力。2023 年，天津市中医药产业稳步发展，产业增加值比上年增长 14.6%。围绕中药产业，天津市主要开展了以下三个方面的工作。

一是发挥政策引导作用。2023 年 11 月，天津市出台《天津市中医药强市行动计划（2023—2025 年）》，加快中医药传承创新平台建设，推动国家中医针灸临床医学研究中心、省部共建组分中药国家重点实验室、国家地方共建现代中药创新中心建设。12 月，天津市印发《天津市推动中医药产业高质量发展提升行动方案》，促进京津冀中医药产业协同发展，加大中医药产品技术创新，加强中医药标准化建设，强化质量追溯体系建设，推动优质中药扩大应用场景，全力推动中医药产业高质量发展。

二是推进科技成果转化。天津市充分发挥中医药发展优势，推动产业链和创新链融合发展，谋划建立现代中医药海河实验室，解决"从 0 到 1"的基础研究，实现"从 1 到 N"的科技成果转化与项目落地，锻造中医药产业链"长板"。

三是建设人才培养体系。天津市与教育部、国家中医药管理局共建天津中医药大学，支持天津中医药大学"双一流"建设，将天津中医药大学中药学、中医学、中西医结合三个学科纳入天津市顶尖学科培育计划。同时，天津市推进津沽中医药人才系统培育工程，建立包含中医药杰出人才、领军人才、中青年骨干人才、基层人才的四级人才培养体系，增强天津中医药人才储备。

第十二章

重庆市产业科技创新发展状况

2023 年，重庆市积极贯彻落实党中央、国务院决策部署，深入实施国家重大战略，稳步推动全市产业科技创新高质量发展。在技术创新方面，重庆市强化相关政策统筹引领作用，聚力培育高能级创新平台，开展产业转移专题对接活动等。在质量品牌方面，强化质量强市政策引领，开展品牌分享活动，开展质量基础设施专题培训，组织企业首席质量官"巴蜀行"等。在产业科技标准工作方面，加快地方标准体系建设，持续开展"标准化宣传周"，加快发布行业标准指南，积极开展标准培训宣贯。

第一节　产业科技创新概况

2023 年，重庆市深入实施国家重大战略，不断增强重点制造产业发展新动能，规模以上工业战略性新兴产业增加值占规模以上工业增加值的比重达 32.2%，高技术制造业增加值占规模以上工业增加值比重达 18.3%，高技术产业投资较上年提高 12.7%。重点产业稳步发展，新能源汽车产业、新材料产业、节能环保产业、高端装备制造产业增加值分别较上年增长 20.6%、17.2%、10.4%、8.8%。

一、产业科技创新发展情况

（一）总体情况

近年来，重庆市科技创新能力不断提升，深度赋能区域产业高质量发展。在创新载体方面，2023 年，重庆市市级及以上重点实验室 222 个，涉及国家重点实验室 12 个；市级及以上工程技术研究中心 364 个，涉及国家级中心达 10 个；新型研发机构 179 个，涉及高端研发机构 82 个；高新技术企业达 7565 家。在技术市场方面，全年技术市场签订成交合同 11281 项，成交金额 达 865.1 亿元。在专利方面，重庆市全年专利授权 5.41 万件，其中，发明专 利授权 1.36 万件。此外，有效发明专利达 6.42 万件[①]。

（二）主要做法

1. 强化政策统筹引领作用

重庆市陆续出台《重庆市高新技术企业和科技型企业"双倍增"行动计 划（2023—2027 年）》《深入推进新时代新征程新重庆制造业高质量发展行动 方案（2023—2027 年）》《重庆市独角兽、瞪羚企业培育工作方案（2023—2027 年）》《中小型硬科技企业更快更高质量发展工作方案（2023—2027 年）》等 政策，积极部署建设"33618"现代制造业集群体系，着力构建科技企业"微 成长、小升高、高变强"梯次引育体系，加快提升企业"建平台、强研发、 促协同"能力，切实发挥科创载体综合集聚作用等。

2. 聚力培育高能级创新平台

重庆市深入实施战略科技力量提质强能行动，加强以西部（重庆）科学 城为引领的科创核心承载区建设。2023 年，凤麟核与科学城共建的中子科学 研究院（重庆）正式揭牌，超高流强稳态氘氚中子源大型科学装置启动建设。

3. 开展产业转移专题对接

重庆成功举办 2023 中国产业转移发展对接活动（重庆），从自身资源禀 赋出发，优化承接产业转移区域布局，围绕智能网联新能源汽车、先进材料、 生物医药及医疗装备等产业，开展产业转移专题对接，助力重点产业高质量 发展。

二、质量品牌创新发展情况

（一）总体情况

2023 年，重庆市深入贯彻落实《质量强国建设纲要》，推进质量强市建 设，推动重庆产品高端化发展，构建更加适配的质量供给体系。同时，重庆

---

① 重庆市统计局：《2023 年重庆市国民经济和社会发展统计公报》，2024 年 3 月 26 日。

市不断壮大质量品牌矩阵，打造更高水平的质量支撑体系，构建更加完善的质量保障体系。

（二）主要做法

1. 强化质量强市政策引领

重庆市持续强化质量强市政策引领作用，推动质量工作量质齐升。2023年7月，重庆市印发《质量强市建设实施方案》，着力推动重庆产业质量竞争力增强，提高产业质量竞争水平，提升产业集群质量引领力，推动成渝地区双城经济圈质量一体化发展。

2. 开展品牌分享活动

重庆市积极创新宣传推介方式、拓宽宣传推介渠道，以扩大本市质量品牌影响力。2023年9月，重庆各地以"增强质量意识、推进高质量发展"为主题，纷纷开展"质量月"活动，提升质量强市建设主题宣传成效。例如，重庆经开区开展"质量月"启动仪式暨"经开质量医生"成果展示、"经开品牌故事"分享活动，共计160余家企业通过线上线下方式参与该活动，宣传效果显著。

3. 开展质量基础设施专题培训

重庆市组织开展质量基础设施专题培训，提升社会质量意识。2023年，重庆市面向党政机关、市场主体、社会公众开展《质量强国建设纲要》《质量强市建设实施方案》和中国质量（成都）大会会议精神宣讲。

4. 组织开展企业首席质量官"巴蜀行"

重庆市深入推进企业首席质量官制度建设，联合建立川渝首席质量官成员库，组织开展川渝两地首席质量官交流活动，并举办首届成渝两地首席质量官强基提质活动，推广典型案例和先进经验。

三、产业科技标准工作情况

（一）总体情况

2023年，重庆市深入贯彻落实《国家标准化发展纲要》《重庆市标准化条例》，不断提升产业科技标准等产业技术基础能力。截至2023年底，重庆市全年制修订地方标准（不含工程建设、食品安全领域标准）244项。

（二）主要做法

1. 加快地方标准体系建设

重庆市开展系列工作，加快构建高质量发展的标准体系。2023 年，重庆市开展市级标准化试点示范项目立项工作，推动全社会运用标准化方式组织生产、经营、管理和服务，发布《工业数据治理规范》等一批重庆市地方标准。

2. 持续开展"标准化宣传周"

重庆市厚植全社会标准化意识，提高广大人民群众对标准化的关注度和认知度，营造学标准、用标准、守标准的良好氛围。2023 年 10 月，重庆市 2023 年"世界标准日""标准化宣传周"暨两江新区科技标准协同创新标准化论坛启动大会召开，会议聚焦重点领域关键环节标准化建设，助推产业高质量发展。

3. 加快发布行业标准指南

重庆市加快推动行业标准制定，系统指导重点产业标准体系建设。以智能网联汽车产业标准体系建设为例，2023 年 10 月，重庆市发布《重庆智能网联汽车标准体系建设指南》，主要涵盖基础与通用规范、产品与技术应用、运营与服务三个板块共计 449 项，其中包括 88 项国际标准、173 项国家标准、73 项行业标准、20 项地方标准和 95 项团体标准。

4. 积极开展标准培训宣贯

重庆市通过开展标准培训宣贯等活动，持续推进区域标准化建设，辖内各区积极响应。重庆高新区市场监督管理局组织召开《国家标准化发展纲要》宣贯培训会，集中开展《国家标准化发展纲要》《重庆市标准化条例》培训，增强干部职工标准意识。

第二节 重点领域创新

一、新材料产业

重庆市提出着力打造"33618"现代制造业集群体系，围绕创新链、产业链"集优聚强、聚链延链"，并将先进材料作为三大万亿级主导产业集群之一重点打造。当前，重庆市已经形成了钢铁材料、有色金属材料、无机非金属材料、化工合成材料等多个优势产业集群。2023 年，重庆市先进材料产业保持较快增长，产业增加值同比增长 12.3%。

围绕新材料产业，重庆市主要开展了以下三个方面的工作。

一是统筹推进材料产业科技创新发展。2023 年 12 月，重庆市印发《重庆市先进材料产业集群高质量发展行动计划（2023—2027 年）》，指出围绕"做大做强先进基础材料、持续提升关键战略材料、加快培育前沿新材料" 3 个方向建设先进材料产业体系，通过先进材料企业引育工程、重点产业集群建设工程、先进材料创新平台创建工程、先进材料协同创新工程和产业生态优化工程实施。

二是加强新材料产业集群建设。重庆市注重开展新材料产业强链、补链、延链、固链，带动材料产业向先进材料迭代升级。2023 年，重庆市推动博赛集团氧化铝扩能、国创轻合金研究院、中润 NMP 溶剂等一批大项目落地开工，促进万凯三期 60 万吨 PET、卡莱碳纤维复合材料零部件等项目建成投产，实现轻合金材料、纤维及复合材料、合成材料三类优势领域加速补链成群。

三是积极搭建产业交流平台。重庆市成功召开 2023 中国（重庆）国际高性能纤维复合材料产业创新大会，来自海内外数十名中外复合材料专家、学者，高性能纤维及其复合材料产业链上下游近 200 名企业家齐聚重庆涪陵，围绕最新科技研发动态、产业发展趋势，研讨国际新材料产业前沿成果和新技术应用，调研当地产业发展现状并开展交流，为重庆材料产业第一大区激活新动力。

二、智能网联新能源汽车产业

重庆市将智能网联新能源汽车产业作为培育新质生产力的重要抓手，推进产业链、创新链融合发展，推动智能网联新能源汽车产业加速发展。2023 年，重庆市新能源汽车呈现显著增长态势，产业增加值较上年增长 20.6%。

围绕智能网联新能源汽车产业，重庆市主要开展了以下三个方面的工作。

一是大力推进产业科技创新。2023 年 11 月，重庆市印发《重庆智能网联新能源汽车零部件产业集群提升专项行动方案（2023—2027 年）》，通过加强整零协同、加快传统零部件企业转型升级、促进行业融合、强化招商引资、培育行业优质企业、提升自主创新能力、夯实人才支撑基础、发展生产性服务业、优化空间布局、加强开放合作十大发展重点任务，加快建设全国领先的智能网联新能源汽车产业集群。

二是推动产业集群发展。当前，重庆市加快推动新能源汽车产业自主配套能力建设，已引育比亚迪、赣锋、吉利等动力电池企业，金康、青山等电机企业，南方天合等电制动企业，龙润、耐世特等电转向企业，超力、重庆三电等电空调企业，博世、明天等氢动力系统企业。同时，先后引进延锋国际智能座舱、亮道智能毫米波雷达、长线科技汽车芯片、辰致线控底盘等重点智能网联汽车项目，智能网联新能源汽车产业关键零部件配套体系初步成型。

三是搭建专业产业交流平台。"2023 中国国际智能产业博览会"在重庆顺利举办，博览会聚焦"智能网联新能源汽车"主题，围绕产业、科技、资本等关键因素，推进重庆市汽车产业生态建设，推动 19 个智能网联新能源汽车领域项目签约，正式合同额约 688 亿元。

三、电子信息制造业

当前，重庆市以建设重庆万亿级新一代电子信息制造业为目标，通过统筹顶层设计、提升创新能力、着力补链强链、开拓潜在市场等方式，多措并举，全力确保电子终端订单规模总体稳定，加快推进功率半导体、下一代显示等重大项目，深入推动电子信息产业高质量发展。2023 年，重庆市电子信息制造业产业增加值较上年增长 0.8%。

围绕电子信息制造业，重庆市主要开展了以下三个方面的工作。

一是统筹推动产业规划。2023 年 11 月，重庆市印发《重庆市新一代电子信息制造业产业集群高质量发展行动计划（2023—2027 年）》，着力巩固提升智能终端、新型显示、功率半导体及集成电路 3 个核心优势产业能级，培育壮大光伏及储能、AI 及机器人、服务器、智能家居、传感器及仪器仪表 5 个高成长性产业，积极发展卫星互联网、元宇宙 2 个未来产业集群，形成"352"新一代电子信息制造业产业体系。

二是发挥龙头企业引领效应。2023 年以来，重庆市引进安意法化合物半导体、芯联 12 英寸晶圆等一批标志性项目，打通"玻璃基板—液晶面板—显示器件"新型显示全产业链。同时，京东方、康宁、惠科等知名企业集聚效应明显，MLED 等下一代平板显示技术研发进程全国领先。

三是积极开展产业对接。重庆市积极组织专题对接活动，聚焦功率半导体及集成电路、汽车电子、太阳能光伏、锂电池及新型储能、新型显示、智能终端、AI 设备、服务器、智能家居等领域，组织金融、保险、高校、科研院所、园区与企业进行多方面交流，开展产业合作洽谈对接，稳步推进新一代电子信息制造业发展。

第十三章

广东省产业科技创新发展状况

2023 年，广东省深入贯彻习近平总书记对广东系列重要讲话和重要指示精神，以提升产业科技创新能力为目标，持续深化科技体制改革，优化创新环境，激发产业创新活力，促进高端创新资源的对接与合作，推动科技创新成果转化为现实生产力，初步形成了以创新为主要引领和支撑的现代产业体系，为广东省经济高质量发展注入强大动力，推动中国式现代化的广东实践迈出坚实步伐。

第一节　产业科技创新概况

2023 年，广东省全力以赴拼经济、抓项目、促发展，产业发展稳中向好。全年规模以上工业增加值 4.13 万亿元，同比增长 4.4%；工业投资比上年增长 22.2%，连续 36 个月保持两位数增长；规模以上工业实现利润总额 10575.18 亿元，比上年增长 11.2%。全年高技术制造业增加值比上年增长 3.2%，占规模以上工业增加值的 29.4%；装备制造业增加值同比增长 5.6%，占规模以上工业增加值的 45.0%；先进制造业增加值同比增长 6.1%，占规模以上工业增加值的 55.7%[①]。

---

① 广东省统计局：《2023 年广东省国民经济和社会发展统计公报》，2024 年 3 月 29 日。

一、产业科技创新发展情况

（一）总体情况

2023 年，广东省以粤港澳大湾区国际科技创新中心建设为牵引，加快构建"基础研究+技术攻关+成果转化+科技金融+人才支撑"全过程创新链，研发人员数量、发明专利有效量、高价值发明专利拥有量、有效注册商标量、PCT 国际专利申请量均居全国首位。广东省产业科技创新能力不断增强，三大产业比重调整为 4.1∶40.1∶55.8，制造业增加值占地区生产总值比重达32.7%，全省专利授权总量为 70.37 万件，比上年下降 16.0%，其中发明专利授权量 14.31 万件，同比增长 24.4%，"深圳—香港—广州"科技集群连续 4 年被世界知识产权组织评为全球创新指数第二名，全省研发经费支出约 4600亿元，占地区生产总值比重的 3.39%，区域创新综合能力连续 7 年全国第一[①]。

（二）主要做法

1. 加强产业科技创新政策引领

一是出台《广东省科技创新条例》《广东省配套支持国家科技重大项目和重大平台管理办法（试行）》等政策，鼓励全省企事业单位积极承担国家科技重大项目、承建国家科技重大平台，明确支持对象与条件，规定配套方式与资金使用，加快建设更高水平的科技创新强省。

二是印发《广东省科学技术厅关于发布 2024 年度粤港科技创新联合资助专题、粤澳科技创新联合资助专题申报指南的通知》《关于加快推进科技金融深度融合助力科技型企业创新发展的实施意见》等，着力强化粤港澳大湾区产学研金服创新协同，加快粤港澳大湾区国际科技创新中心建设。

2. 提升创新载体平台建设水平

一是实施"大平台"提级赋能行动，广东省积极推进粤港澳大湾区国家技术创新中心"1+9+N"体系布局建设，在生物、纳米领域获批建设 2 家国家产业创新中心，新增 10 个国家级工业设计中心，鹏城、广州国家实验室全面顺利运行，15 家全国重点实验室获批组建，人类细胞谱系、先进阿秒激光、冷泉生态系统等重大科技基础设施获批立项，高标准打造一批"万亩千

---

① 广东省人民政府：《2024 年广东省政府工作报告》，2024 年 1 月 23 日。

亿"园区载体，加快建设 7 个大型产业集聚区，新增省级产业园 2 个[①]。

二是扎实推进核心软件攻关、"璀璨行动"等重大科技工程，在新一代通信、终端操作系统、工业软件、储能与新能源等领域取得一批突破性成果，麒麟高端芯片实现自主规模应用，体外膜肺氧合系统、高端核磁共振设备、高端手术机器人等打破国外垄断，企业技术创新活力强劲。

3. 优化企业主体创新生态环境

一是实施"大企业"培优增效行动，推动超 5000 家规模以上工业企业数字化转型，深圳、东莞入选国家中小企业数字化转型试点城市。出台"技改十条"，推动超 9300 家工业企业开展技术改造，技改投资增速创 6 年新高。

二是实施"大环境"生态优化行动，启动科技体制改革三年攻坚，创新构建使命导向的科技计划评价体系，职务科技成果管理改革试点深入推进；出台推动民营经济高质量发展、培育扶持个体工商户、发展融资租赁、降低制造业成本等惠企政策，将 1/3 以上的省级科技创新发展战略专项资金投向基础研究，省财政新增 10 亿元支持中小企业数字化转型，新增减税降费及退税缓费超 2000 亿元。

二、质量品牌创新发展情况

（一）总体情况

广东省高度重视质量品牌创新发展，连续出台相关政策，立足区位优势，从培育企业品牌、建设质量标准实验室、制定质量品牌信用等级评价体系、完善质量管理体系等多维度入手，制定系统化质量品牌行动方案，全面提升广东省制造业质量水平，加快推进质量强省建设。据世界品牌实验室发布的 2023 年《中国 500 最具价值品牌》分析报告数据，广东省上榜企业 84 家，占比达 16.80%，位居全国第二。

（二）主要做法

1. 提升政策引导和布局能效

一是印发《广东省工业和信息化厅关于印发 2023 年工业质量提升和品牌建设工作计划的通知》，提出坚持制造业当家，推动质量管理体系升级，

---

① 广东省人民政府：《2024 年广东省政府工作报告》，2024 年 1 月 23 日。

强化可靠性技术应用,以创新引领发展,实施"三赋"专项行动,实施"三品"战略,促进制造业高质量发展,打造广东制造质量品牌。二是出台《广东省全面提升制造业质量品牌水平的若干政策措施》,通过强化企业主体责任、推广先进质量管理工具和方法等措施,加强质量品牌建设、提升制造业供给体系质量、推进制造业质量技术创新,全面提升广东省制造业质量品牌水平。

2. 持续推进质量品牌提升行动

为全面落实全省高质量发展大会精神,2023 年 5 月,广东省市场监督管理局、广州市南沙区人民政府共同主办"铸造广东质量 凝聚品牌力量"——2023 年"中国品牌日"广东特色活动,紧贴品牌建设发展需求,立足广东品牌建设实际,开展系列丰富活动,进一步凝聚品牌发展社会共识,切实推动品牌建设引领经济社会高质量发展。

三、产业科技标准工作情况

(一)总体情况

广东省长期关注产业科技成果标准化工作,逐步建立完善重大科技项目与标准化工作的联动机制,有效推进了技术专利化、专利标准化、标准产业化,实现了科研与标准研究同步、科技成果转化与标准制定同步、科技成果产业化与标准实施同步。同时,广东省大力支持企业、研究机构和高校深度参与国际标准制定和国际标准化活动,推动更多技术自主可控的关键技术标准向国家标准和国际标准转化,推动将技术优势转化为标准优势,充分发挥标准在产业科技创新中的引领作用。

(二)主要做法

1. 促进跨区域产业科技标准合作

2023 年 4 月,广东省市场监督管理局、香港特别行政区工业贸易署、澳门特别行政区经济及科技发展局三方共同签署了《关于共同促进粤港澳大湾区标准发展的合作备忘录》,公布 110 项"湾区标准",粤港澳大湾区标准信息公共服务平台及"湾区标准"标识同步上线。本次成果有助于提升大湾区标准化支撑能力,打造标准品牌,扩大湾区标准的影响力等,以推动制定、实施和推广三地通行的"湾区标准"为载体,促进粤港澳三地互联互通融合发展，助力粤港澳大湾区高质量发展[①]。

2. 贯彻实施产业科技标准推广行动

2023年5月，广东省发布《广东省新一代人工智能产业标准化体系建设指南》，提出加快构建新一代人工智能产业标准体系，明确了标准体系框架、重点建设内容等，为广东省乃至全国的人工智能产业发展提供了标准化指导。10月，广东省启动绿色制造标准化提升行动，发布了系列绿色制造相关标准，通过制定和修订绿色制造相关标准，推动制造业绿色转型，提升制造业可持续发展能力。

第二节　重点领域创新

广东省三大支柱产业为新一代电子信息产业、高端装备与智能制造产业、汽车制造产业。其中，新一代电子信息产业作为广东的第一大支柱产业，不断实现技术创新和产业升级，引领了数字经济的发展；高端装备与智能制造产业通过优化产业布局和提升产业链水平，为广东省的能源供应和经济发展提供了有力保障；汽车制造产业则将新能源汽车打造为发展新引擎，有效推动了汽车产业链的完善和壮大。

一、新一代电子信息产业

2023年，广东省积极推动新一代电子信息产业发展，制定系统化引导支持政策，鼓励企业加大研发投入和科技创新力度，促进了产业规模与集群发展、创新引领与技术突破、产业链优化与协同发展，整体呈现蓬勃的发展态势，产量产值持续领跑全国。2023年，广东省计算机、通信和其他电子设备制造业同比增长3.6%，高端电子信息制造业同比增长5.2%，其中，集成电路产量685.74亿块，同比增长23.8%；发光二极管（LED管）产量6302.71亿只，同比增长17.5%[②]。

围绕新一代电子信息产业，广东省主要开展了以下三个方面的工作。

---

① 广东省市场监管局：《关于共同促进粤港澳大湾区标准发展的合作备忘录》，2023年4月24日。

② 广东省统计局：《2023年广东省国民经济和社会发展统计公报》，2024年3月29日。

一是强化政策引领。广东省通过出台《关于高质量建设制造强省的意见》（粤发〔2023〕7号）、《广东省发展新一代电子信息战略性支柱产业集群行动计划（2023—2025年）》等政策文件，聚焦基础软件、工业软件、新兴平台软件等关键技术，以及大数据、人工智能、区块链、工业互联网等新兴产业领域，推动产业创新升级和高质量发展。

二是强化创新成果产业化。2023年，广东省深入实施"广东强芯"工程、汽车芯片应用牵引工程，两条12英寸芯片制造产线、高端光掩模产线等建成投产，全力打造中国集成电路第三极。

三是发挥集群集聚效应。广东省以珠江东岸电子信息产业带为集聚区，在智能终端、信息通信、集成电路设计等领域形成了良好的产业基础，吸引了日月新半导体（广州）有限公司新厂、中国电信南方科创中心和OPPO芯片研发中心等项目落地，通过扩大产能、提高生产效率等措施，满足了市场需求，带动了产业链的优化和协同发展。

二、高端装备与智能制造产业

高端装备与智能制造是推动制造业发展竞争的战略高地。2023年，广东省基于前期发展优势，持续聚焦数控机床、海工装备、航空装备、卫星及应用、轨道交通装备等细分领域，加快发展高端装备制造战略性新兴产业集群，提升高端装备与智能制造的研发及产业化水平。

围绕高端装备与智能制造产业，广东省主要开展了以下三个方面的工作。

一是加强政策引导和支持。2023年12月，广东省印发《广东省培育高端装备制造战略性新兴产业集群行动计划（2023—2025年）》，通过突破产业发展瓶颈和短板、构建产业创新平台和创新体系、加强质量品牌建设、培育具有引领带动作用的"链主"企业、深化产业开放合作等五大举措，打造高端装备制造的重要基地。

二是着力实现核心技术突破。广东省聚焦重点产业，通过强化企业主体地位，加大科技创新投入，优化科技创新环境，实施关键核心技术攻关，目前已在工业机器人的高精度定位与控制、智能制造装备的智能化感知与决策、服务机器人的智能交互与响应、嵌入式工业控制芯片的高性能与可靠性，以及高速高精密制造工艺与技术的创新等方面，实现了核心技术突破。

三是努力打造新优势领域。广东省积极加大科技创新和转化力度，发展通用飞机、无人机等产业链，打造系列化、规模化的机载设备产业，推动航空、航天器及设备制造业发展成效显著。2023 年，广东省航空航天器及设备制造业同比增长 31.5%，形成了较为完善的细分领域产业链发展模式[①]。

三、汽车制造产业

汽车制造产业是支撑广东省制造业高质量发展的传统优势产业，近年来，广东省紧抓智能网联汽车和新能源汽车等时代机遇，整合多方高端资源，集聚众多国内外知名车企项目落地。2023 年，广东省新能源汽车年产量达 253 万辆，"广东造"占据全国新能源汽车产量的约 1/4，为全省汽车产业发展注入新活力[②]。围绕汽车制造产业，广东省主要开展了以下三个方面的工作。

一是加紧培育名企创新载体。广东省基于汽车制造产业的发展基础，有效培育知名车企的创新载体建设，如深汕比亚迪汽车工业园、小鹏汽车广州工厂等全面投产，肇庆小鹏智能智造研究院建成运营，广汽埃安智能生态工厂入选全球唯一新能源汽车"灯塔工厂"。

二是积极优化基础设施。广东省持续开展新能源及智能网联汽车推广应用工程，优化充电设施布局，提升充电网络的覆盖率和便利性，同时加强智能网联汽车的道路测试和商业化应用，积极提升智能网联汽车和新能源汽车使用率。

三是持续提升集群创新能力。广东省通过实施汽车产业集群创新平台建设工程，吸引和聚集国内外优质的汽车产业创新资源，谋划建设了一批高水平的汽车产业集群创新平台，以此推动汽车产业在关键共性技术、前沿引领技术等方面取得突破，提升广东省汽车产业的核心竞争力。

---

① 广东省统计局：《2023 年广东省国民经济和社会发展统计公报》，2024 年 3 月 29 日。

② 广东省人民政府：《2024 年广东省政府工作报告》，2024 年 1 月 23 日。

第十四章

浙江省产业科技创新发展状况

　　2023 年，浙江省深入贯彻落实习近平总书记历次在浙江考察时作出的重要指示精神，紧抓"八八战略"实施 20 周年、杭州亚运会和亚残运会举办等重大机遇，坚持科技引领、以赛兴城，充分发挥数字经济先发优势，以三个"一号工程"为总牵引，启动实施"十项重大工程"，推动经济实现质的有效提升和量的合理增长。

第一节　产业科技创新概况

　　2023 年，浙江省经济运行稳中向好，创新动能持续增强，高质量发展迈出坚实步伐。全年以新产业、新业态、新模式为主要特征的"三新"经济增加值预计占全省生产总值的 28.3%，规模以上工业增加值 22388 亿元，比上年增长 6.0%。数字经济核心产业增加值 9867 亿元，同比增长 10.1%，其中规模以上数字经济核心产业制造业增加值同比增长 8.3%，增速比规模以上工业高 2.3 个百分点，拉动规模以上工业增加值增长 1.4 个百分点。新能源产业、装备制造业和战略性新兴产业仍保持领跑优势，增速均高于规模以上工业平均水平，增加值分别同比增长 13.9%、9.4%和 6.3%，占规模以上工业比重分别为 5.0%、46.2%和 33.3%，分别同比提高 0.4 个、2.0 个和 0.2 个百分点，产业转型升级加快推进[①]。

一、产业科技创新发展情况

（一）总体情况

2023 年，浙江省全面落实长三角一体化、长江经济带发展国家战略，加快建设长三角科创共同体等合作载体，区域创新能力上升到全国第 4 位，全年规模以上工业企业营业收入首次突破 11 万亿元，同比增长 1.6%。全年规模以上工业中，汽车、仪器仪表、电气机械和化学原料行业增加值同比分别增长 17.8%、15.3%、14.8% 和 14.6%，合计拉动规模以上工业增加值增长 4.1 个百分点。全年研究与试验发展经费支出 2600 亿元，占生产总值的 3.15%，同比提高 0.05 个百分点。全社会研发投入强度提高 0.58 个百分点，科技进步贡献率达 68%。全年专利授权量 38.2 万件，其中发明专利授权量 6.5 万件，比上年增长 5.7%，区域创新能力居全国第 4 位[①]。

（二）主要做法

1. 加强政策引导和支持

2023 年 11 月，浙江省印发《关于强化企业科技创新主体地位加快科技企业高质量发展的实施意见（2023—2027 年）》，加快科技企业高质量发展，推动农业、工业和服务业等产业中企业科技创新主体地位和主导作用明显增强，成为建设"315"科技创新体系、提升产业链供应链现代化水平的主要力量。

2023 年 12 月，浙江省出台《关于强化企业创新主体地位加强产业科技创新体系建设的意见》，以强化企业创新主体地位、提升民营企业创新活力和能力为主线，推动企业成为创新决策、研发投入、科研组织、成果转化的主体，加快构建企业创新活力更加凸显、产业创新能力全面提高、新产业新业态持续涌现的产业科技创新体系。

2. 构建创新型生态体系

一是重视创新载体建设。2023 年，浙江省大科学装置实现零的突破，建设国家认定的企业技术中心（含分中心）143 家、省级实验室 10 家、省级技

---

① 浙江省统计局：《2023 年浙江省国民经济和社会发展统计公报》，2024 年 3 月 4 日。

术创新中心 10 家。同时，浙江省积极培育、壮大企业创新主体规模，加强企业梯队建设，新认定高新技术企业 8493 家，新培育科技型中小企业 24096 家，新增上市公司 65 家、专精特新"小巨人"企业 384 家①。

二是引导企业增加研发投入。2023 年，浙江省着重调动企业开展科技创新的积极性，在规模以上工业企业中，有研发费用的企业达 4.6 万家，占规模以上工业企业的 80.8%，同比提高 6.2 个百分点，研发费用支出增长 8.6%，增速比营业收入高 7.0 个百分点，研发费用相当于营业收入的比例为 3.13%，同比提高 0.2 个百分点，有效推动了技术突破和产品升级，提升了企业的核心竞争力和市场地位。

三是深入落实系列重大工程。浙江省以数字经济创新提质"一号发展工程"为牵引，启动实施"415X"先进制造业集群培育工程，数字经济核心产业制造业、高新技术产业、战略性新兴产业增加值同比分别增长 8.3%、7.0%、6.3%，规上工业企业数字化改造覆盖率达 75% 以上②。

二、质量品牌创新发展情况

（一）总体情况

浙江省多年来持续推进质量品牌发展，以"区域品牌、先进标准、市场认证、国际认同"为核心，出台《浙江省推进制造业质量品牌提升加快制造强省建设的实施方案》《关于加快"浙江制造"标准制定和实施工作的指导意见》等品牌质量提升政策，以此增强市场竞争力。截至 2024 年 3 月，浙江省拥有"品字标浙江制造"品牌企业 4467 家，认定"浙江制造精品"1490 家，产品 2069 项③。

① 浙江省统计局：《2023 年浙江省国民经济和社会发展统计公报》，2024 年 3 月 4 日。

② 浙江省人民政府：《2024 年浙江省政府工作报告》，2024 年 1 月 23 日。

③ 浙江省统计局：《2023 年浙江省国民经济和社会发展统计公报》，2024 年 3 月 4 日。

（二）主要做法

1. 强化政策引领和支持

2023 年 12 月，浙江省召开全省质量大会，着力全面落实《质量强国建设纲要》及加快建设质量强省的实施意见，通过狠抓质量供给、质量标准、质量品牌、质量技术基础、质量安全监管等内容，联动推进质量强省、标准强省、品牌强省建设，推动"浙江制造"迈向全球高端，打造"浙江服务"发展高地，铸就"浙江工程"卓越品质[①]。

2. 提升质量品牌影响力

2023 年，浙江省市场监管局等 3 部门联合印发《关于进一步开展"品字标浙江服务"品牌培育评价工作的通知》，重点面向检验检测等现代服务业领域，开展品牌培育，引导企业增强品牌意识，加大品牌建设力度，持续提升质量水平，进一步提高市场竞争力。同时，浙江省深入推进"品质浙货 行销天下""浙货行天下"工程，大力培育"浙江出口名牌"、"品质浙货"出口领军企业、"浙江省出口名优特产品"等出口品牌主体。截至目前，累计培育"品质浙货"出口领军企业 80 家、"浙江出口名牌"1024 个、浙江出口名优特产品 79 种，有效开拓国际市场，完善了出口产品提升国际竞争力的品牌体系。

3. 拓展国货品牌推广渠道

2024 年 5 月，浙江省《看见品牌力量：浙江"品字标"国货品牌主题展》系列活动亮相"中国品牌日"现场。浙江"品字标"首次以"看见品牌力量"为主题，通过邀请海康威视、会稽山、青莲食品等"品字标"国货品牌参展，促进会上中外采购商对"品字标"企业的关注度，为推动浙江"品字标"企业发展助力，系列活动通过主题展览、国货品牌分享会、国货品牌宣传周等形式，立体化呈现来自浙江的优质国货潮品，向世界传递浙江品牌的魅力[②]。

---

① 浙江省人民政府：《王浩在全省质量大会上强调 坚持质量第一以质取胜 加快推动质量强省建设取得新进展新成效》，2023 年 12 月 27 日。

② 《看见品牌力量：浙江"品字标"国货品牌主题展亮相中国品牌日》，中国日报网，2024 年 5 月 13 日。

三、产业科技标准工作情况

（一）总体情况

科技标准体系建设是深入推进产业高质量发展的重点，浙江省高度重视产业科技标准的制定和修订，聚焦本地产业发展需求，制定了电子信息、机械制造、新材料等一系列与浙江省特色产业相关的科技标准。同时，浙江省还积极参与国家标准的制定和修订工作，全面促进标准的实施和推广，加强了标准的监督和检查，确保标准的有效实施，为本地产业科技创新发展提供了有力的支撑，截至 2023 年底，"浙江制造"标准累计达 3598 个，其中当年新增 569 个。

（二）主要做法

1. 全面加强产业科技标准政策引领

2023 年 8 月，浙江省印发《2023 年"浙江制造"标准立项指南》，围绕"415X"先进制造业产业集群、优势传统产业改造提升、"315"科技创新、"396"未来产业等重点，开展"浙江制造"标准研制和实施。浙江省对照机器人、数字安防、网络通信、集成电路等标准体系建设指南，以及已实施的数字经济标准提升项目领域，开展"浙江制造"标准研制和实施工作，高标准引领制造业高质量发展。

2023 年 8 月，浙江省发布《科技特派员服务和管理规范》（DB33/T 1316—2023），深入贯彻落实习近平总书记在浙江工作期间亲自倡导、亲自部署、亲自推动的科技特派员制度，系统总结提炼了浙江省科技特派员 20 年经验做法，重点围绕"1333"工作体系，在科技特派员服务模式、服务内容、管理要求，以及数字化建设等方面进行了创新，进一步推广了全国科技特派员工作的"浙江标准"。

2. 集聚高端资源建设产业科技标准体系

2023 年 7 月，浙江省市场监督管理局发布公开征集专家和重新组建浙江省标准化专家库的通知，通过自我推荐、部门推荐、定向邀请等方式，壮大专家队伍，进一步健全了产业科技标准体系"大脑"。

2023 年 10 月，浙江省市场监督管理局举办第 54 届世界标准日浙江主题活动暨第三届之江标准（共同富裕）研讨活动、宁波千企对标提升推进活动。活动现场，浙江省标准化研究院、上海市质量和标准化研究院、江苏省质量和标准化研究院、广东省标准化研究院等单位签署《共同富裕标准化研究联盟合作框架协议》，就联合开展共同富裕标准化战略研究、创新成果标准转化、标准化人才培养和交流等内容达成共识，共同推进共同富裕国家技术标准创新基地建设①。

第二节　重点领域创新

浙江省始终坚持创新驱动型发展模式，聚焦新一代信息技术、新材料产业、健康产业等支柱产业，出台了一系列扶持政策，提供资金、技术和市场等方面的支持，促进产业升级和转型。同时，浙江省积极引导企业逐步提升研发投入力度，通过整合产业链资源，加强企业间的协作和合作，形成产业集群效应，有效提升区域品牌的国际竞争力。

一、新一代电子信息产业

2023 年，浙江省积极推动新一代电子信息产业发展，在云计算、大数据、人工智能等领域持续加大投入，有效优化产业结构，推动数字安防、网络通信、智能计算等相关产业实现快速增长。其中，电子元件产量达 1597.3 亿只，同比增长 24%；集成电路产量达 239.6 亿块，同比增长 11.9%②。

围绕装备制造产业，浙江省主要开展了以下三个方面的工作。

一是组织申报、推荐典型产品与应用案例。2023 年，浙江省经济和信息化厅组织开展了新一代信息技术典型产品的申报工作，发现、培养了一批在云计算、大数据、人工智能、工业互联网、区块链等新一代信息技术领域具有创新性和竞争力的企业，进一步提升浙江省在电子信息技术领域的竞争力。

二是加强财政支持和引导。浙江省通过实施新一代电子信息优惠政策、设立专项资金、提供产业规划和引导等举措，降低企业的运营成本和创新风险，帮扶企业开展研发项目、技术改造和市场推广，推动企业加快技术创新和产业升级。

---

① 浙江省标准化研究院：《世界标准日浙江主题活动举办》，2023 年 10 月 20 日。
② 浙江省统计局：《2023 年浙江省国民经济和社会发展统计公报》，2024 年 3 月 4 日。

三是加强产业创新平台建设。浙江省积极推动电子信息技术研究院、创新中心等产业创新平台建设，汇聚众多科技人才和创新资源，为企业提供技术研发、成果转化、市场推广等方面的支持和服务，推动了产业链上下游企业之间的合作和协同。

二、新材料产业

浙江省将新材料产业视为重要的基础性、战略性、先导性产业，在财政资金支持、税收优惠、人才引进等多个维度给予政策支持。2023 年，浙江省新材料产业规上产值 1.05 万亿元[①]，居全国前四，其中氟硅材料、磁性材料产业的规模和技术全国领先，多项核心技术的成功研发，推动了相关产业的国产化进程，不仅为浙江省的经济增长注入了新动力，还推动了产业基础高级化和产业链现代化，有力支撑了全球先进制造业基地建设。

围绕新材料产业，浙江省主要开展了以下三项工作。

一是加大政策扶持力度。浙江省连续出台《浙江省新材料首批次应用示范指导目录（2023 年版）》《浙江省财政厅关于做好 2023 年浙江省首批次新材料认定工作的通知》等文件，加大了对新材料产业的财政资金支持和税收优惠力度，明确了新材料应用和推广的方向，为新材料研发、生产和应用提供资金保障。

二是强化创新能力建设。浙江省注重新材料产业的创新能力建设，通过搭建浙江省新材料产业技术创新中心、浙江省石墨烯制造业创新中心等创新平台，提升了新材料产业的创新能力。

三是推动产业协同发展。浙江省通过构建新材料产业链、推动产业融合等方式，在新材料领域加强了与高端装备制造、新能源汽车等产业的协同发展，推动了新材料在相关产业领域的应用，提升了新材料产业的附加值和市场竞争力。

三、健康产业

浙江省高度重视健康产业发展，通过加快医疗服务、健康养老、健康管

---

① 刘恪生：《30 多万浙商入川投资 川浙两地将深化装备制造等关键领域合作》，《封面新闻》2024 年 5 月 17 日。

理等领域的发展，迅速扩大产业规模。尤其是在数字健康领域，浙江省凭借智慧健康建设，推动医疗人工智能快速发展，提升了健康服务的智能化和专业化水平，为健康产业注入了新的活力。围绕健康产业，浙江省主要开展了以下三项工作。

一是加强信息化建设。浙江省大力推进智慧医疗和健康信息化建设，通过构建全民健康信息平台，推广使用"浙里健康 e 生"等应用，集成疾病诊疗、医学检查检验、健康管理等全量数据，实现医疗数据的互联互通和共享。同时，浙江省持续加强健康数据的安全保护和隐私管理，确保居民个人信息安全。

二是完善健康服务体系。2023 年，浙江省全面加强基层医疗服务体系建设，提升基层医疗服务能力，推动优质医疗资源下沉，通过建设医联体、提高体检覆盖率、加强慢性病早筛早诊早治制度，有效促进了城乡医疗资源的均衡分布。

三是促进健康产业创新发展。浙江省通过加强健康产业科技创新，推动新技术、新产品在健康产业中的应用，提升了健康产业的科技含量和附加值，同时鼓励支持健康产业跨界融合创新，培育了生物医药、健康旅游等新兴产业，推动中医药文化养生旅游、老年养生旅游等新业态，推动健康产业与其他产业的融合发展。

第十五章

海南省产业科技创新发展状况

2023 年，海南省完整、准确、全面贯彻新发展理念，牢牢把握高质量发展首要任务和构建新发展格局战略任务，突出"抢人才、抢招商、大开放、大改革"，全省经济实现持续回升向好。同时，海南省着力下好以科技创新引领产业创新的"先手棋"，加快布局创新链、培育产业链，锻长板、补短板，提升科技创新力、产业竞争力。

第一节　产业科技创新概况

一、产业科技创新发展情况

（一）总体情况

2023 年，海南省紧扣目标任务，扎实推进高质量发展，加快培育新产业新动能。全年工业增加值 861.42 亿元，比上年增长 16.0%。其中规模以上工业增加值比上年增长 18.5%。全社会研发投入强度提高到 1.2%左右，发明专利授权量同比增长 44.3%，技术合同交易额同比增长 46.3%。全职在琼两院院士增至 6 人。在全国率先建立科技经费跨境支付白名单机制，科研人员职务科技成果所有权或长期使用权试点扩面提质。

（二）主要做法

1. 推进创新平台载体建设

2023 年，海南省以更高标准打造"1+2+5"科创平台，崖州湾实验室高质量入轨工作走在全国同批次实验室前列，海南量子基地开工建设，三亚海洋实验室、深空探测实验室文昌基地挂牌成立，国家耐盐碱水稻技术创新中心、省级深海技术创新中心实体化运作，推动衰老与肿瘤国际研究中心初步建成，特色科技创新平台建设成效显著。同时，海南省加快引进培育一批新型研发机构，谋划大科学装置，加快打造具有全国影响力的种业、深海、航天等领域科创高地。

2. 推进科技型企业加快成长

2023 年，海南省出台《支持科创企业高质量发展若干政策措施》，推动市场创新主体队伍不断壮大，依托种子企业、"瞪羚"企业、领军企业构建海南高新技术企业"精英梯队"，推动专精特新"小巨人"企业和制造业单项冠军企业以专破局、以精立业、以特求强、以新赋能，实现快速发展。2023 年，海南省新认定高新技术企业 444 家，新增科技型中小企业 594 家，在库专精特新企业 347 家，海口成为全国首批中小企业数字化转型试点城市。

3. 推进产业科技人才集聚

海南省牢牢把握人才这一自主创新的关键，加快柔性引进高端人才步伐。2023 年，海南省启动实施第一批"南海新星"科技创新人才平台 126 项，全省有效外国人工作许可数 1850 件，新设立院士工作站 3 家，选派"三区"科技特派员 169 人，引导高端人才积极参与海南自贸港建设，推动海南高科技研发、重大创新和产业发展。

4. 推进产业结构优化升级

以电子信息、生物医药为代表的高新技术产业集群粗具规模，数字经济、石油化工、新材料产值超千亿元，"核电风光"清洁能源装机容量不断增加，"南繁硅谷"成为种业产业链科技创新标杆。

5. 推进科技创新开放合作

2023 年，海南省实施《自由贸易港国际科技合作创新发展三年行动方案》，围绕 RCEP 国家和地区的科技创新合作、"陆海空"创新高地国际科技合作、全球"全健康"体系先行示范、生物多样性保护、海南蓝碳研究与实践等重点领域，布局实施了一批国际合作项目。出台支持"中国企业走向国际市场的总部基地"和"境外企业进入中国市场的总部基地"建设的 15 条核心政策举措。加强与粤港澳大湾区相向发展，在政策、机制、项目等多层面取得新成果。

二、质量品牌创新发展情况

（一）总体情况

2023 年，海南省大力开展商标品牌指导站建设，着力提升基层和区域商标品牌工作效能，进一步加强对商标品牌的指导和服务，推动海南省品牌战略工作取得显著成效。其中，三亚市将商标品牌指导站工作同知识产权、地理标志产品等工作相结合，为市场主体商标品牌培育提供充分支持。海口国家高新区商标品牌指导站将商标品牌宣传、培育等活动与海口医药产业发展相结合，指导申请商标注册 487 件；五指山市水满乡商标品牌指导站指导五指山特色地名申请商标注册 843 件，制定了多个地理标志产品标准①。截至 2023 年 9 月底，海南省有效商标注册量达 231213 件，同比增长 20.21%。

（二）主要做法

1. 全面统筹部署全省质量提升工作

海南省印发《海南省进一步提高产品、工程、服务和生态环境质量行动实施方案（2023—2025 年）》，提出了推动民生消费质量升级、强化产业基础质量支撑、引导新技术新产品新业态优质发展、增强优质服务供给、持续提升生态环境质量、推动质量变革创新六大行动，确定了 21 项重点工作任务，着力打通一批产业链供应链质量堵点，攻克一批关键核心技术质量难点，化解一批民生消费领域质量痛点，更大力度保障优质产品、工程、服务和生态环境有效供给，不断增强人民群众获得感、幸福感、安全感。同时强调要完善财政金融支持政策、强化质量安全监管、压实企业主体责任、发挥质量激励及典型引领作用，为实现目标任务提供坚实保障。

2. 提升企业质量管理水平

海南省印发《关于组织开展 2023 年海南省质量标杆活动的通知》，聚焦重点领域企业，开展四个方面的工作：一是加强全面质量管理，深化运用先进适用的质量管理理念、方法和工具，实现全员、全过程、全要素、全数据的新型质量管理，持续提升质量管理体系有效性，实现质量和效益稳步发展

---

① 《截至今年 9 月海南全省有效商标注册量 231213 件 同比增长 20.21%》，南海网，2023 年 12 月 5 日。

的典型经验。二是通过质量工程新技术、新方法和新工具等实施质量改进，加强制造过程零缺陷管理，提升产品制造的一致性、稳定性，不断提升制造关键过程质量控制能力的典型经验。三是通过创新产业链供应链质量管控模式，协同上下游企业开展质量瓶颈问题分析、质量共性技术攻关等，推进制造业补链强链，强化资源、技术、装备支撑，推进产业链供应链协同创新，提升产业链供应链韧性与安全的典型经验。四是通过将 5G、人工智能、区块链、大数据、物联网等新一代信息技术与企业质量管理融合应用，促进质量管理数字化关键业务场景创新，推动质量管理活动数字化、网络化、智能化升级的典型经验。

三、产业科技标准工作情况

（一）总体情况

海南省加快实施标准化战略，助力自贸港高水平建设。2023 年，海南省设立 3 家国际标准化组织国内技术对口单位，成立综合、旅游、椰子和槟榔等 7 个省级专业标准化技术委员会，根据海南重点产业和社会管理需要，研究构建 16 个标准体系。截至 2023 年 10 月，海南已制定并发布地方标准 686 项，现行有效地方标准 547 项，推动 17 个企业产品标准达到国际先进水平，5 个产品获得企业标准"领跑者"证书；建设国家级标准化试点示范项目 154 个、省级标准化试点示范项目 139 个，涌现出一批标准化试点示范典型单位①。

（二）主要做法

1. 创新标准制度建设

2023 年 1 月 1 日起，施行《海南省标准化管理办法》，同时废止《海南经济特区标准化管理办法》。根据推进海南建设自贸港的需要，《海南省标准化管理办法》增加了鼓励参与标准的国际合作与交流、实施企业标准"领跑者"制度、推行"海南标准"标识制度等一系列制度创新举措，以标准化助力海南自贸港深度参与资源流动、要素分配和经济合作，拓展更多标准化应用场景，推动海南产品和服务走向国际市场。

---

① 《海南已制定发布地方标准 686 项》，中国政府网，2023 年 10 月 14 日。

2. 开展标准化建设专项行动

海南省印发《海南省贯彻落实〈国家标准化发展纲要〉三年行动方案（2023—2025 年）》，围绕海南自贸港"一本三基四梁八柱"战略框架，提出推动标准化与科技创新互动发展、全面提升产业标准化水平、完善绿色发展标准化保障、大力推动城乡建设和社会建设标准化、全力提升标准化对外开放水平、切实推动标准化改革创新发展、进一步夯实标准化发展基础 7 个方面的 30 条具体举措。推动完善标准化工作体制机制，助力治理体系和治理能力现代化，为高质量高标准建设海南自由贸易港提供有力支撑。

第二节　重点领域创新

海南产业科技创新具有两大核心优势：一是温度、深度、维度和绿色的"三度一色"自然禀赋优势，二是自贸港的政策和开放红利优势。两大核心优势是海南构建现代化产业体系、加快培育新质生产力的重要基石。其中，海南商业航天和生物医药分别是自然禀赋优势和开放红利优势的集中体现，两大产业科技创新的"海味"十足。

一、商业航天

2023 年，海南省商业航天创新发展跑出"加速度"，产业发展进入新阶段。海南国际商业航天发射中心一号工位建成，深空探测实验室文昌基地挂牌成立，航天技术创新中心有序运行，文昌国际航天城加快推进"三区三链"（发射区、起步区、旅游区，火箭链、卫星链、数据链）发展和"航天+"产业体系构建。

围绕商业航天产业科技创新发展，海南省主要开展了以下四个方面的工作。

一是打造科技创新高地。加快提升新一代载人航天、重型火箭、可重复使用火箭、深空探测等国家重大科技工程保障能力。聚焦航天产业前沿引领技术、关键共性技术协同攻关，构建"基础研究+技术攻关+成果产业化"的转化接力机制，加快推动科技成果转移转化。

二是打造商业航天胜地。依托海南商业航天发射场，加快推进火箭产业园、星箭超级工厂建设，快速形成低成本批量化制造能力，推动"出厂即发射"的流程优化和产业链整合创新。同步加快科技创新公共平台建设，为 2024

年实现常态化发射提供强有力支撑。

三是完善产业体系。充分利用海南区位优势、资源优势和政策组合优势，培育一批龙头企业，争取一批重大项目落地，加快构建以火箭链、卫星链、数据链、卫星互联网为主导的产业体系。同时，打造以航天科技、航天发射观礼为先行的航天旅游项目，加快推进航天主题公园、太空旅游开发建设，拓展衍生航天生物医药、航天科研普学等"航天+"产业，加快推进文昌全域发展航天城。

四是发挥自贸港国内外人员往来便利等优势，做强文昌国际航天城，特别是加强人员、技术、资金的国内外交流，把海南卫星数据中心建好用好，打造成航天国际交流的示范基地。

二、生物医药产业

随着自由贸易港政策红利逐渐释放，海南生物医药产业发展势头强劲。2023 年，海南着力加强制度创新、产业创新、服务创新，不断强化生物医药产业特色优势，加快打造全国生物医药产业制度集成创新高地，吸引各地药企来"海"布局。作为海南生物医药产业主阵地，海口国家高新区生物医药产业在全国的行业地位持续提升，规模在全国 386 个生物医药产业园区中升至第 30 位。

围绕生物医药产业，海南省主要开展了以下四个方面的工作。

一是加大政策支持力度。出台《海南省支持现代生物医药产业做大做强奖补资金管理实施细则》《海南省推动生物医药产业高质量发展行动方案（2022—2025 年）》《海南省生物医药产业研发券管理办法》等一系列产业政策，从临床前研究、临床试验、一致性评价、成果转化、国际认证、集中带量采购、公共服务平台建设等方面进行全流程、全链条、全方位政策扶持。

二是鼓励自主创新。海南加大对临床研究费用补贴力度，鼓励药械研发和自主创新，完善首台（套）和创新药应用机制，加大医药产业应用基础平台载体建设步伐，同时鼓励医药企业从本市以外地区购买、转移、引进药品生产批件并在本企业生产，加快提升生物医药产业科技创新能力。

三是创新招商引资方式。2023 年来，海南省依托重大新药创制国家科技重大专项成果转移转化试点工作机制，举办 11 场招商活动，签约落地倍特药业、新华医疗等 34 个项目，计划总投资约 66 亿元。

四是加强国际交流合作。2023 年，海南省举办 2023 中国国际生物医药大会暨海南国际药品保健品展览会。展览会通过"会议+展览"形式搭建政府、专家、企业对话的高端平台，研讨生物医药前沿技术与最新动态，促进国际医药科技创新的合作与交流，为海南自贸港建设具有全球影响力的生物医药产业创新高地建言献策。

第十六章

湖北省产业科技创新发展状况

2023 年，湖北省坚持以科技创新引领全面创新，促进创新链与产业链深度融合。湖北省产业转型步伐加快，"51020"现代产业集群加速崛起，高技术制造业增加值增长 21.7%，高于规模以上工业增加值 14.7 个百分点，对工业增长贡献率达到 41.2%；新能源汽车产量增长 98%，"光芯屏端网"产值突破 7000 亿元。同时，湖北省创新主体蓬勃发展，高新技术企业突破 2 万家，实现两年翻番；国家科技型中小企业达到 2.4 万家，同比增长 70%；技术合同成交额突破 3000 亿元，同比增长 42%。

第一节 产业科技创新概况

2023 年，湖北省工业经济实现平稳增长，截至 2023 年末，全省规模以上工业企业达到 19240 家，全年规模以上工业增加值、销售产值比上年分别增长 5.6%、1.6%，产品销售率达到 95.3%。全省高技术制造业增加值比上年增长 5.7%，占规模以上工业增加值的 12.8%。其中，计算机、通信和其他电子设备制造业同比增长 5.1%[①]。

一、产业科技创新发展情况

（一）总体情况

近年来，湖北省坚持创新驱动发展战略，加快推进"技兴荆楚"工程建

---

① 湖北省人民政府：《湖北省 2023 年国民经济和社会发展统计公报》，2024 年 3 月 27 日。

设。2023 年，武汉排名国家创新型城市第六，襄阳、黄石入选全国首批创新驱动示范市，潜江、赤壁等 4 地获批国家创新型县市。截至 2023 年 12 月，湖北省发明专利有效量为 144470 件，同比增长 22.89%；全省每万人口发明专利拥有量约为 24.78 件，同比增长 22.92%[①]。在专精特新"小巨人"企业培育上，2023 年湖北省国家级专精特新企业数量达到 680 家，位列中部第一[②]，其中在关键领域"补短板""填空白"的企业占比达 98.5%，有 37% 的企业细分产品在全国市场占有率达到 30% 以上。

（二）主要做法

1. 集中力量开展技术攻关

湖北省坚持把科技自立自强当作使命，不断优化产业创新资源配置，提高创新体系整体效能。光谷科创大走廊 134 个重大项目扎实推进，整合中医药领域优质资源组建时珍实验室，完成 18 家全国重点实验室优化重组，金字塔式科技创新平台体系更加完善。设立 100 亿元楚天凤鸣科创天使基金，推进 32 项"尖刀"技术集中攻关，湖北实验室取得首批 53 项重要成果。

2. 加快构建现代化产业体系

湖北省坚持"链长+链主+链创"三链协同，扎实推动优势产业和新兴特色产业发展，以东风、上汽通用、吉利路特斯、小鹏、长城等为骨干的新能源与智能网联汽车企业矩阵加速形成，光电子信息、生命健康、高端装备制造、北斗等产业加快发展。深入实施"技改提能、制造焕新"行动，5834 个重点技改项目扎实推进，优特钢营业收入占全省钢铁行业比重超过 50%，高端化工占全省化工行业比重超 40%，传统产业涌动新活力。

3. 全面推动数智化赋能

湖北省深入实施数字经济跃升工程，数字产业化、产业数字化双向奔赴，湖北制造向湖北智造加速蝶变。2023 年累计建成 5G 宏基站 12 万个，千兆光网实现乡镇以上全覆盖；算力与大数据产业营业收入突破千亿、达到 1200 亿元，武汉超算等 13 个算力中心、三峡东岳庙等 144 个数据中心高效运营，

---

① 湖北省知识产权局：《湖北省 2023 年 1—12 月知识产权数据统计简报》，2023 年 1 月 24 日。

② 刘天纵、刘岑：《总数 680 家！湖北国家级专精特新企业总数跃居中部第一》，中国经济网，2023 年 2 月 14 日。

45 个项目入选国家大数据产业发展示范项目，上云工业企业超过 5 万家、覆盖率提高到 49%；襄阳获批国家级车联网先导区，荆门智慧城市大脑获评全国十大样板工程。

4. 大力推动绿色低碳转型

湖北省着力推动产业绿色化发展、能源清洁化利用，23 个产业园区纳入国家级循环化改造试点工程，新增国家级绿色工业园区 2 家、绿色工厂 77 家；电力装机规模首次突破 1 亿千瓦，清洁能源装机占比提高到 65%，公共交通系统新能源车占比达到 78%，建成公共充电桩 17 万个，位居全国第五；在全国率先打通"电—碳—金融"三大市场，"中碳登"注册登记结算系统管理全国 2533 家企业账户，湖北碳市场累计成交量 3.9 亿吨，占全国的 42.7%。

5. 加快融入国内国际双循环

湖北省积极融入全国统一大市场，着力打通制约经济循环的关键环节，更好利用国内国际两个市场、两种资源。国内方面，金融"活水"更好润泽省内实体经济。2023 年，湖北省加快推进投资项目绩效综合评价、大财政建设等改革，设立首期 200 亿元的省政府投资引导基金，撬动社会资本形成 4000 亿元规模的投资基金群；推广"301"线上快贷模式，面向小微企业的普惠贷款增长 21.7%，总量达到 1.76 万亿元，创历史新高；制造业中长期贷款余额超过 5000 亿元，5 年增长 6 倍。国际方面，大力实施外贸稳主体拓增量行动。2023 年，湖北省外贸实绩企业达到 8800 家，同比增长 11.3%，与东盟、俄罗斯等"一带一路"共建国家贸易保持高速增长，全省进出口增长 5.8%，高于全国 5.6 个百分点[①]。

二、质量品牌创新发展情况

（一）总体情况

2023 年，按照"振兴湖北制造、叫响湖北品牌"的工作目标，湖北省扎实推进商标品牌战略，持续深化商标品牌培育、管理、运用、保护和服务工作，各项工作取得积极进展，品牌影响力稳步提升。截至 2023 年底，湖北省有效商标注册量超过 106 万件，同比增长 9.71%；驰名商标认定数量累

---

① 湖北省人民政府：《湖北省 2023 年政府工作报告》，2024 年 2 月 8 日。

达到 392 件；获批保护的地理标志产品 165 个，居全国第二；注册地理标志商标 532 件，居全国第四。全省已备案商标代理机构总数 763 户。全省商标质押项目 119 个，质押总金额达到 21 亿元，较上年增长 196.2%[①]。

（二）主要做法

1. 加强商标品牌培育和保护

一是持续推进荆楚品牌培育工程，发布《2023 年荆楚品牌培育工程项目名单》，探索荆楚品牌培育发展的新模式、新机制、新路径，打造一批市场占有率高、影响力大、美誉度强的商标和地理标志品牌，引导支持市场主体运用商标品牌提升核心竞争力。二是落实"千企百城"商标品牌价值提升行动，依托商标品牌指导站，指导中小企业进行品牌创建培育及品牌保护。三是实施"地理标志品牌＋"专项计划，推动地理标志与电子商务、国际贸易、文化旅游、金融服务深度融合，打造一批品质优越、特色鲜明的地理标志品牌。

2. 加快提升企业质量管理能力

湖北省全面落实国家认监委秘书处《关于开展"小微企业质量管理体系认证提升行动"及区域试点成效评估的通知》，组织在湖北设有分公司或办事处的 58 家认证机构召开座谈会，支持武汉、黄石等地开展创新试点，"一企一策"解决企业"难点""痛点"问题。2023 年，湖北省共培训企业 2386 家，培训人员 17706 人，为 659 家企业提供帮扶服务，解决企业需求 543 个，帮扶培育质量管理人才 1231 人，实现了质量管理体系认证帮扶数量与质量的新突破[②]。

三、产业科技标准工作情况

（一）总体情况

2023 年，湖北省按照《湖北省人民政府关于贯彻落实〈国家标准化发展纲要〉的实施意见》的部署，重点支持科技创新、现代产业、绿色发展、统

---

① 湖北省知识产权局：《2023 年湖北省商标品牌发展报告》，2024 年 5 月 10 日。
② 湖北省市场监督管理局：《2023 年小微企业质量管理体系认证提升行动工作情况通报》，2024 年 2 月 28 日。

一大市场等方面的地方标准研制。2023 年，在由国家市场监督管理总局国家标准技术审评中心主办的地方标准信息服务平台上，可查询的湖北标准达 2786 项。

（二）主要做法

1．研制发布关键技术标准

湖北省制定《湖北省城市数字公共基础设施统一识别代码分类框架和编码规范》《城市数字公共基础设施标准体系总体框架规范》等 5 项省级地方关键技术标准，以标准支撑数字湖北建设。制定发布《磷石膏无害化处理技术规程》地方标准，推动制定系列团体标准，扩展磷石膏应用场景，破解磷石膏治理"世界级难题"。

2．推动高校专业与标准化教育深度融合

湖北省市场监管局联合省教育厅印发《关于开展高校专业与标准化教育融合试点工作的通知》，在全国率先开展高校专业与标准化相融合课程教育试点，选取中南财经政法大学、华中农业大学、武汉科技大学、湖北大学、长江职业学院 5 所院校开设标准化课程教育，提升"专业+标准化"教学科研能力，培养符合经济社会发展需求的大批专业标准化研究和应用人才。

3．加强标准技术组织建设

2023 年新成立湖北省电池标准化技术委员会、湖北省电子信息标准化技术委员会、湖北省数字技术标准化技术委员会、湖北省园艺作物标准化技术委员会、湖北省畜牧兽医标准化技术委员会、湖北省生态环境标准化技术委员会、湖北省人力资源和社会保障标准化技术委员会、湖北省水产标准化技术委员会 8 个省级标准化技术组织，全省标准化技术组织总数达 27 个。

第二节　重点领域创新

当前，湖北省正在突破性发展光电子信息、新能源与智能网联汽车、生命健康、高端装备及北斗五大优势产业。以龙头企业为主，以点及线，带动上下游产业链协同发展。其中光电子信息产业、新能源与智能网联汽车产业和北斗产业分别是湖北省的特色优势、重要支柱和战略发展方向。

一、光电子信息产业

光电子信息产业是湖北省重点打造的特色优势产业和高技术产业。结合光电子信息产业特点，湖北省将推进集成电路、光通信、激光、新型显示和智能终端等领域重点突破，带动软件和信息技术服务业、新一代信息通信等相关领域发展。2023 年，武汉东湖高新区（即"中国光谷"）光电子产业规模占全国光电子产业的比重已达到 50%[①]。

围绕光电子信息产业，湖北省主要开展以下工作。

一是印发《湖北省突破性发展光电子信息产业三年行动方案（2022—2024 年）》。持续强化光纤光缆领跑位势，进一步稳固预制棒、光纤、光缆全球第一地位，抢占超大带宽、超低时延光纤光缆及海洋光缆、特种光缆等热点应用光纤光缆产品技术制高点。以打造国际一流的高端光芯片研发生产基地为核心，攻关相关光模块及高速集成光器件，加快核心元器件国产化替代，大力发展创新性强、量大面广的光器件产品。

二是落实《湖北省突破性发展光电子信息产业三年行动方案（2022—2024 年）》。进一步巩固和提升在全国"独树一帜"的领先地位，为打造具有全球影响力的世界级光电子信息产业集群奠定坚实基础，力争到 2024 年全省以光电子信息为特色的电子信息产业规模突破万亿元。

三是举办"中国光谷"国际光电子博览会暨论坛。以"搭建光电子行业交流平台"为目标，坚持"以会带展"的办展理念，挖掘中部光电子产业市场上未曾开发的价值洼地，围绕前沿技术、新颖主题、市场动向三个方向，开设激光技术与应用展区、光学与精密光学展区、光通信与 F5G 全光网络展区，以及前沿光电科技成果展区。

二、新能源与智能网联汽车产业

近年来，湖北打造形成以"中国车谷"为核心，"汉孝随襄 + 汽车走廊"为支撑和"宜荆黄黄"协同的产业发展新格局，成为全国重要的乘用车、商用车、专用车、特种车辆整车和零部件生产基地。被称为"中国车谷"的武

---

① 《湖北光电子信息产业规模今年有望突破万亿元大关——独树一帜"光"耀全球》，《湖北日报》2024 年 5 月 13 日。

汉经济技术开发区，集聚 9 家整车企业、13 家整车厂和 1200 余家知名零部件企业，整车产能达 250 万辆，其中新能源汽车产能 146 万辆，形成"传统零部件+三电+软件+芯片"的完整布局①。

围绕新能源与智能网联汽车产业，湖北省主要开展了以下工作。

一是印发《湖北省汽车产业转型发展实施方案（2023—2025 年）》。加快推动全省汽车产业电动化、网联化、智能化转型发展，提升产业链供应链自主可控能力，构建"车—能—路—云"融合发展的产业生态，发展壮大新能源汽车自主品牌，为湖北省打造现代化产业体系、加快建设全国构建新发展格局先行区提供产业支撑。

二是落实《湖北省突破性发展新能源与智能网联汽车产业三年行动方案（2022—2024 年）》，加快实施整车提升、供应链补链强链、创新发展、产业融合发展、服务化转型五大行动，推动 24 项重点任务落实落地，力争到 2024 年全省汽车产业产值跨越万亿台阶，其中新能源汽车产业产值突破3000 亿元。

三是加快新能源汽车充电基础设施建设改造。2023 年湖北省新建改造充电桩约 12 万个，超出目标任务 1 倍，全省新能源汽车充电保障能力进一步提升，加快建成适度超前、智能高效、全域覆盖的充电基础设施体系。

三、北斗产业

湖北省高度重视北斗产业创新发展，印发《湖北省突破性发展北斗产业三年行动方案（2023—2025 年）》，着力推动湖北北斗产业规模实现"一年强基、两年加速、三年突破"，全力实现 2023 年达到 650 亿元、2024 年达到800 亿元、2025 年达到 1000 亿元，"十四五"末产业规模占全国比重达 10%以上的目标。

围绕北斗产业，湖北省主要开展了以下工作。

一是实施创新能力提升工程，打造国家战略科技力量，争创空天信息领域国家实验室或国家实验室在鄂重要基地，组织实施北斗领域"尖刀"技术攻关。

---

① 杜雷军、王桢、武一力：《湖北加速发展新能源与智能网联汽车产业》，中国新闻网，2023 年 10 月 13 日。

二是实施规模化场景应用工程，以北斗在交通、水利、农业、自然资源、城市管理等重点行业，武汉、襄阳、宜昌等重点区域，以及大众消费领域的规模化应用为重要突破口，带动湖北省北斗企业加快发展壮大。

三是实施产业链补链强链工程，聚焦"星、芯、端、网、数（图）、用"产业链关键环节，制定关键产业图谱。

四是实施市场主体培育壮大工程，打造领军企业、培育上市企业、强化梯队培育支撑等。

五是实施产业发展生态重构工程，加快产业集聚发展、推动产业融合发展、加强行业标准和检测认证建设、着力完善金融生态、畅通对外合作交流渠道。

六是实施高端人才引进服务工程，对北斗产业关键人才、核心团队等提供"量身定做，一人一策"的个性化定制人才服务。

第十七章

湖南省产业科技创新发展状况

2023 年，湖南省坚持以习近平新时代中国特色社会主义思想为指导，认真贯彻落实党中央、国务院各项决策部署，锚定"三高四新"美好蓝图，全力打好"发展六仗"，把高质量发展作为首要任务，奋力谱写中国式现代化湖南篇章。在产业科技创新方面，打造具有核心竞争力的科技创新高地，夯实产业科技创新基础能力，打造产学研用协同创新模式。在质量品牌创新方面，加强质量强省建设战略引领，夯实质量基础，提升服务效能，深化"湖南名品"品牌建设。在产业科技标准方面，探索完善标准化创新体系，将标准化纳入相关评价体系，大力支持重点产业标准制定。

第一节　产业科技创新概况

2023 年，湖南省经济运行呈现"前低、中稳、后升"的发展态势和稳中有进、进中提质的特点，全年规模以上工业增加值比上年增长 5.1%。高技术制造业增加值同比增长 3.7%，占规模以上工业的比重为 13.5%，增幅较上年收窄 0.4 个百分点。装备制造业增加值同比增长 8.9%，占规模以上工业的比重为 31.5%，增幅较上年收窄 0.2 个百分点。省级及以上产业园区工业增加值同比增长 9.0%，占规模以上工业的比重为 71.2%，增幅较上年收窄 1.2 个百分点。从产品产量看，混凝土机械、新能源汽车产量增长较快，分别增长7.6%和 16.8%[①]。

---

① 湖南省统计局：《湖南省 2023 年国民经济和社会发展统计公报》，2024 年 3 月 22 日。

一、产业科技创新发展情况

（一）总体情况

近年来，湖南省坚持锚定习近平总书记为湖南擘画的"三高四新"美好蓝图，持续打造具有核心竞争力的科技创新高地。2023 年，湖南省全社会研发经费投入增长 14.2%，突破 1100 亿元，增速位居全国第五，研发投入强度提升至 2.41%。国家新型工业化产业示范基地达 19 个，位居中部地区第一。国家级专精特新"小巨人"企业新增 116 家，高新技术企业净增超 2400 家，科技型中小企业突破 3.3 万家，同比增长 70%。技术合同成交额近 4000 亿元，同比增长 50%[①]。

（二）主要做法

1. 打造具有核心竞争力的科技创新高地

一是实施科技创新"五大标志性工程"。2023 年 8 月，湖南省委十二届四次全会审议通过了《中共湖南省委关于锚定"三高四新"美好蓝图 加快推动高质量发展的若干意见》，明确提出要大力推进具有核心竞争力的科技创新高地建设，加快构建汇聚全球创新资源的创新型省份，高位谋划了推进长株潭国家自主创新示范区提质升级、建设湘江科学城、实施"4+4"科创工程、建设长沙全球研发中心城市、推进科技赋能文化产业创新工程"五大标志性工程"，进一步明确了全省科技创新工作的目标与任务。

二是推动产业科技创新人才引培。2023 年 7 月，湖南省召开省委人才工作领导小组会议，强调加强高层次科创人才、青年科技人才、高技能人才队伍建设，推动人才引进和培养"双轮驱动"，充分发挥省内科教资源丰富等优势，以高水平教育产出高质量人才。同月，湖南省开展《2023 年"芙蓉计划"——省企业科技创新创业团队支持项目》申报工作，着力筑牢打好科技创新攻坚仗的人才支撑，重点支持一批创新能力强、发展潜力大、产业前景好的中小企业创新创业团队。2023 年，湖南省集聚高层次人才 1600 余人，其中，新引进高层次科技人才和团队 208 人（个）。

---

① 湖南省人民政府：《2024 年湖南省政府工作报告》，2024 年 1 月 24 日。

2. 夯实产业科技创新基础能力

一是加强产业关键核心技术攻关。2023 年 3 月，湖南省印发《服务打好"发展六仗"若干财政政策措施》，加大省级财政补助力度，支持"十大技术攻关项目"推进、关键核心技术攻关"揭榜挂帅"改革。10 月，湖南省印发《关于发布 2023 年湖南省重大科技攻关"揭榜挂帅"制项目榜单的通知》，聚焦制约湖南省现代化产业体系中最紧迫的"卡脖子"重大技术难题，共遴选出 12 个项目。2023 年，湖南省"十大技术攻关项目"累计突破关键核心技术 147 项，取得"首"字号、"最"字号成果共 17 项，世界首台可变径斜井岩石隧道掘进机实现成功始发，中电科 8 英寸 SiC 外延设备及工艺填补国内空白，衡变深远海风电输变电装备达到国际领先水平。

二是加强产业科技创新平台载体建设。湖南省高度重视创新平台载体建设，2023 年 1 月，湖南省印发《湖南省新材料中试平台（基地）建设实施方案》《湖南省新材料中试平台（基地）认定管理办法》，着力健全新材料领域创新体系，推动湖南省新材料产业创新发展。2023 年，湖南省梳理提出 144 家平台建设清单和 200 家平台培育清单，重组获批 4 家、新建 1 家全国重点实验室，牵头建设的全国重点实验室增至 11 家，新组建省重点实验室 50 家，省级新型研发机构达 75 家。

3. 打造产学研用协同创新模式

一是支持企业牵头组建创新联合体。湖南省瞄准世界科技前沿、国家重大战略和湖南省现代化产业体系建设需求，引导行业龙头和领军企业等牵头整合产业链上下游资源，支持企业开展创新联合体建设，通过创新联合推动产业联合，以技术成链引导产业成链，实现科技创新支撑引领产业发展目标。2023 年 12 月，湖南省印发《2023 年开展创新联合体建设试点企业名单》，长沙北斗产业安全技术研究院股份有限公司、中联重科股份有限公司、金杯电工电磁线有限公司等 13 家企业入选。

二是支持科技成果有效转化。2023 年 8 月，湖南省印发《关于申报 2023 年湖南省科技成果转移转化服务体系后补助项目的通知》，补助项目包括技术成果交易类和成果转化服务体系类两类，共有企业委托高校、科研院所开展技术研发，高校、科研院所科技成果转化，科技服务机构，技术合同登记点，以及成果转化服务平台 5 个补助对象。10 月，湖南省印发《关于 2023 年湖南省科技成果转移转化服务体系后补助拟立项项目的公示》，对株洲千金药业股份有限公司、山河智能装备股份有限公司等单位的 207 项拟立项项目进行公示。

二、质量品牌创新发展情况

（一）总体情况

2023 年，湖南省加速推进质量强省建设，质量基础不断夯实，服务效能不断提升，成功承办中非质量基础设施互联互通论坛，推进质量基础设施"一站式"服务，新建省级产业计量测试中心 4 家，持续开展质量技术帮扶，服务企业 3404 家次，解决质量问题 3721 个，开展质量管理体系认证提升服务，办理 3C 免办证明 200 张。湖南省着力打造质量标杆，启动第八届省长质量奖评审，实施"品牌建设工程三年行动"，开展"十百千万"质量品牌提升行动，认定首批"湖南名品" 73 个，质量品牌建设工作成效显著。

（二）主要做法

1. 加强质量强省建设战略引领

湖南省深入贯彻落实《质量强国建设纲要》，全面推进质量强省建设。为切实提高质量总体水平，2023 年 8 月，湖南省印发《湖南省质量强省建设纲要》，提出提高质量发展效益、增加优质产品供给、提升建设工程品质、推进服务质量提档升级等 8 方面 22 条细则，着力全面推进质量强省战略，牢固树立"质量第一""以质取胜"理念，促进质量变革创新，稳步提升品牌影响力，增强产业质量竞争力，紧紧围绕质量安全和科技创新建设质量强省。

2. 扩大质量品牌国际影响力

湖南省积极促进质量基础设施互联互通。2023 年 6 月，中非质量基础设施互联互通论坛在湖南省长沙市成功举办，该论坛由国家市场监督管理总局、非洲联盟委员会联合主办，湖南省市场监管局、国家市场监督管理总局发展研究中心承办，来自中国和非洲国家的质量主管部门官员、有关国际组织代表、驻华使节、技术机构和重要企业代表等约 200 人参会。

3. 深化"湖南名品"品牌建设

为深入贯彻《湖南省质量强省建设纲要》《湖南省品牌建设工程行动计划》，湖南省加强品牌建设，增加优质产品供给，打造"湘字号"中国精品，推动全省经济社会高质量发展。根据《湖南名品评价管理暂行办法》，2023

年 6 月，湖南省市场监督管理局面向工业和服务业等领域的高品质产品与服务组织开展首届"湖南名品"评价工作，共有株洲硬质合金、联诚轨道、中联重科混凝土泵送机械、金杯电线电缆、中大智能检验检测等 73 家企业（组织）申报的产品或服务入选。

三、产业科技标准工作情况

（一）总体情况

湖南省深入贯彻《国家标准化发展纲要》，大力实施标准化战略，把推动标准化与科技创新互动发展、提升产业标准化水平、完善绿色发展标准化保障、提升标准化对外开放水平、推动标准化改革创新、夯实标准化发展基础等作为重点任务，加快构建推动高质量发展的标准体系。2023 年，湖南省新增国家级标准化试点示范 32 个，主导和参与制修订国家标准 247 项，发布地方标准 405 项，新建计量标准 203 项。

（二）主要做法

1. 探索完善标准化创新体系

2023 年 12 月，湖南省印发《湖南省产业集群发展促进组织管理办法（试行）》，组织制定引领集群产业发展的先进标准，推动制定本集群本行业的国家标准、行业标准和地方标准，组织编制满足市场和创新需要的团体标准，支持集群优势企业制定企业标准，参与制定以中国标准为基础的国际标准，通过先进标准体系引领和推动集群实现高端化、智能化、绿色化发展。

2. 将标准化纳入相关评价体系

湖南省积极推动科技成果与标准相互转化，将标准化工作作为多项创新载体的申报与评估指标之一。2023 年 3 月，湖南省印发《湖南省绿色制造体系建设管理办法》，将申报主体近五年主导或参与国家及地方、行业、团体绿色制造相关标准制定作为衡量专业技术实力的关键指标之一。4 月，湖南省发布《湖南省制造业创新中心认定建设管理办法》，将创新中心主导和参与技术标准制定作为年度考核和定期评估的指标之一。

3. 大力支持重点产业标准制定

2023 年 1 月，湖南省印发《关于支持新能源汽车产业高质量发展的若干政策措施》，鼓励省内企业和机构在新能源汽车（含智能网联汽车、燃料电池汽车）、充换电基础设施等领域积极开展技术、测试、检测和安全等标准制定。对主导或参与制定并获批发布具有开创性水平国际标准、国家标准、行业标准、湖南省地方标准的单位，给予一次性奖励。

第二节　重点领域创新

　　湖南省以重点产业驱动制造强基，前瞻布局"4×4"现代化产业体系，持续推进产业发展"万千百"工程。2023 年，湖南省规模以上工业增加值同比增长 5.1%，其中装备制造业增加值同比增长 8.9%，占规模以上工业比重达 31.5%。作为"有色金属之乡"，湖南省硬质合金材料约占全国的四成，先进储能材料全国领先。此外，湖南省是我国航空航天产业布局的重点省份。

一、装备制造产业

　　2023 年，湖南省装备制造业增加值同比增长 8.9%，对规模以上工业增长的贡献率达到 52.2%，其中，全年工程机械产品出口 263 亿元，同比增长 43.7%，增幅高于全国平均水平 21.7 个百分点。2023 年，全省轨道交通装备产业总产值突破 1600 亿元，株洲市轨道交通装备产业专利导航项目是湖南省唯一入选国家知识产权局 2023 年专利导航优秀成果的项目。

　　围绕装备制造产业，湖南省主要开展了以下三个方面的工作。

　　一是推进工程机械再制造出口。2023 年 5 月，中国（长沙）国际工程机械再制造设备出口创新发展大会暨交易（拍卖）大会在湖南省长沙市开幕，大会由湖南省商务厅、长沙市人民政府主办，共促成 15 家国内企业及贸易商与海外采购团签约，签约采购额超 10.6 亿元。此外，湖南省工程机械二手设备出口行业联盟在会上发布我国首个工程机械二手设备出口标准《工程机械二手设备评估标准》。

　　二是集聚轨道交通装备上下游企业。2023 年 12 月，2023 中国国际轨道交通和装备制造产业博览会在"中国电力机车之都"湖南株洲开幕，大会主题为"智慧轨道·联通未来"，通过吸引国内外技术领先的上下游企业，加大支持力度和投资布局，推动湖南轨道交通装备产业高质量发展。

　　三是加强对轨道交通和装备制造产业人才的招揽。2023 年 12 月，"智汇潇湘"2023 中国国际轨道交通和装备制造产业人才博览会在湖南省株洲开幕，会议聚焦轨道交通和装备制造产业生态圈建设，共话产业、人才发展的最新趋势，推动包括中车株机、威胜能源、金杯电工等 60 家企业人才引进、培养、储备及合理流动。

二、新材料产业

湖南省是新材料产业大省，总量规模位列全国第一方阵，产业优势明显。2023 年，湖南省共有 1302 家企业获得新材料企业认定。从近三年增长规模来看，湖南省新材料企业数量平均增速达到 16.7%，发展潜力强劲。

具体来看，湖南省主要从以下三个方面支持新材料产业的发展。

一是推动硬质合金产业生态建设。2023 年 11 月，2023 中国硬质合金及工具产业论坛暨株洲先进硬质材料及工具博览会在湖南省株洲市召开，论坛旨在搭建政、产、学、研、用交流平台，促进硬质合金及工具产业生态体系建设，提升中国硬质合金高端制品自主保障能力。

二是着力打造稀土产业集群。湖南省把湖南稀土新材料产业园列为 2023 年全省重点项目之一，2023 年 11 月，湖南稀土新材料产业园开工建设。该产业园总投资约 100 亿元，目前已签约项目 8 个。产业园旨在加大稀土头部企业培育和产业集群打造，推动湖南稀土新材料产业高质量发展。

三是打造长株潭郴先进能源材料产业集群。2023 年 11 月，第四届中国先进材料产业创新与发展大会暨 2023 长株潭先进能源材料产业博览会、2023 湖南（长沙）电池产业博览会在长沙召开，通过搭建国内先进能源材料产业技术解决方案、企业对接、成果转化和产品交易一站式服务交流平台，深化长株潭郴先进能源材料产业链上下游企业在技术创新、产品研发等方面的合作，加快建设长株潭郴国家级先进能源材料产业集群。

三、航空航天产业

湖南是全国重要的中小型航空发动机科研生产基地、飞机起降系统研制生产基地和航空器综合维修保障基地，是全国第一个全域低空空域管理改革试点拓展省份，具有较好的航空航天产业基础和产业生态。湖南省航空航天装备产业集中在株洲、长沙两地。2023 年，湖南省航空航天装备进出口总额为 7.1 亿元，较上年同期增长 13.7%，其中出口额为 4.9 亿元，增长 32.1%。围绕航空航天产业，湖南省主要从以下三个方面发力。

一是加快培育通用航空产业。2023 年 2 月，湖南省印发《湖南省培育通用航空产业工作方案》，提出以"开放低空空域、提供飞行服务、建设通用

机场"为支撑，壮大通用航空产业集群规模，将通用航空产业打造为湖南省重要支柱产业。

二是加强通用航空领域产业交流。2023 年 9 月，"2023 湖南（国际）通用航空产业博览会"在湖南长沙开幕，博览会以"通航引领美好生活"为主题，集论坛展览、贸易洽谈、科普宣传、品牌发布、飞行表演于一体，为国内外通航产业合作交流搭建对接平台。

三是加快推动北斗规模应用。2023 年 10 月，湖南省发布《湖南省加快推进北斗规模应用若干政策措施》，具体包括强化科技创新支撑、推进北斗规模应用、构建现代化产业链、打造应用产业生态、强化政策措施保障五类政策，将用约 3 年的时间实现全省北斗产业规模达 1000 亿元。

第十八章

安徽省产业科技创新发展状况

2023 年，安徽省坚持以习近平新时代中国特色社会主义思想为指导，锚定打造"三地一区"战略定位、建设"七个强省"奋斗目标，全力推进现代化美好安徽建设。在产业科技创新方面，持续优化创新生态，增强主体创新协调效应，加快打造科技创新策源地。在质量品牌创新方面，加强质量强省建设战略引领，深入开展"质量月"活动，增强企业质量品牌意识。在产业科技标准方面，强化团体标准顶层设计，加强地方和行业标准化工作，培育工信领域标准化示范企业。

第一节　产业科技创新概况

2023 年，安徽省经济回升向好，主要经济指标增长快于全国，新兴动能不断增强。在规模以上工业中，高新技术产业增加值较上年增长 11.2%，占规模以上工业增加值比重达 49.1%；装备制造业增加值同比增长 13.3%，占规模以上工业增加值比重为 38.7%；战略性新兴产业产值比上年增长 12.2%，占规模以上工业总产值比重达 42.9%。企业研发投入、研发人员、研发机构、有效发明专利占全社会比重均超过 80%。每万人口有效发明专利拥有量为28.2 件，同比增长 19%。在工业产品中，集成电路和液晶显示屏产量同比分别增长 116.3% 和 21.3%；汽车产量同比增长 48.1%，其中新能源汽车增长60.5%[1]。

---

[1] 安徽省统计局：《安徽省 2023 年国民经济和社会发展统计公报》，2024 年 3月 20 日。

一、产业科技创新发展情况

（一）总体情况

近年来，安徽省锚定打造"三地一区"战略定位、建设"七个强省"奋斗目标，扎实推进高水平创新型省份建设，全省科技创新工作取得明显成效。2023 年，安徽省全社会研发投入 1152.5 亿元，居全国第 10 位，研发投入强度 2.56%，首次超过全国平均水平、居全国第 7 位，总量和强度实现"双进位"，区域创新能力保持全国第 7 位，连续 12 年稳列全国第一方阵。5 个县（市）入选第二批国家级创新型县（市）建设名单，总数达 8 个，居全国第 3 位。高新技术企业数量同比增长 28%、总量居全国第 8 位，科技型中小企业数量同比增长 54%、总量居全国第 7 位，新增国家级专精特新"小巨人"企业 129 户、总量居全国第 8 位[①]。

（二）主要做法

1. 持续优化创新生态

一是大力引育科技人才。安徽省全面落实中央关于健全科技人才评价体系的决策部署，启动实施人才兴皖工程，推出 4.0 版人才政策。2023 年 12 月，印发《安徽省科技人才评价改革试点方案》，以建设新时代人才强省为目标，探索科技人才分类评价的新标准、新方式、新机制，加快建立以创新价值、能力、贡献为导向的科技人才评价体系，激励各类科技人才潜心从事科学研究。2023 年，安徽省组织开展"人才安徽行"系列活动，新增各类人才 95.5 万人、总量达 1272 万人。

二是用好"投早投小投科技"基金群。安徽省积极建立创新创业资源与资本市场有效对接机制，打造资本助力科技创新新模式，持续推动省科技成果转化引导基金、省种子投资基金、新型研发机构专项基金等母基金有序运营。安徽省出资 500 亿元设立省新兴产业引导基金，引导更多的社会资本投向省内十大新兴产业领域。2023 年 3 月，安徽省印发《安徽省新兴产业引导基金管理办法》，保障省新兴产业引导基金体系高质量运营，有效分散政府

---

① 安徽省人民政府：《2024 年政府工作报告——2024 年 1 月 23 日在安徽省第十四届人民代表大会第二次会议上》，2024 年 1 月 23 日。

投资风险。

2. 加快打造科技创新策源地

一是加强高能级平台建设。安徽省聚焦深空探测、核聚变、人工智能等优势领域,争创国家级创新平台。2023 年 6 月,国家"十四五"重大科技基础设施建设项目——合肥先进光源项目获国家正式批复,至此安徽省已建、在建和预研大科学装置 12 个,总数居全国前列。截至 2023 年末,安徽省已建成认知智能全国重点实验室等"国字号"创新平台 220 余家,省实验室、省技术创新中心 30 余家。

二是全力推进关键核心技术攻关。2023 年 1 月,安徽省印发《关于征集 2023 年高新领域省重点研发计划技术需求的通知》,围绕高新技术产业,以需求为导向,筛选一批关键核心技术;5 月,印发《关于发布 2023 年安徽省重大科技攻关专项"揭榜挂帅"类项目榜单的通知》,着力解决一批制约安徽省相关产业发展的关键核心技术难题。

3. 增强主体创新协调效应

一是强化企业科技创新主体地位。安徽省大力构建以企业为主体的科技创新体系,不断完善"科技型中小企业—高新技术企业—科技小巨人企业—独角兽企业—科技领军企业"梯次培育体系,推动企业成为创新决策、研发投入、科研组织和成果转化的主体。2023 年,安徽省新增科技型中小企业约 9600 家,总数超 2.7 万家;高新技术企业约 4200 家,总数超 1.9 万家;独角兽(潜在)企业 5 家,总数达 32 家;上市高新技术企业 12 家,认定科技领军企业 11 家。

二是推动产学研高效协同深度融合。2023 年 12 月,安徽省印发《安徽省职务科技成果赋权改革试点实施方案》,着力提升科技成果转化和产业化水平。同月,第三届中国高校科技成果交易会在安徽省合肥市开幕,主题为"促进产学深度融合,携手创新共赢发展",国内 350 所高校的 1 万余项高新技术成果、350 余件高价值可转化专利、150 项路演项目参会参展,省内外 2100 余家专精特新"小巨人"企业、龙头企业、链主企业、投融资机构和科技成果推广机构代表参会,促成 200 余项政校企重大项目签约合作,总金额逾 50 亿元。

二、质量品牌创新发展情况

（一）总体情况

安徽省深入开展质量提升行动，扎实推进质量强省建设，着力构建高水平的质量基础设施体系。截至 2023 年末，安徽省获得资质认定的检验检测机构 1762 家，国家产品质量检验检测中心 26 个，产品、服务、管理体系认证机构 86 个（包含在皖分部、分公司），获得强制性产品认证的企业 1409 个，法定及授权计量检定技术机构 80 个，全年强制检定计量器具 923.2 万台（件），认定阳光电源股份有限公司的"SG3125HV 中压并网逆变器"等 129 项产品为 2023 年度安徽工业精品。安徽省全省质量总体水平稳步提升，质量工作连续三年获评国考 A 级等次。

（二）主要做法

1. 加强质量强省建设战略引领

为贯彻落实党中央、国务院关于质量强国建设的战略部署，统筹推进质量强省建设，2023 年 4 月，安徽省印发《安徽省质量强省建设纲要》，提出提升经济发展质量效益、构筑产业质量竞争优势、加快产品质量创新升级、增强企业质量和品牌竞争力等八项主要任务。2023 年，安徽省深入实施《安徽省进一步提高产品、工程和服务质量行动方案（2023—2025 年）》，围绕提高供给体系质量，更大力度保障优质产品、工程和服务有效供给。

2. 深入开展"质量月"活动

2023 年 9 月，安徽省在全省范围内开展了 400 余项形式多样的"质量月"活动，着力推动质量技术、管理、制度创新，增强企业质量和品牌发展能力，凝聚全社会重视质量的共识，推动安徽省经济高质量发展。"质量月"期间，安徽省举办 2023 世界制造业大会"质量基础设施与制造业高质量发展"圆桌峰会，峰会邀请了国内外质量管理领域专家、学者和企业家，围绕"制造强国 质量为先"这一主题，探讨了以生产性服务促进制造业高质量发展的创新路径。

3. 增强企业质量品牌意识

为进一步引导企业强化质量主体责任，更加科学合理地运用质量工具和先进的质量管理方法，2023 年 5 月至 8 月，安徽省质量强省建设协调推进领导小组办公室举办了安徽省质量品牌知识竞赛，共有 10238 家企业（单位）的 53696 名员工积极参与竞赛，质量品牌意识得到进一步增强。为激励和引导更多安徽企业加大品牌培育、推广和传播力度，提升安徽品牌知名度和影响力，2023 年 5 月，安徽省市场监管局在合肥举办 2023 年中国品牌日安徽特色活动，正式发布"皖美品牌示范企业"标志。

三、产业科技标准工作情况

（一）总体情况

安徽省贯彻落实《国家标准化发展纲要》和《关于全面推进标准化发展的实施意见》，加快构建推动高质量发展的标准体系，强化团体标准顶层设计，加强地方和行业标准化工作，积极培育工业和信息化领域标准化示范企业。截至 2023 年 9 月，安徽省社会公用计量标准达 3820 项，主导及参与研制国际标准 66 项。

（二）主要做法

1. 强化团体标准顶层设计

2023 年 7 月，安徽省印发《推进团体标准化工作创新发展行动计划》，明确标准制定范围，完善团体标准管理机制，规范团体标准制定程序，确保社会团体在团体标准制定过程中符合法律法规以及强制性标准的规定，力争到 2025 年，在安徽省十大新兴产业、优势行业等重点领域形成一批具有国际先进水平的团体标准，在全国团体标准信息平台上新公开团体标准 200 项，评选团体标准典型案例 20 项。

2. 加强地方和行业标准化工作

为加快构建推动高质量发展的标准体系，2023 年 3 月，安徽省印发《关于申报 2023 年度安徽省地方标准制（修）订计划项目的通知》，面向全省公开征集地方标准制（修）订计划项目，加强新一代信息技术、新能源汽车和智能网联汽车、高端装备制造等新兴产业领域的标准研制工作。同月，为提升企业标准化水平，安徽省印发《关于申报行业标准和地方标准制（修）订项目的通知》，积极宣贯一流企业做标准的理念，推动企业成为标准制定和实施的主力，以标准引领技术创新，抢占行业发展话语权。

3. 培育工信领域标准化示范企业

2023 年 3 月，安徽省印发《关于组织开展 2023 年安徽省工业和信息化领域标准化示范企业申报工作的通知》，围绕标准化体系、保障及标准制定、贯彻对标等方面，评选省标准化示范企业。同年 12 月，安徽省印发《关于公布 2023 年安徽省工业和信息化领域标准化示范企业名单的通知》，确定合肥荣事达太阳能有限公司、TCL 家用电器（合肥）有限公司、安徽巨成精细化工有限公司等 35 家企业为 2023 年安徽省工业和信息化领域标准化示范企业。

第二节　重点领域创新

2023 年，安徽省以科技创新为引领，新能源汽车产业、新一代信息技术产业等战略性新兴产业实现蓬勃发展，产业产值正加速迈向万亿元大关，全省战略性新兴产业对全省工业经济增长的贡献率超过 60%，成为高质量发展的主动力。安徽省抢滩布局量子科技、先进核能、空天信息等未来产业，正加快孕育一批新的增长点、增长极。

一、新能源汽车产业

2023 年，安徽省聚力打造汽车"首位产业"，在奇瑞集团、江汽集团、蔚来、合肥长安、比亚迪合肥、大众安徽等 7 家整车龙头企业的带动下，安徽省建立起全产业链体系，产值达 1.15 万亿元。新能源汽车和智能网联汽车是时代发展的"新风口"，安徽省将其作为十大新兴产业之一强力推进，新能源汽车产业强势引领安徽汽车产业发展，2023 年安徽省汽车产量 249.1 万辆，同比增长 48.1%，其中，新能源汽车产量 86.8 万辆，比上年增长 60.5%。

围绕新能源汽车产业，安徽省主要开展了以下四个方面的工作。

一是加强产业集群建设。2023 年，安徽省先后召开全省新能源汽车产业集群建设推进大会、全省新能源汽车产业集群建设工作推进会议，通过《安徽省新能源汽车产业集群发展条例》，扎实有效推进具有国际竞争力的新能源汽车产业集群建设，不断提升安徽省新能源汽车产业竞争力。

二是坚持创新引领。在创新平台建设方面，安徽省开放型汽车生态实验室正式签约落地，包括 1 个创新体系建设类开放型汽车生态实验室和若干个关键共性技术攻关类实验室，致力于推动产业创新要素协同进化。在技术攻关方面，安徽省启动第二批车芯协同"攻尖"项目征集工作，组建了安徽省汽车芯片联盟和安徽省汽车芯片制造中心。

三是加强推广应用。2023 年，安徽省汽车办联合 12 家省直单位印发《关于加快推进公共领域新能源汽车应用工作的通知》，在公务用车、公交、出租等 11 个公共领域提出车辆新能源化的目标举措，组织奇瑞、江淮采取"定制车型、定制模式、定制服务"方式，加快邮政快递领域新能源汽车推广。

四是加强充换电服务体系建设。2023 年，安徽省印发《安徽省高质量充换电服务体系建设方案（2023—2027 年）》《安徽省新能源汽车充换电基础设施建设运营管理办法（暂行）》，一体化推进市、县、乡充换电基础设施建设，全年新增充电桩 19.5 万个。

二、新一代信息技术产业

2023 年，安徽省抢抓新机遇、紧跟新风口，加快打造全国具有重要影响力的新一代信息技术创新策源地和产业聚集地，新一代信息技术产业呈现提质扩量增效的良好发展态势。2023 年，合肥市集成电路、人工智能、新型显示器件三个国家战略性新兴产业集群实现营业收入 2400 亿元，同比增长 9.1%。

围绕新一代信息技术产业，安徽省主要从以下三个方面发力。

一是加强顶层谋划设计。2023 年 1 月，安徽省召开新一代信息技术产业推进会，工业和信息化部电子信息司、清华大学集成电路学院及众多咨询机构、行业商协会、产业链"链主"企业参加，聚焦集成电路这一重点，构建更加完善、更有韧性的产业生态。

二是加大新产品、新标准、新模式应用推广。2023 年 6 月，安徽省印发《关于组织推荐 2023 年新一代信息技术典型产品、应用和服务案例的通知》，围绕工业软件、工业互联网平台、区块链、企业上云用云等六个方向，挖掘推广行业广泛认可、企业现实应用的产品案例，为更多地方和企业应用新一代信息技术，推动高质量发展提供路径参考。

三是深化新一代信息技术与制造业融合发展。2023 年 9 月，安徽省印发《关于组织推荐 2023 年新一代信息技术与制造业融合发展示范的通知》，聚焦"数字领航"企业、两化融合管理体系贯标等方向，遴选一批标杆示范项目，探索形成可复制、可推广的新业态和新模式。

三、未来产业

2023 年，安徽省有序布局未来产业，奋力抢占未来产业新赛道，前瞻布局通用人工智能新赛道，把量子信息、聚变能源等作为重点打造的科创引领高地。据《2023 年全球未来产业发展指数报告》，在全球上榜的 20 个城市/集群中，从城市/集群的未来产业发展潜力看，2023 年合肥位居全球第 12 名，较上年前移 6 名；从量子信息、可控核聚变两个领域看，合肥分别位居全球第 2、第 3 名。

具体来看，安徽省主要从以下几个方面推动未来产业发展。

一是加强通用人工智能发展顶层设计。2023 年 10 月，安徽省发布《关于印发打造通用人工智能产业创新和应用高地若干政策的通知》《安徽省通用人工智能创新发展三年行动计划（2023—2025 年）》，抢抓通用人工智能发展战略机遇，推动安徽省率先进入通用人工智能时代。

二是推动量子科技协同创新。2023 年 9 月，第三届量子产业大会在安徽省合肥市举办，会上合肥高新区与中电信量子集团签署协议，打造"中国电信量子科技产业化项目"，总投资超百亿元，为合肥高新区建设"世界量子中心"注入强劲动力。

三是打造世界级聚变能源产业集群。2023 年，安徽省高度重视紧凑型聚变能实验装置建设，加快推进项目建设和关键技术攻关突破。2023 年 11 月，聚变产业联盟在安徽省合肥市正式成立，联盟成员包括 60 多家科研院所和企业，联盟将深入开展产学研用合作，加快聚变清洁能源商用化，助力打造世界级聚变能源产业集群。

第十九章

江西省产业科技创新发展状况

2023 年，江西省坚持以习近平新时代中国特色社会主义思想为指导，深入贯彻落实党的二十大精神和习近平总书记考察江西重要讲话精神，坚定推进工业强省战略不动摇，坚持贯彻创新发展、融合发展、绿色发展、开放发展、安全发展"五大路径"不松劲，加快提升产业科技创新能力，取得积极成效。

第一节　产业科技创新概况

2023 年，江西省坚持创新引领加快发展新质生产力，以服务国家科技自立自强为使命，推动高质量发展取得新成效。2023 年，规模以上工业增加值同比增长 5.4%，规模以上工业企业实现营业收入 40922.2 亿元，同比增长 2.6%；战略性新兴产业、高新技术产业、装备制造业增加值分别增长 9.1%、9.1%、10.0%，占规模以上工业比重分别为 28.1%、39.5%、31.6%[①]，新旧动能转换步伐加快。

一、产业科技创新发展情况

（一）总体情况

江西省深入推进科技兴赣六大行动，运用"系统化设计、体系化建设、工程化推进、周期化管理"工作方法，健全"基础研究—关键技术—成果转

① 江西省统计局、国家统计局江西调查总队：《江西省 2023 年国民经济和社会发展统计公报》，2024 年 3 月 30 日。

化"链式创新体系,推动科技创新呈现向上向好发展态势。2023 年新增 1 家国家技术创新示范企业、获评 1 个全国质量标杆,新增国家级中小企业特色产业集群 5 个,总数达到 10 个、位列全国第 4[①]。截至 2023 年末,江西省共有国家级重点实验室 7 个、国家工程(技术)研究中心 8 个。2023 年,签订技术合同 17290 项、技术市场合同成交金额 1604.7 亿元[②],分别同比增长 68.6%和 111.6%。2023 年,在中国科学技术发展战略研究院发布的《中国区域科技创新评价报告 2023》中,江西省综合科技创新水平位列全国第 16,较 2012 年提升 9 个位次,全面贯彻创新发展理念取得良好成效。

(二)主要做法

1. 强化企业科技创新主体地位

全面修订《江西省科技创新促进条例》,引导各类创新主体聚焦江西省重点产业、主导产业及其延伸产业链,开展基础研究和应用研究,并支持创新要素向企业集聚,构建梯次接续的高新技术企业培育体系,壮大科技型企业群体。培育专精特新中小企业,出台《江西省助力中小微企业稳增长调结构强能力若干措施》《江西省优质中小企业梯度培育管理实施细则(试行)》等支持企业协同创新、促进科技成果转化和中小企业数字化转型的针对性措施,推动中小企业强信心、稳增长,走专精特新发展之路。

2. 围绕产业需求开展核心技术攻关

江西省高度重视关键核心技术攻关,制定《江西省制造业重点产业链现代化建设"1269"行动计划(2023—2026 年)》。2023 年,以航空、电子信息、装备制造、生物育种等重点领域产业发展需求为导向,发挥创新联合体作用,推行"揭榜挂帅""赛马制"等攻关模式,强化省地、部门协同,形成共同出资、协同管理、联合实施的新机制。同时,完善科技成果转移转化体系,以"订单式"促进供需双方精准对接,实现"研发—中试—转化—产业化"闭环管理。

---

① 江西省工业和信息化厅:《一图读懂 2024 年全省工业和信息化工作报告》,2024 年 1 月 18 日。
② 江西省统计局、国家统计局江西调查总队:《江西省 2023 年国民经济和社会发展统计公报》,2024 年 3 月 30 日。

3. 构建区域创新体系

江西省因地制宜发展新质生产力，打造具有地区特色的创新增长点。例如，江西省支持南昌市建设"一岛一城"、强化创新引领地位，支持赣州市围绕生物医药、有色金属等特色领域建设省域科技创新副中心，逐步形成"一主一副、多点联动"体系，充分对接长三角、粤港澳大湾区等地优质科技资源，更好推动创新型城市建设，形成一批特色产业创新集聚区。

4. 大力推进数字化转型

江西省出台《江西省制造业数字化转型实施方案》，围绕发挥龙头企业数字化转型示范引领作用、加快工业互联网创新发展、培育数字化转型服务商、构建数字化安全防护体系等部署重点工作。发布《江西省新能源产业数字化转型行动计划（2023—2025 年）》，围绕提升企业智能制造水平、健全企业数字化工作体系、推进供应链数字化升级等方面，推动新能源产业高端化、智能化、绿色化发展。

二、质量品牌创新发展情况

（一）总体情况

江西省大力实施"质量强省、品牌兴业"战略，持续开展质量提升、标准建设、精品培育工程，累计培育 8 个全国"质量标杆"，促进"江西产品"向"江西品牌"转变。2023 年，江西省有效注册商标 88.29 万件，比上年增长 12.8%；获省级检验检测机构资质认定的机构 2104 个，其中国家产品质量监督检验中心 10 个、法定计量技术机构 347 个①。

（二）主要做法

1. 强化对质量管理工作的统筹

江西省印发《关于深化质量强省建设的实施意见》（以下简称《实施意见》），制定《2023 年质量强省工作要点》，构建政府主导、部门联合、企业主责、社会参与的大质量工作格局。《实施意见》提出五个方面的重点任务：一是建立政产学研用深度融合的质量创新机制，推进标杆示范；二是夯实产

---

① 江西省统计局、国家统计局江西调查总队：《江西省 2023 年国民经济和社会发展统计公报》，2024 年 3 月 30 日。

业基础质量支撑，推动产业绿色低碳发展；三是加快产品、工程、服务质量提档升级；四是强化企业质量主体责任，提高全面质量管理水平，争创国内国际知名品牌；五是推进质量基础设施和质量治理现代化。

2. 推动质量服务与产业链深度融合

一是推进国家钨与稀土产业计量测试中心、江西省数字产业（电子信息）计量测试中心等建设，针对优势产业提高计量服务能力。二是制定检验检测促进产业优化升级行动方案，鼓励建设具有区域特色的检验检测机构。三是建设国家市场监管重点实验室（稀土产品检测与溯源）、江西省数字电子材料及显示器件产品质检中心等，服务优势产业高质量发展。

3. 高位推动品牌建设工作

一是深入实施"赣出精品"工程，连续 3 年评选发布"赣出精品"，基本实现制造业主要领域和重点产品全覆盖，培育和打造一批特色集群和优质品牌，推动制造业高质量发展。二是印发《2023 年省级农产品品牌建设项目实施方案》，深入实施"生态鄱阳湖·绿色农产品"品牌战略，赣南脐橙等 6个区域品牌（地理标志）产品入选全国"2023 中国品牌价值榜"百强，赣南茶油等 3 个农业品牌入选 2023 年全国精品培育名单。

三、产业科技标准工作情况

（一）总体情况

江西省围绕工业、服务、农业等重点领域，整合优势资源力量，提升标准化水平，支撑经济社会高质量发展成效显著。2023 年，制定发布世界首个室外光电复合缆领域 IEC 国际标准、首个自主研发道地药材中药配方颗粒标准。其中，南昌市作为江西省省会，已主导或参与制修订 2 项国际标准、450项国家标准、68 项行业标准和 64 项团体标准，并创建 33 个国家级标准化试点示范项目[①]。

---

① 江西省市场监督管理局：《南昌市 2023 年"世界标准日"新闻发布会召开》，2023 年 10 月 19 日。

（二）主要做法

1．强化标准化工作顶层设计

江西省出台《贯彻实施国家标准化发展纲要的行动计划》《2023 年江西省地方标准立项指南》，修订《江西省地方标准管理办法》等文件，建立标准化协调机制和稳定投入机制，充分激发企业标准创新活力，推动技术创新、专利保护和标准互通支撑，提高标准化工作效率，支撑产业高质量发展。

2．推动标准化工作提质增效

一是制定《江西省 2023 年度实施企业标准"领跑者"重点领域》，围绕"2+6+N"重点产业，培育具备国内国际先进标准的企业。二是围绕 12 条重点产业链建设省级技术标准创新基地，促进产业链上下游标准有效衔接。三是积极引导企业、团体制定先进适用的标准并扩大应用，更好服务新业态、新模式发展。

第二节　重点领域创新

江西省以产业基础高级化和产业链现代化为目标，巩固提升有色金属等传统产业，发展壮大电子信息、装备制造等战略性新兴产业，抢位布局未来生产制造、未来健康等前沿产业，加快产业高端化、智能化、绿色化发展进程，并依据各地市资源禀赋、市场需求等，明确重点方向，推动产业集群协同错位发展，以科技创新引领现代化产业体系建设，加快形成新质生产力。

一、电子信息产业

电子信息产业是江西省先导性、基础性、战略性、支柱性产业。2023 年，江西省将电子信息产业列为 12 条重点产业链和 6 个先进制造业集群首位，营业收入达 1.05 万亿元，提出重点打造以京九产业带为驱动轴的电子信息先进制造业集群，力争到 2025 年电子信息主营业务收入突破 1.2 万亿元。

围绕电子信息产业科技创新发展，江西省主要开展了以下三个方面的工作。

一是打造特色产业集聚区。坚持增强配套能力、做强终端体系，以南昌、吉安为核心，以九江、赣州、鹰潭等为节点，发展智能终端、半导体照明、电子元器件、印制电路板、虚拟现实等细分赛道，逐步实现从做大规模到做优生态的跨越。

二是聚焦关键环节引进高层次人才。吉安市建立人才"需求清单",开展专项招才引智活动。2023 年新引进 3 个省级以上电子信息产业链创新团队,招引 206 名急需紧缺高层次人才。

三是加快推动数实融合。深入实施"上云用数赋智"行动,积极建设数字化智能工厂、培育数字经济产业园,在 2023 年新认定的 65 家省级数字经济集聚区中,13 家营收规模超百亿元,全省数字经济核心产业规模以上企业突破 3800 家。

二、有色金属产业

有色金属产业是江西省的传统优势产业,占全国有色金属产业营业收入的近 1/10,是推动工业高质量跨越式发展的重要支撑。《江西省制造业重点产业链现代化建设"1269"行动计划(2023—2026 年)》提出,要打造国家级有色金属产业基地,力争到 2026 年产业营业收入突破 1 万亿元。

围绕有色金属产业科技创新发展,江西省主要开展了以下三个方面的工作。

一是推动协同创新。发挥铜、稀土、超高温金属 3 个省级创新联合体作用,坚持问题导向,采取"揭榜挂帅"等形式突破一批关键技术,并扩大铜基新材料、钨基高性能材料等的应用规模。

二是开展数字化转型。研究制定《江西省有色金属产业数字化转型行动计划(2023—2025 年)》,加快有色金属与新一代信息技术融合,引导相关企业使用大数据、工业互联网等新技术,建设安全、集约、绿色的智能矿山,加快转型升级。

三是大力推进产业结构调整。发布《江西省重点新材料首批次应用示范指导目录(2023 年版)》,扩大支持范围,强化对有色金属等企业技术改造、项目申报等的支持力度,面向精深加工、高端应用等重点领域开展企业招引,推动相关项目落地。

三、装备制造产业

装备制造业价值链长、带动力大。江西省着力提升装备制造业现代化水平,着力培育新能源汽车、医疗器械、应急装备等特色产业链,以智能化带动产业整体转型,力争到 2026 年实现营业收入 8000 亿元,增加值占规模以上工业的比重达 35%。

围绕装备制造产业科技创新发展，江西省主要进行了以下三个方面的工作。

　　一是开展顶层设计，出台《江西省装备制造业产业链现代化建设行动方案（2023—2026年）》，聚焦智能制造、服务型制造、绿色制造，强化创新引领，推进强链延链补链，培育经济发展新动能。

　　二是强化企业科技创新主体地位，深入推进江西省高性能医疗器械产业科技创新联合体运行，发挥企业"出题人""答题人""阅卷人"作用，在体外诊断设备、医学救治装备等领域集中创新资源突破技术瓶颈制约，有力推动医疗器械产业转型升级。

　　三是推动应用示范，加快人工智能、北斗等在安全应急装备领域的融合，促进工程化应用和产业化进程。大力推进先进适用装备在政府部门及有关企业的实战测试、试点配备、应用推广。

第二十章

辽宁省产业科技创新发展状况

2023 年，辽宁省加快构建以先进制造业为骨干的现代化产业体系，书写结构调整"三篇大文章"，推动动力变革和赛道转换，在企业、项目、产业、园区上聚力攻坚，推动辽宁省升链、补链、延链、建链，创建多点支撑、多业并举、多元发展的新格局，打造服务国家战略的产业科技创新高地。

第一节　产业科技创新概况

2023 年，辽宁省充分发挥科技创新在引领高质量发展中的作用，坚持实体经济为本、制造业当家，成效凸显。全年规模以上工业增加值同比增长 5.0%，其中，高技术制造业增加值同比增长 8.8%。全年规模以上装备制造业增加值同比增长 9.1%，占规模以上工业增加值的 28.8%。计算机、通信和其他电子设备制造业增加值同比增长 22.2%，汽车制造业增加值同比增长 15.7%[①]，现代化产业体系建设取得积极进展。

一、产业科技创新发展情况

（一）总体情况

辽宁省强化创新赋能，整合优势创新资源，以培育新质生产力引领产业体系加快升级。2023 年，全省科技型中小企业、高新技术企业数量同比分别增长 55.6%、16.0%，新增"雏鹰""瞪羚"企业 1029 家、专精特新"小巨人"

---

① 辽宁省统计局、国家统计局辽宁调查总队：《辽宁省 2023 年国民经济和社会发展统计公报》，2024 年 3 月 28 日。

企业 41 家，"独角兽"企业实现零的突破①。同时，辽宁省加强高价值专利培育和知识产权应用，2023 年科技成果本地转化率达到 57%②，专利商标质押金额 52.6 亿元，同比增长 41.6%③。截至 2023 年底，全省三种专利有效量 351973 件，同比增长 16.1%③。全年全省技术合同成交额达 1308.3 亿元，同比增长 30.8%④，高质量发展呈现创造力和活力。

（二）主要做法

1. 加大重大科技创新平台建设力度

2023 年获批 5 家国家企业技术中心，培育 37 家省级工程研究中心⑤，启动重点实验室群建设工作，累计获批 11 家全国重点实验室，稳步推进 4 家辽宁实验室建设并与鞍钢、瓦轴等龙头企业共建产学研合作平台，逐步形成对人才、资金等创新资源的虹吸效应。沈阳、大连人工智能计算中心获批建设国家新一代人工智能公共算力开放创新平台，不断夯实辽宁省人工智能科技创新基座，进一步提升对制造业转型升级的服务支撑能力。

2. 持续增强企业技术创新能力

健全需求导向和问题导向的科技计划项目形成机制，强化从产业一线和企业实践中凝练创新需求，开展"揭榜挂帅""赛马"攻关。培育壮大新松机器人、拓荆科技、融科储能等创新型硬科技企业，新设创新联合体重大专项，组织实施行业领军企业应用基础研究联合计划，面向产业需求联合上下游、产学研突破一批标志性成果和战略性产品。优化"兴辽英才"计划，在先进装备制造、生物医药等重点领域支持 50 个突破技术"卡点"的创新团队；开展"留辽来辽行动"，投入近 5 亿元用于人才奖励和保障，加快高水平创新人才队伍建设，提升企业核心竞争力。

---

① 《辽宁在新时代东北全面振兴上展现更大担当和作为　奋力开创振兴发展新局面》，《人民日报》2024 年 4 月 24 日。

② 辽宁省人民政府：《2024 年省政府工作报告》，2024 年 1 月 23 日。

③ 赵铭：《强化知识产权保护　营造创新发展生态》，《辽宁日报》2024 年 4 月 19 日。

④ 刘成友、郝迎灿：《辽宁在新时代东北全面振兴上展现更大担当和作为　奋力开创振兴发展新局面》，《人民日报》2024 年 4 月 24 日第 2 版。

⑤ 王景巍：《辽宁加速集聚新动能新优势 2023 年高技术制造业增加值增长 8.8%》，中国新闻网，2024 年 3 月 13 日。

3．完善科技成果转化服务体系

辽宁省出台《辽宁省科技体制改革三年攻坚实施方案（2023—2025 年）》，健全科技成果转化权益分配机制，试点推进高校、科研院所成果"先使用后付费"模式。聚焦石化和精细化工、生物医药、冶金新材料等重点领域，累计建设 36 家中试基地，构建覆盖全省的中试公共服务网络体系，促进更多成果走向产业。培育 400 多家科技服务机构，在"双碳"、农业等领域开展专业化、市场化对接路演活动。通过对科技成果转化和技术转移进行奖励性后补助，促进产学研深度合作。

4．推动科技金融紧密结合

辽宁省印发《辽宁省金融支持科技型企业全生命周期发展若干举措》，通过开发针对原始创新孵化转化的金融产品、推动投贷联动融资、试点设立城际融资撮合中心等举措，营造有利于科技型企业成长的良好金融环境，满足全生命周期融资需求；出台《加大力度支持科技型企业融资的实施意见》，在常态化银企对接、有效金融供给、风险补偿等方面开展具体工作。在高新区实行科技企业创新积分制试点，联合农业银行、工商银行等金融机构开展积分制授信服务，并推出"工银科创贷""辽科贷"等系列金融产品。

二、质量品牌创新发展情况

（一）总体情况

辽宁省确立"质量第一"意识，以制造业为主攻方向，持续壮大质量核心竞争力，推动向辽宁创造、辽宁质量、辽宁品牌转变。2023 年，全省新增商标注册 6.44 万件，有效注册商标总量已达 68.37 万件，同比增长 8.2%[①]。推动检测认证网络建设，截至 2023 年底，全省获得资质认定的检验检测机构共 1666 家，其中国家检测中心 38 家；认证机构 26 家，各类认证证书 8.1 万张；法定计量技术机构 124 个[②]。2023 年，已有两类产品共 3 家企业获得首批"辽宁优品"认证授权，共有 221 个品牌上榜"企业品牌"价值榜单和

[①] 辽宁省人民政府新闻办公室：《辽宁举行 2023 年知识产权发展与保护状况新闻发布会》，2024 年 4 月 18 日。

[②] 辽宁省统计局、国家统计局辽宁调查总队：《辽宁省 2023 年国民经济和社会发展统计公报》，2024 年 3 月 28 日。

"区域品牌"价值榜单，全省上榜品牌总值达 7251.03 亿元①，同比增长 68%。

（二）主要做法

1. 打造产业链和质量链融合政策环境

辽宁省出台《辽宁省质量强省建设纲要》，部署产业质量竞争力提升工程、重点产品质量攀登工程、建设工程质量管理升级工程、服务品质提升工程、辽宁品牌建设工程等。辽宁省人民政府印发《贯彻落实〈计量发展规划（2021—2035 年）〉的实施意见》《辽宁省进一步提高产品、工程和服务质量行动方案（2023—2025 年）》，围绕计量重大科技基础设施建设、拓展重点领域计量应用、产业链供应链质量攻关项目、提升计量监管效能等开展工作，更好支撑现代化产业体系建设。

2. 提升质量和计量基础服务效能

辽宁省印发《加强质量基础设施协同服务 助力全面振兴新突破实施方案》等多份政策文件，一体化推进计量、标准、认证、检验检测能力提升，建设 97 个质量基础设施"一站式"服务站点（线上平台），实现市级层面全覆盖。建成全国首家全类型、全项目的国家级加气机质检中心，填补国内空白。强化产、学、研、用、检深度合作，探索建立并推广应用"共享实验室"检验检测服务模式，实现多方共赢。启动"计量服务助力新突破"活动，组建 62 支计量技术服务队，为一线企业解决近 600 个技术难题。

3. 加速品牌经济发展

辽宁省印发《新时代推进辽宁品牌建设三年行动方案（2023—2025 年）》，围绕区域品牌、产业品牌、企业品牌等开展工作。完善品牌建设机制，支持和引导企业提高商标品牌建设能力，提升企业自主品牌价值，推进第十届省长质量奖评审，推荐参评第 5 届中国质量奖，完成首批 7 家辽宁省质量品牌提升示范区验收，第二批 8 家园区获批建设，助推区域特色经济高质量发展。建立健全"辽宁优品"认证体系、品牌服务体系等，形成集"高标准、严认证、强监管、优服务"于一体的可追溯全流程模式，并开展全域营销，完善跨区域认证采信，增强品牌信任度。

---

① 辽宁省人民政府：《2023 辽宁品牌价值暨"辽宁优品"发布会在沈举办》，2023 年 11 月 30 日。

三、产业科技标准工作情况

（一）总体情况

长期以来，辽宁省深入实施标准化战略，不断创新标准化工作模式，发挥标准升级牵引作用，取得良好成效。2023 年，辽宁省新增国家标准 160 项（主导 24 项）、地方标准 186 项、团体标准 74 项、企业自我声明公开执行标准 13050 项；新成立 11 个省级标委会，新获批 4 个国家级标准化试点[①]；"重型装备智能工厂标准应用试点"等 3 个项目入选 2023 年度智能制造标准应用试点项目。

（二）主要做法

1. 构建全方位标准化工作格局

近年来，辽宁省着力打造权责分明、齐抓共管的标准化工作格局。一是建立健全辽宁省实施标准化发展战略联席会议制度，涵盖相关主管部门和 32 家成员单位，共同定战略、定方向。二是设立 45 家国家级和 29 家省级专业标准化技术委员会，建设国内首个省级标准技术审评中心，强化政府部门和专业机构在标准化工作上的深度合作。三是成立多个标准化工作站、标准化事务所，面向社会提供高水平标准化服务，并建设首家标准化质量管理实践培训基地，为全省乃至全国标准化质量管理人才队伍建设提供有力支撑。

2. 推动标准化与科技创新互动发展

支持企业构建技术、专利、标准联动的创新体系。梯度培育标准创新型企业，以先进标准推动企业加快实现技术、管理、服务的融合创新，树立一批行业标杆企业，形成可复制、可推广的经验，提升企业经营效益和市场竞争力。推动通用技术集团沈阳机床有限责任公司、中国科学院沈阳自动化研究所成为数控机床、机器人领域唯一国家标准验证点。加快标准"稳链"，推动数控机床、特种金属等重点领域关键共性技术向高水平国家标准转化。

---

① 刘璐、赵婷婷：《我省开展世界标准日主题宣传活动》，《辽宁日报》2023 年 10 月 13 日。

第二节　重点领域创新

　　辽宁省深入贯彻落实习近平总书记在新时代推动东北全面振兴座谈会上的重要讲话精神，充分发挥科技创新"增量器"作用，积极推进新型工业化。辽宁省开展制造业重点产业链高质量发展行动，发力航空航天、机器人等高端装备产业，培育生物医药、工业互联网等新增长引擎，推动重点企业工艺、技术、装备改造升级，延伸产业链、提高价值链，加快构建具有辽宁特色优势的现代化产业体系。

一、高端装备产业

　　近年来，辽宁省聚焦高端装备制造业，充分发挥辽宁省工业母机创新中心等的创新引领和创新协同作用，针对产业链堵点卡点开展技术攻关，并重点发展数控机床、航空装备等 12 个千亿级产业集群，2023 年，装备制造业增加值增长 9.1%、高端装备制造业占比达到 25.7%[①]，力争到 2025 年高端装备制造业营业收入占装备制造业营业收入比重达到 30%，为我国国防安全、能源安全贡献辽宁力量。

　　围绕高端装备产业科技创新发展，辽宁省主要进行了以下三个方面的工作。

　　一是集中力量开展协同创新。辽宁省围绕工业机器人、数控机床等优势领域，支持新松公司、鞍钢股份等领军企业组建创新联合体，面向产业需求开展核心技术攻关。

　　二是开展首台（套）产品创新应用。2023 年，大连船舶重工集团、特变电工沈阳变压器集团等实现穿梭邮轮、特高压套管全自动装配线等的交付，产业链关键环节国产化率大幅提升。

　　三是构建特色优势产业生态。沈阳临空经济区、沈阳航空航天城、法库通航产业基地结合各自产业基础和优势，错位发展航空动力、空天技术、无人机产业等。截至 2023 年 10 月，航空产业链重点项目达到 84 个，总投资862 亿元。其中，在建项目 50 个，总投资 505 亿元；在谈项目 34 个，总投资 357 亿元。

---

　　① 王景巍：《辽宁加速集聚新动能新优势 2023 年高技术制造业增加值增长8.8%》，中国新闻网，2024 年 3 月 13 日。

二、生物医药产业

辽宁省将生物医药产业摆在优先培育的重点位置，支持集群式发展，实现做大做强。截至目前，共有 111 家生物研发机构、中国医科大学等 18 所医药类高校、170 家规上药品生产企业、163 家生物医药领域高新技术企业[①]，逐步形成以医疗器械、生物药等为主营业务，以沈阳、大连、本溪为核心的产业格局。围绕生物医药产业科技创新发展，辽宁省主要开展了以下三个方面的工作。

一是营造积极产业政策环境。印发《辽宁省全面振兴新突破三年行动方案（2023—2025）》《辽宁省"十四五"中医药发展规划》，为人才培养、科技中心建设、标准布局、技术攻关等指明方向。

二是加大优质企业培育力度。支持东北制药、成大生物等细分赛道龙头企业加大研发投入和产品开发，围绕新型疫苗、单克隆抗体等领域，构建"'雏鹰'企业—'瞪羚'企业—'独角兽'企业"培育库，提升市场竞争力。

三是加强创新平台建设。依托东北制药等龙头企业组建基因工程制药等产业专业技术创新平台，联合高校院所，开展抗体药物、糖类药物等重大科技攻关，强化产业需求与技术供给的高效匹配。

---

① 孙宪超：《全国人大代表、春光药装董事长毕春光：建议加大政策支持力度，为辽宁省创新药研发提供更好土壤》，《证券时报》2024 年 3 月 2 日。

第二十一章

陕西省产业科技创新发展状况

　　2023 年，陕西省着力推进关键核心技术突破、加强创新要素优化配置、强化企业创新主体地位、推进产业深度转型升级，以高水平科技创新推动高效能产业创新，加快培育发展新质生产力。陕西省大力发展数字经济，加快发展新能源，鼓励发展绿色低碳产业，打造集成电路、人工智能、低空经济等若干战略性新兴产业，开拓量子科技、数字医疗等未来产业，将科技创新嵌入产业体系全过程，持续推动陕西省现代化产业体系建设。

第一节　产业科技创新概况

　　2023 年，陕西省深入落实创新驱动发展战略，坚持以科技创新推动产业创新，产业发展水平得到显著提升。总体上看，全年工业增加值达 13258.74 亿元，较上年增长 4.7%，规模以上工业增加值同比增长 5.0%。分行业看，制造业保持快速上升趋势，较上年增长 6.0%，其中，汽车制造业同比增长 39.8%，计算机、通信和其他电子设备制造业同比增长 18.3%，高技术制造业增加值同比增长 11.9%，装备制造业增加值同比增长 12.5%。

一、产业科技创新发展情况

（一）总体情况

　　陕西省坚持抓好秦创原创新驱动平台和西安"双中心"建设，加强产业链创新链融合，加快新兴产业创新集群培育，全省科技创新硕果累累。2023年，陕西省属企业研发投入达 253.4 亿元，三年增长 2.57 倍，复合增长率达 36.97%；研发投入强度达 1.47%，较三年前增长 1.9 倍，复合增长率达 22.99%，技术合同成交额达 4121 亿元，较上年增长 34.95%；科技型中小企业 2.18 万家，较上年增长 37%；高新技术企业共 7534 家，较上年增长 33%；研究人员科技成果落地转化企业达 1051 家，位居全国前列；全省新增 A 股上市科技企业 7 家，科创板、北交所上市企业数量居西部地区前列。

（二）主要做法

1. 企业科技创新主体地位不断强化

一是企业自主创新能力稳步增强。2023 年，陕西省出台《关于支持企业建立研发机构 加大研发投入 加强研发活动的若干措施》，着力支持企业自主创新能力，推动组建"四主体一联合"校企联合研究中心 39 个、工程技术研究中心 28 个。

二是孵化体系效能不断提升。2023 年陕西省获批建成国家级科技企业孵化器 10 个，新增大学科技园、科技企业孵化器、众创空间共 42 个，全省国家级孵化载体达 145 个，科技创新成果转化落地能力得到持续加强。

三是高层次人才助力企业科技创新。2023 年，陕西省广招贤士，大力推动人才引进力度，着力打造"科技家+工程师"战略规划，省属企业引进国家级特殊人才 109 人、省部级特殊人才 685 人，培育"科学家+工程师"队伍 68 支，加快顶级人才研究成果与市场化应用相结合，产业科技创新发展迸发新活力。

2. 创新链产业链融合成效彰显

一是加强产业关键核心技术攻关。2023 年，陕西省根据《中共陕西省委关于深入实施创新驱动发展战略加快建设科技强省的决定》的指导，加快构筑陕西特色的科技创新体系建设，完成 3 项国家重点研发计划，落地省级重点研发专项 33 个，依托"揭榜挂帅"项目实现关键核心技术攻关和重大科技成果转化项目 23 个，依托省级创新平台解决关键技术问题 363 项，解决"卡脖子"难题 23 项，填补国内空白 22 项。

二是围绕创新链产业链对接图谱同步发力。在供给侧，陕西省科技厅加快建立"技术供给清单"，加快实现成果转化产业化；在需求侧，陕西省围绕重点产业领域系统梳理技术需求清单 523 项，组织省内创新平台开展针对"补链、断链"的科研攻关。

3. 新兴产业集群培育步伐显著加快

一是布局建设秦创原创新驱动平台 2.0 时代。2023 年，陕西省成立秦创原创新促进中心联盟，为保障陕西科技创新生态环境持续优化，构建高校工作站15个、省级技术转移机构17个。秦创原创促进中心累计补贴资金达10.18亿元、惠及企业达2349家；网络平台汇集企业数据信息1000余万条，以"管家式"服务帮助企业解决研发需求3000余项。

二是大力开展校企合作。陕西省政府以国家发布的《关于进一步加强青年科技人才培养和使用的若干措施》为指导，积极推动省内校企合作，紧扣企业研发需要，征集企业需求40余项，开展供需对接5场次，促成签订技企合作协议4项，建立校企融合创新中心64个，以高校科研力量作为创新集群支撑，加快打造省内创新集群建设步伐。

三是政策支持打造万亿产业集群。2023年，陕西省出台《关于加快构建具有陕西特色的现代化产业体系推动高质量发展的意见》，围绕陕西特色现代化产业体系建设，着力打造4个万亿级产业集群建设，推动创新链与产业集群结合加速集聚发展，在保障建设航空、光伏、新能源等传统优势产业集群的前提下，发掘培育一批如光子、低空经济、氢能等潜力强、发展快的新兴产业集群。

二、质量品牌创新发展情况

（一）总体情况

2023年，陕西省以打造质量品牌强省为目标，持续推进省内品牌建设，从发挥品牌引领作用、培育品牌人才等方面着手，形成了一批享誉全国的知名品牌。在人才方面，举办首席质量官大会和首席质量官高级培训班，打造精品"云课堂"，培养质量领军人才与高级管理人员3000人，首席质量官500人。在品牌引领方面，组织企业参加中国质量大会系列活动，3家企业作为优秀代表亮相成果展，两家企业入选第五届中国质量大会典型案例，并进行展示。

（二）主要做法

陕西省通过强化全民品牌建设意识，推动创新主体品牌高质量发展，推动建设质量品牌强省。

一是举办"品牌日"系列活动。通过展示陕西品牌建设成果以及品牌建设先进的管理理念、方法、模式和经验，增强全省品牌建设意识。举办"丝博会品牌发展高峰论坛"，引导"中国精品"品牌建设，加强质量品牌基础能力建设，帮助企业提高品牌全生命周期活力。

二是构建质量品牌评审体系。2023 年，陕西省开展"工业品牌培育示范企业"评选，围绕省内国家战略性新兴领域进行质量品牌评定，为认定成功企业给予奖励补助，在技术创新、质量品牌建设等方面予以指导和支持，并对品牌企业进行宣传推广，在政策、项目和资金等方面给予支持。

三是设立品牌标杆。在中国质量（成都）大会上，《基于全流程大数据的精益航天卓越智造模式》《1+7+1 全生命周期质量数字化管理模式》案例双双入选并在大会上展示，对省内质量品牌建设起到良好引领示范作用。

三、产业科技标准工作情况

（一）总体情况

2023 年陕西省为推动科技产业科学化、技术化、创新化、产业化，加快新质生产力形成，积极开展产业科技标准制定工作，以地方标准作为产业创新"推进器"，立项省级地方标准 200 项，制定发布省级地方标准 100 项；建设国家级标准化试点 20 个，布局省级标准化专业技术委员会 3 家，新培育企业标准"领跑者"10 家。

（二）主要做法

一是积极开展政策部署。2023 年，陕西省积极推动《科技成果评估机构服务规范》征求意见，印发《科技创新企业服务规范》，保障科技创新企业服务工作，优化省内科技资源配置、提升科创服务质量、营造良好科创服务生态，加快完善陕西省科技标准体系化建设工作。

二是普及全民标准化意识。陕西省通过网络直播等方式，开展"数字时代的标准化"主题宣传活动，提升陕西人民群众科技标准认识程度，准确把握标准化工作的时代新内涵，全面提升陕西标准化工作成效。

三是构建"自下而上"标准体系建设。陕西省联合行业头部企业、研究机构以及高校深度参与国际、地方标准制定工作，从源头出发，科学合理构建省内科技标准体系，将优势自主核心技术转变为国际标准、国家标准，推动陕西省实现标准引领产业科技创新发展。

第二节 重点领域创新

2023 年，陕西省重点聚焦支柱产业转型升级、战略性新兴产业发展，以及区域经济结构调整重点领域，印发多项重点领域创新推进政策，加快构建具有陕西特色的现代化产业体系，围绕省内新一代信息技术、人工智能、新能源汽车产业等优势领域，构建重点领域产业链群"百亿提升、千亿跨越、万亿壮大"梯次发展格局。2023 年，陕西省新一代信息技术产业战新增加值较上年增长 9.0%，人工智能产业集群加快建设，新能源汽车产量达 93.67 万辆，较上年增长 36.3%，优势领域持续保持较高增速。

一、新一代信息技术产业

2023 年，陕西省新一代信息技术产业持续发力，其中电子器件制造业产值增长 6.0%，计算机、通信和其他电子设备制造业产值增长 1.4%。电信业营业收入增长 9.5%，软件开发业增长 13.2%，互联网信息服务业增长 9.4%，信息系统集成及物联网技术服务业增长 42.8%。综合来看，陕西省新一代信息技术稳中向好，保持增长态势。

具体来看，陕西省从以下几个方面推动新一代信息技术产业创新。

一是开展关键核心技术攻关，持续加大研发投入力度。建设陕西半导体先导技术中心、先进计算产业技术研究中心等 5 个创新研发平台，形成覆盖半导体整体产业链的研究、生产环节，推动集成电路从设计、制造、封测到应用的体系化研发生产，加快"强芯、铸魂"进程，在国内存储器、芯片级晶圆制造技术等领域填补多项国内技术空缺。

二是推动省内数字化转型高质量发展。2023 年，陕西省印发《关于推动数字经济高质量发展的政策措施》，着力加快陕西省新型数字基础设施建设，赋能产业高质量发展。陕西各地依据文件指导，建成 5G 基站数量 11 万座，加快省内 5G 网络全覆盖进程。

三是完善省内信息技术基础设施建设。陕西省统筹算力基础设施建设，推动算网融合协同发展，全面融入国家数字基础设施体系；同时，完善工业互联网基础设施体系，加快国家工业互联网分中心和行业分中心建设。

二、人工智能产业

2023 年，陕西省大力推进国家新一代人工智能创新发展试验区建设。截至目前,陕西省人工智能企业共 23614 家,在 AMiner 联合智谱研究发布的《全球人工智能创新城市 500 强》报告中,西安市居全球第 23 位、全国第 7 位。

具体来看,陕西省围绕人工智能产业主要开展以下三个方面的工作。

一是形成围绕人工智能产业新布局。依托"国家新一代人工智能创新发展试验区"、西安"双中心"、秦创原创新驱动平台,陕西省组成三区耦合人工智能空间布局,聚集人工智能企业及上下游企业 1000 余家,共同推动陕西省人工智能产业驶入快车道。

二是产学研合作加速创新发展。当前,西安在人工智能领域人才和技术领先全国,20 余所高校设有智能科学与技术专业、人工智能专业。其中,多所高校与头部人工智能企业联合培育市场化科技人才,例如西安交通大学、西安电子科技大学与百度合作,共同推进人工智能人才培养战略合作。

三是人工智能赋能全产业链。运用"陕西省超算中心"与"未来人工智能计算中心"算力资源,重点布局商贸物流、智能制造、智慧文旅、智慧社会等领域,实现人工智能赋能产业链数字化转型,持续为全国新一代人工智能创新发展提供"陕西方案"。

三、新能源汽车产业

2023 年,陕西省新能源汽车产量 105.2 万辆,居全国第三位,产量同比增长 33.9%。新能源汽车产量占全省汽车产量的 71.6%,高出全国平均值 40.2 个百分点。陕西省积极构建汽车现代化产业体系,明确"电动化、智能化、网联化"转型升级思路目标。

具体来看,陕西省从以下两个方面推动新能源汽车产业创新发展。

一是打造新能源汽车完整产业链。陕西省为新能源整机厂周边建设电池、电机、电控生产基地,依托比亚迪等龙头车企,围绕研发设计、关键零部件、整车制造等形成产业集聚优势,推动新能源汽车产业链的竞争力快速提升。

二是营造良好产业政策环境。陕西省 2023 年发布《支持新能源汽车扩大生产促进消费若干措施》《2023 年促消费稳增长新能源汽车消费补贴发放工作实施细则》和《新能源汽车动力蓄电池回收利用管理办法》等一系列支持政策,规范车企营商环境,提升消费者购买意愿,以市场推动省内新能源汽车产业科技创新速度,加快转型升级进程。

第二十二章

四川省产业科技创新发展状况

2023 年，四川省以习近平新时代中国特色社会主义思想为指导，深入贯彻落实党中央、国务院决策部署，将科技创新引领现代化产业体系建设作为首要任务，坚持以颠覆性前沿技术催生新产业、新模式、新动能，加快推进新旧动能转化，增强科技创新对产业发展的支撑与引领作用，推动四川省在未来发展和国际竞争中赢得发展先机。

第一节　产业科技创新概况

2023 年，四川省深入实施创新驱动发展战略，不断强化创新基础、提升创新能力，完善产业科技创新体系，加强基础研究与核心技术攻关能力，支撑四川省制造业体系高质量发展。2023 年，四川省全年工业增加值 16705 亿元，较上年增长 5.3%；规模以上工业增加值较上年增长 6.1%；高新技术产业实现营业收入 2.8 万亿元，同比增长 4.5%。

一、产业科技创新发展情况

（一）总体情况

2023 年，四川省大力实施创新驱动发展战略，积极开展科技创新平台建设，全力将四川打造成为具有全国影响力的科技创新中心。2023 年，四川区域创新能力上升 2 位，居全国第 10 位。全省国家高新技术企业达到 1.69 万家，同比增长 15.2%。各类企业研究与试验发展经费 732.7 亿元，同比增长 15.4 个百分点。全省高新区生产总值达到 1.1 万亿元，比上年增长 7%。PCT 专利申请 764 件、发明专利授权 3.33 万件，分别比上年增长 6.40% 和 30.96%。

（二）主要做法

1. 高质量推进战略科技创新平台建设

一是持续完善省内重点实验室体系。为国家级实验室"预备队"打造的天府兴隆湖实验室、天府永兴实验室于 2023 年投入运行，汇聚 300 余名科研骨干力量进入实体化运行；天府锦城实验室、天府绛溪实验室基础设施建设完工，2023 年正式挂牌成立。

二是大力推进重大科技基础设施建设。在已建和在建的 7 个国家重大科技基础设施基础上，"十四五"期间有电磁驱动裂变聚变混合堆、跨尺度矢量光场时空调控验证装置等 3 个国家重大基础设施落地，先进核能、天文观测、深地科学、生物医学、航空风洞 5 大重大未来产业集群加速形成。成都超算中心为国家重大科技基础设施提供数据存储和算力支撑，构建"五集群一中心"的重大科技基础设施布局。

三是多线打造重大产业创新平台。2023 年，国家川藏铁路技术创新平台一期项目投入运行；国家高端航空装备技术创新平台揭牌成立，与多个科技创新园区建立成果转化合作机制；先进技术成果西部转化平台揭牌成立，与多家龙头企业、高校和科研机构形成成果转化合作机制。

2. 持续强化产业技术创新体系

一是关键技术攻关不断取得突破。四川省重点研发计划聚焦重大关键技术、共性技术攻关，着力解决制约产业发展的"卡脖子"和瓶颈技术问题。2023 年，四川省在原创性引领性科技创新中取得重大进展，持续推进可集成频域宣布式单光子源研究，实现中国量子互联网研究"从 0 到 1"的重大突破；在航天领域，实现国产化大型涡扇航空发动机反推装置、C919 机型机头和 AG600 机头成功挂机试飞，并投入量产使用。

二是大力推进科技成果转化示范。四川省持续推进重大科技成果转化"聚源兴川"行动，2023 年投入 1 亿元支持中央在川高校院所重大科技成果落地转化。推动重大新药创制国家科技重大专项成果转移转化试点示范基地建设，引进 180 余个项目，总投资超 1200 亿元，入驻企业 90 余家。推进国家技术转移西南中心建设，已建成市州分中心 12 个、行业分中心 10 家。积极培育技术转移示范机构，国家和省级技术转移示范机构达到 83 家。

三是全力推动科技园区提质增效。四川省高新区实施"双提双升"计划，制定实施促进高新区高质量发展政策措施，支持跨高新区公共服务平台建设，国家级高新区在年度国家高新区评价中排位持续提升。19 个省级高新区加快发展主导产业，推进科技信息服务业集聚区建设。

3. 不断提升企业创新主体地位

一是持续加强企业研发投入引导。四川省实施企业研发投入后补助，2023 年进一步降低了企业研发后补助门槛，积极落实企业创新税收优惠政策，享受优惠的企业数量从 2007 年的 124 家增加到 2023 年的 1.77 万家，减免金额从 1.98 亿元增加到 195.05 亿元。近十年，企业研发支出年均增长 18.4%，对全省研发增长的贡献达到 56.3%。

二是积极培育创新型企业。通过财政税收等政策持续引导，企业 R&D 比重持续提升，企业研发投入规模和强度逐年加大，自主知识产权持续增长，创新型企业队伍不断壮大。2023 年，四川省高新技术企业突破 1.3 万家；科技型中小企业突破 2 万家，居西部地区首位。依托企业搭建的科技创新平台数量增长、能级提升，建设 500 多家国家级、省级创新平台，培育国家级企业技术中心 87 家。

二、质量品牌创新发展情况

（一）总体情况

近年来，四川省大力实施品牌创建工程，形成了以国家级质量品牌为引领、省级质量品牌为主体的品牌集群，质量品牌竞争力、产业带动力持续增强。省内围绕构建以国内大循环为主体、国内国际双循环相互促进的新发展格局，提高"一站式"服务能力，持续打造"天府名品"质量品牌，树立品质高端、市场公认的自主质量品牌标杆，加快建立四川省经济竞争新优势，推动经济高质量发展。截至 2023 年底，四川省拥有获得资质认定的检验检测机构 104 家。

（二）主要做法

1. 社会共建高端质量品牌

一是坚持质量内核突出高端定位。2023 年，四川省对标国际标准，按照"国内领先、国际一流"的定位，加速培育一批体现四川品质、川派文化、产业优势的四川本土质量品牌。持续提升"天府名品"的领先性、创新性、高端性，树立享誉全国的质量名片，引领高品质生活，推动高质量发展。

二是坚持市场导向强化社会共建。四川省积极发挥当地行业组织、检测

认证和标准研究机构、高等院校等区域社会力量，通过举办 2023 年"四川品牌建设大会""品牌建设大会"等活动为品牌创新搭建更好的交流平台，推动高质量品牌持续焕发青春活力，激发创建质量品牌新动力。

2. 质量品牌数量质量双提升

一是质量品牌数量持续提升。在 2023 年发布的"中国品牌价值评价信息"中，四川省汲取国内外先进经验，遵循国际标准和国家标准，省内 54 个品牌荣登 2023 年中国品牌价值评价榜单，较 2022 年增加 13 个。在区域 100 名品牌榜单中，四川省占据 17 席，居全国前列。

二是质量品牌科技属性不断增强。2023 年四川省聚焦现代工业、现代服务业和现代农业发展，拥有世界 500 强企业 4 家、中国 500 强企业 14 家、国家级专精特新"小巨人"企业 423 家；新增培育"天府粮仓"品牌精品 100 个；国家地理标志保护产品 296 个，位居全国第一；充分发挥"天府名品"的引领带动效应，中华老字号品牌总数居中西部地区首位。

三、产业科技标准工作情况

（一）总体情况

2023 年，四川省坚决贯彻落实国家针对产业标准化工作指示，继续围绕省内优势产业发展，联合各方，组建相关产业科技标准联盟，主导制修订一批国际标准、国家标准、行业标准和先进团体标准，构建国内领先、国际先进的"四川制造"标准体系。

（二）主要做法

1. 提高先进标准供给能力

2023 年，四川省联合省内龙头企业组建一批产业技术标准创新联盟，构建标准化体系网。同时，出台《2023 年度地方标准制修订项目立项计划》，支持企业、事业单位、科研院所和相关行业部门开展关键技术标准研究，研制满足市场和创新需要的团体标准，构建具有四川特色的先进标准体系。

2. 建设标准化创新载体

2023 年，四川省持续围绕生物医药、能源化工、电子信息、数字经济、高端装备、节能环保、先进材料等未来战略领域，建设一批国家和省级技术标准创新基地和试验平台，实现产业化落地与科技标准创新的高度衔接。同时，依托高等院校、科研院所、骨干企业，建设一批开放型科技成果和标准专利转化平台，促进创新成果专利化、专利标准化、标准产业化。

3. 围绕中央标准积极展开部署

2023 年，四川省积极贯彻落实《国家标准化发展纲要》《新产业标准化领航工程实施方案（2023—2035 年）》等有关政策举措，针对本地特色产业集群，发布不同标准体系建设要求，持续完善总体标准体系构建，引领战略性新兴产业、未来产业等创新发展。

第二节　重点领域创新

四川省将推进新型工业化摆在全局工作的突出位置，加快改造传统产业，前瞻部署未来产业。2023 年，四川省新一代电子信息产业已发展为首个万亿级产业，成功领跑全国；装备制造业增加值较上年增长 6.8%。四川新能源汽车销量达 4.2 万辆，市场占有率全国第一；渗透率达 72.75%，居全国首位。

一、新一代电子信息产业

电子信息产业是四川首个万亿级产业，产业规模居全国前列。经过多年发展，四川省电子信息产业结构持续优化，产业体系逐渐完备，以移动互联网应用、新型显示、集成电路等为主要发展方向的电子信息产业创新生态业已形成。2023 年，四川省电子信息产业实现营业收入超 1.6 万亿元，聚集电子信息类规模以上企业超 1800 家，其中国内外骨干企业 50 余家、上市企业近 30 家同时聚集高校院所及国家级创新平台 130 余个、从业人员超 80 万人，产业规模位居中西部地区第一。

为促进电子信息产业发展，四川省主要从以下三个方面发力。

一是政策助力产业发展。2023 年 6 月，四川省印发《中共四川省委关于深入推进新型工业化加快建设现代化产业体系的决定》，着力培养具备世界影响力的电子信息产业集群，提升产业整体核心竞争力。

二是打造信息产业集群。加快建设一批新一代电子信息产业园区，在产业链薄弱环节引进和培育中高端企业，推动京东方、惠科、极米、辰显光电等"链主"企业跨界融合，把握 5G、4K/8K 超高清视频等发展机遇，实现涵盖自主研发、基础配套、产品生产等环节的全产业链发展，打造国内领先、国际知名的产业集群。

三是汇聚创新人才高地。2023 年，成都引进电子信息产业链创新平台 30 余个，引聚两院院士等高校和科研院所科技创新团队 50 余个，国家领军人才团队 20 余个，为四川电子信息产业聚集学术创新型人才提供持续不断的原动力。

二、装备制造产业

近年来，四川省统筹推进重大技术装备攻关工程，将装备制造产业列为六大优势产业之一，加以培育发展。目前，四川已成为全国三大动力设备制造基地之一。2023 年 1 月至 10 月，四川省装备制造产业营收达 6654 亿元，同比增长 4.4%；利润总额 373 亿元，同比增长 26.5%，装备制造产业竞争力持续增强。

围绕装备制造产业发展，四川省主要从以下三个方面开展工作。

一是积极建设中国装备科技城。围绕《中国装备科技城建设规划（2023—2027 年）》，四川省积极建设"三大中心"，推动中国装备科技城、西部成都科学城、中国绵阳科技城"三位一体"共同发展，将装备制造业作为全省的主导产业大力推进。

二是强化企业科技创新主体地位。推动东方电机加快组建清洁能源装备产业创新中心，培育建设核医学装备产业园，依托龙头企业牵头，构建全资源的产业创新链条。

三是建强建优重大创新平台。全力推动国家川藏铁路技术创新中心、国家高端航空装备技术创新中心建设，会同国家电网积极争创能源装备领域国家技术创新中心。四川省制定《四川省新型研发机构建设管理办法》，聚焦重点产业，提升四川省创新体系整体能效，梳理重点企业创新需求，高水平推动建设技术创新中心。

三、新能源汽车产业

截至 2023 年底，四川省近三年新能源汽车领域生产动力电池 105.4GWh，占全国 1/6、全球 1/10，新能源汽车全产业链产值突破 2000 亿元。四川省在新能源汽车产业持续发力，积极营造良好产业生态。

围绕新能源汽车产业发展，四川省主要从以下三个方面开展工作。

一是加快提升汽车电动化水平。2023 年，四川省围绕国家《关于组织开展公共领域车辆全面电动化先行区试点工作的通知》，积极推进《"电动四川"行动计划（2022—2025 年）》，针对新能源汽车电动化能力精准布局。集合省内龙头企业重点研发高镍低钴正极材料、全固态电池等新一代领跑产品。同时，加快本地车企提升产品质量，推动主机厂电气化、智能化转型，引入更多的电动、混动车型进入本地市场。

二是校企结合拓展新领域。四川省助力校企结合，将高校氢能化研究与企业实际应用相结合，从氢能储存、氢能运输、氢能制造、氢能整车等方向进行市场化研究，在氢能汽车安全性、耐用性、绿色性及低成本上发力，力争做到产品领先全国。

三是政策助推产业发展。作为四川省新能源汽车产业聚集中心，2023年成都市发布《促进新能源汽车产业发展财政奖励实施细则》，对整车企业最高补贴 5000 万元；同时，成都市认真落实《四川省加快推进充电基础设施建设支持新能源汽车下乡和乡村振兴工作方案》，力争在 2025 年前完成建设充电站 3160 座、充电桩 17 万个、换电站 450 座。

展 望 篇

第二十三章

世界知名组织机构对 2024 年产业科技创新趋势的预测

展望 2024 年，联合国经济和社会事务部、国际货币基金组织、世界经济论坛、世界知识产权组织等国际组织，美国国家科学技术委员会、英国科研与创新署、韩国政府等世界主要经济体政府级机构、德勤、Gartner、IDC 等知名咨询/学术机构均对 2024 年产业科技创新发展趋势进行了预测。整体来看，2024 年全球产业科技创新将呈现四大发展趋势：一是创新驱动产业和经济发展成为各国普遍共识。二是人工智能是 2024 年及未来一段时期最值得期待和关注的领域。三是制造业数字化转型将持续推进、走向纵深。四是人工智能、量子技术、脑机接口、生物工程等是各国的重点布局领域。

第一节　国际组织对 2024 年产业科技创新趋势的预测

一、联合国经济和社会事务部：产业政策成为推动全球创新和产业转型的重要驱动力

2024 年 1 月 4 日，联合国经济和社会事务部（United Nations Department of Economic and Social Affairs，UNDESA）发布《2024 年世界经济形势与展望》报告，对 2024 年全球经济形势包括产业科技创新趋势进行了分析和展望。报告认为，当前各国的产业政策正在推动创新和产业转型。产业政策能够支持新兴产业发展，促进科学技术创新，其重要性日益凸显，成为许多国家政府政策的核心内容。俄乌冲突等冲击全球经济的事件揭示了供应链的弱点和生产的脆弱性，各国逐渐将国内生产复原力建设和国家安全问题摆在优

先于效率的位置。日益加剧的地缘竞争使美国、中国和欧盟等主要经济体纷纷出台工业创新政策，以保持或加强竞争优势。培育生产能力和投资研发成为全球性普遍政策。

报告指出，大多数的发展中经济体政府在实施创新政策方面面临巨大的财政制约，加上创新机构能力薄弱、缺乏支持创新的政治承诺等因素，随着发达经济体产业政策的振兴，发达经济体与发展中经济体之间的技术差距将进一步扩大。此外，报告认为人工智能虽然提高了劳动生产率，但是如果没有适当的政策干预，其带来的对一些低技能工人需求的降低，将加剧国家内部和国家之间的不平等。

二、国际货币基金组织：绿色低碳技术创新速度放缓，变革性技术的机遇和挑战并存

2024 年 4 月 16 日，国际货币基金组织（International Monetary Fund，IMF）发布新版《世界经济展望》报告，对未来一段时期全球经济发展形势进行了分析和预测。报告认为，在全球经济增长放缓的背景下，制定鼓励创新的政策以及改善技术传播途径将显著提高生产效率，促进经济增长。由于经济脱碳的必要性，未来各国可能需要为绿色创新提供更高的补贴。

报告指出，近年来全球绿色低碳技术的创新速度有所放缓，现有低碳技术向新兴市场和发展中经济体的扩散面临多重障碍。近年来，世界主要经济体通过采取产业政策推动特定产业部门（如人工智能、半导体等）的创新，如美国的《芯片和科学法案》《通胀削减法案》、欧盟的《绿色交易产业计划》、日本的《经济和产业政策新方向》和韩国的《K-芯片法案》，以及中国等大型新兴市场经济体的长期政策，都非常重视特定产业部门的创新目标，但是这些政策可能导致资源配置效率低下。展望未来，新兴变革性技术特别是生成式人工智能的进步将带来多重发展机遇，但也将带来新的挑战。

三、世界经济论坛：生成式人工智能将进一步扩大不同收入水平经济体之间的差距

2024 年 1 月 15 日，世界经济论坛（World Economic Forum，WEF）发布新一期《首席经济学家展望》报告。该报告共包括三部分内容，依次为：全球形势依然低迷，地缘冲突加剧不确定性，人工智能成为焦点。报告指出，人工智能能够拓展生产力前沿，进而提升社会生产效率。据估计，仅凭生成

式人工智能就可以在未来十年内每年推动全球生产率增长 1.5 个百分点，并使全球 GDP 增长 7%。在最乐观的情景下，到 21 世纪末人工智能的广泛部署可以使全球 GDP 增长 30%。

报告指出，生成式人工智能对不同收入水平经济体 2024 年生产率的影响存在差异。79% 的受访首席经济学家预计高收入经济体的生产效率会提高，而只有 38% 的受访首席经济学家认为低收入经济体的生产效率会提高，这表明生成式人工智能将可能进一步扩大不同收入水平经济体之间的差距。展望 2024 年，在加快突破性创新方面，74% 的受访首席经济学家认为生成式人工智能将对高收入经济体产生显著影响，仅 31% 的受访首席经济学家认为其对低收入经济体会产生显著影响；在提高生活水平方面，57% 的受访首席经济学家认为生成式人工智能将对高收入经济体产生显著影响，低收入经济体的这一比例为 41%；在对就业的积极影响方面，23% 的受访首席经济学家认为生成式人工智能将对高收入经济体产生显著影响，而在低收入经济体上这一比例为 10%。若将时间线拉长，当考虑生成式人工智能何时能够提升生产率时，对不同收入水平经济体的预测仍表现出显著差异。94% 的受访首席经济学家认为，生成式人工智能将在未来五年内显著提高高收入经济体的生产率，其中 57% 的受访首席经济学家预计三年内会出现效益。53% 的受访首席经济学家认为，生成式人工智能将在未来五年内提高低收入经济体的生产率，47% 的受访首席经济学家表示需要五年以上的时间。此外，虽然生成式人工智能已被视为一项重大的技术变革，但是目前企业对生成式人工智能的使用方式仍存在总体模糊性，因此该技术的经济效益的显现可能需要更多的时间。

四、世界知识产权组织：各国实现可持续增长的关键在于将提升本地创新能力作为政策重点

2024 年 5 月 2 日，世界知识产权组织（World Intellectual Property Organization，WIPO）发布《2024 年世界知识产权报告》。该报告分析了创新、经济多元化和产业政策之间的关系，认为未来世界各国要实现经济可持续增长的关键是将提升本地创新能力作为政策重点。报告将创新能力分为科学、技术和生产三个维度，分别通过研究科学出版物、专利申请和国际贸易方面的数据来衡量以上三个维度的发展水平。报告通过对 154 个国家的相关数据分析发现，目前全球的科学出版物、国际专利等大多数创新成果呈现高

度集中的发展态势，具体集中在美国、中国、法国、德国、日本、韩国等经济体。在过去的 20 年里，创新能力排名前 8 位的国家拥有国际贸易出口额的 50%、科学出版物的 60%、国际专利授权量的 80%。与此同时，中国、韩国和印度等经济体的技术多样化程度大幅提高，如中国的专业化程度从仅占所有技术能力的 16% 跃升至 94%，韩国的技术能力从 40% 升至 83%，印度的技术能力从 9% 升至 21%。

报告显示，在 11 个科学领域中，化学占所有科学产出的比重最高，为22%，工程学、物理及数学分别占 16% 和 14%。在 14 个技术领域中，信息通信和生物制药技术的国际专利数量最多，分别占所有国际专利的 18% 和16%。在 15 个产出领域中，机械和运输设备占比最大，为 30%，其次为制成品和物品、化学品，分别占 21% 和 10%。此外，该报告认为，专业化虽然促进了专业知识的发展，改进了生产过程，提升了产出质量，但是过度专业化可能会导致一国的外部应变性降低。

第二节　世界主要经济体政府级机构对 2024 年产业科技创新趋势的预测

一、美国：对重点技术领域的关注基本稳定，清洁能源的重要性持续提升

2024 年 2 月 12 日，美国国家科学技术委员会（National Science and Technology Council，NSTC）发布新一版关键和新兴技术（Critical and Emerging Technologies，CETs）清单。以 2020 年首次发布的清单为基础，CETs 清单每两年更新一次技术领域及各领域的具体技术方向。2024 年版的关键和新兴技术清单列出 18 个技术领域，分别为：先进计算，先进工程材料，先进燃气轮机发动机技术，先进网络感知和特征管理，先进制造，人工智能，生物技术，清洁能源发电和储存技术，数据隐私、数据安全和网络安全技术，定向能技术，高度自动化无人系统和机器人技术，人机交互技术，高超音速技术，综合通信和网络技术，定位导航和定时技术，量子信息和使能技术，半导体与微电子技术，空间技术和系统。

与 2020 年版和 2022 年版清单相比，2024 年版清单呈现三大变化：一是对重点技术领域的关注呈现稳定态势，先进计算、先进工程材料、先进制造、

人工智能、生物技术、人机交互技术、量子信息和使能技术、半导体与微电子技术等技术领域始终位于关键和新兴技术清单行列，表明这些技术领域仍是未来几年美国重点发展的技术领域。二是新的技术领域持续出现，如数据隐私、数据安全和网络安全技术，以及定位导航和定时技术等成为清单中新的技术领域，表明美国密切关注科技领域的新动向和新趋势，并根据战略需要及时扩充新的重点技术领域，确保其在科技创新领域始终保持全球领先。三是个别技术领域大幅调整，如清洁能源技术成为近几年清单中调整幅度较大的技术领域。2022 年版将 2020 年版的能源技术更名为可再生能源发电和储存技术，2024 年版将 2022 年版的可再生能源发电和储存技术与先进核能技术合并，更名为清洁能源发电和储存技术，并增加碳管理技术这一细分方向，表明近年来美国对清洁能源技术和产业发展的高度重视。

二、英国：2024 年重点发展人工智能、工程生物学、量子技术等领域

2023 年 10 月 6 日，英国科研与创新署（UK Research and Innovation，UKRI）更新了 2023—2024 财年优先事项，明确了 2024 年英国科技创新的重点发展目标。2024 年，英国将通过协调投资实现政府的创新战略，以加强英国在已知和新兴技术上的全球领导力和战略优势，主要涉及七大技术领域：先进材料和制造，人工智能、数字和先进计算，生物信息学与基因组学，工程生物学，电子、光子和量子技术，能源与环境技术，机器人和智能机器。与此同时，英国将按照《科学技术框架》的布局，扩大五大技术领域的研发规模，包括人工智能、工程生物学、未来电信、半导体、量子技术。

三、韩国：2024 年韩国生物医药产业发展前景明朗

2024 年 1 月 4 日，韩国政府发布《2024 年经济政策方向》，提出了恢复民生经济、管控潜在风险、实现活力经济、与未来一代同行四大政策方向。该文件提到，2024 年韩国将加大对小型工商业者的扶持力度，积极支持建设投资和地方经济发展，维护产业链供应链安全，营造良好的创新生态，不断完善社会公平竞争制度。

2023 年 12 月 7 日，韩国最大的民间经济团体大韩商工会议所①（Koera Chamber of Commerce and Industry，KCCI）发布《韩国 2024 年产业发展前景预测》报告。报告显示，预计 2024 年韩国医药和生物行业发展前景光明，韩国政府成立的生物健康创新委员会及 K-生物疫苗基金也将推动生物医药产业发展。2024 年，韩国半导体、汽车、造船、机械和显示面板行业发展前景良好。但是，由于前端产业需求疲软、石化市场供大于求、电动汽车需求减缓等原因，2024 年韩国的钢铁、石化、二次电池行业发展前景一般。

第三节　知名咨询/学术机构对 2024 年产业科技创新趋势的预测

一、德勤：数字化转型、智能化接口、物联网和边缘计算、人工智能等技术是未来全球科技发展的重点方向

2024 年 4 月 10 日，全球知名商业咨询机构德勤发布《技术趋势 2024》报告，探讨了未来 18～24 个月的新兴技术发展趋势及其对企业的影响。报告指出，数字化转型、智能化接口、物联网和边缘计算、人工智能、区块链等技术是未来全球科技发展的重点方向，并强调了技术创新和人才培养的重要性，提醒政府和企业需警惕科技发展带来的风险和挑战，确保技术创新的可持续性及普惠性。

报告认为，数字化转型已成为企业面临的不可逆转的趋势，在大数据、云计算、人工智能等数字技术快速发展的背景下，企业面临巨大的机遇和挑战，如何有效利用新兴技术来提升竞争优势成为各国面临的重大问题。"重启数字工作场所"和"发展智能化接口"等趋势是企业在数字化转型中的主要着力点。报告提到，智能化接口已成为人机交互的重要纽带和桥梁，虚拟现实、增强现实、智能语音助手等技术的应用不断提升生产效率，改变着人们的工作和生活方式。报告强调了物联网和边缘计算的重要性，认为物联网

---

① 大韩商工会议所成立于 1948 年 7 月，是韩国最大的民间经济团体，主要职能是调查了解企业情况，向政府提出政策性意见和建议。作为民间团体，对国内生产、物价等进行统计调查；组织、领导会员企业的技工培训和技术交流活动；负责与国外经济团体的交流与合作；负责发放原产地证明等。

和边缘计算技术的不断进步能够为智能制造、智慧城市等领域带来巨大的创新空间，同时也指出物联网和边缘计算在隐私保护、安全等方面存在的漏洞问题。人工智能方面，报告提出"机器智能"和"增强智能"概念（"机器智能"是让计算机系统具备自主完成任务的能力，"增强智能"是通过借助人工智能技术提升人类的能力），并认为"机器智能"和"增强智能"在实际应用中将广泛融合，共同推动人工智能技术的应用和发展。报告指出，人工智能技术已在许多领域实现了应用，但是仍然存在数据质量参差不齐、算法偏见等问题，需要引起重视，并加强伦理和法规的引导。此外，报告强调了技术创新与人才培养的密切性，建议企业持续培养具备创新思维和跨界能力的人才，以适应快速变化的科技环境，建议政府和社会加大对科技创新的支持和投入，进而促进产业的可持续发展。

二、Gartner：人工智能将成为 2024 年全球技术发展的主题

2023 年 10 月 17 日，全球权威 IT 研究与顾问咨询公司 Gartner 发布《2024 年十大战略技术趋势》报告，其中十大战略技术趋势中有四项涉及人工智能，人工智能成为贯穿各项技术趋势的共同主题。报告所列的十大战略技术趋势包括：人工智能信任、风险和安全管理，持续威胁暴露管理，可持续技术，平台工程，人工智能增强开发，行业人工智能云平台，智能应用，全民化的生成式人工智能，增强型互联员工队伍，机器客户。Gartner 研究副总裁高挺认为，单独的技术发展可能没有那么快，因此技术趋势往往不是一项单独的技术，而是一种新方向。2023 年是人工智能大年，因此 2024 年技术趋势背后有一个共同的主题：人工智能。报告预测，到 2026 年，80%以上的独立软件开发商将把生成式人工智能技术嵌入企业生产中，而 2023 年的这一比例仅为 1%；到 2027 年，生成式人工智能应用将使现代化生产成本降低 70%左右。报告指出，虽然人工智能快速发展和广泛普及能够显著提升生产效率、催生众多创新生态，但是也可能产生重要数据丢失、版权纠纷、技术滥用等问题。

三、IDC：中国制造业数字化市场仍将保持较高速度增长

2024 年 1 月 15 日，全球著名咨询机构 IDC（International Data Corporation，国际数据公司）发布了对 2024 年中国制造业的十大预测。IDC 认为，2023 年中国制造业具有五大特点：重提"新型工业化"、中国出口以"老三样"

到"新三样"（电动汽车、锂电和光伏）、中国供应链出海、资本市场收紧，以及工业软件和工业互联网市场相互融合。

基于 2023 年中国制造业发展特点，IDC 对 2024 年的中国制造业做出十大预测，分别为：人才培养、供应链编排、AI 个性化定制、自助备件服务、数字商务平台、生成式 AI 运营、首席生态官、韧性、AI+工控、可持续，主要内容如表 23-1 所示。IDC 认为，中国制造业正面临全球市场波动带来的不确定性和挑战，重塑供应链的过程中蕴藏着机遇，未来中国制造业的数字化市场仍将保持较高速度增长。IDC 预测，到 2027 年，中国的制造业 IT 市场投资规模将达到 2554.08 亿美元，年复合增长率为 15.5%，是全球主要经济体中制造业 IT 投资增速最快的国家。

表 23-1　IDC 对 2024 年中国制造业的十大预测

序　号	预　　测	主　要　内　容
1	人才培养	到 2027 年，50%的中国制造商将利用自动化技术为运营角色赋能，提高员工参与度，并将员工效率提高 50%
2	供应链编排	到 2028 年，30%的中国头部制造商将使用整合了主要供应商和客户数字孪生能力的供应链编排工具，将供应链响应速度提高 20%
3	AI 个性化定制	到 2026 年，30%的中国头部制造商将通过 AI/ML（机器学习）支持多品种小批量生产，以实现个性化定制新模式
4	自助备件服务	到 2027 年，40%的中国头部制造商将通过设备故障预测和健康管理，实现自助备件服务以改善平均修复时间，将服务交付效率提高 25%
5	数字商务平台	到 2025 年，50%的中国头部制造将为生态系统运营建立数字商务平台，使数据资本化率提高 10%，客户留存率提高 10%
6	生成式 AI 运营	到 2025 年，45%的中国头部制造将使 IT 系统与生成式人工智能集成，以更好地挖掘数据、识别问题并为运营部门提供决策依据，从而将运营效率提高 5%
7	首席生态官	到 2028 年，20%的首席信息官将兼任首席生态官的角色，负责协调整个生态系统中的 IT 系统和跨组织的业务流程，以快速响应客户需求，并将行业生态参与成本降低 25%
8	韧性	到 2026 年，50%的中国头部制造商将通过战略层的调整更好地平衡运营弹性与成本效率，从而将利润率提高 5%
9	AI+工控	到 2028 年，工业机器人和自动化控制中融合 AI/ML 的比例将提高 30%，停机时间将减少 20%
10	可持续	到 2027 年，30%的中国头部制造商将充分利用全域生态系统中的可持续发展数据，以便在运营活动中做出优化决策，从而将碳足迹减少 30%

资料来源：IDC，2024 年 1 月。

四、《自然》：人工智能等技术值得高度关注

2024 年 1 月 22 日，全球历史最悠久、最负盛名的科学杂志之一《自然》发布了 2024 年值得关注的七大技术，并指出人工智能技术是这些令人兴奋的技术应用的核心。《自然》认为 2024 年值得关注的七大技术分别为：深度学习助力蛋白质设计、围追堵截"深度伪造"内容、大片段 DNA 嵌入、脑机接口、超分辨率显微镜、全组织细胞图谱、纳米材料 3D 打印。深度学习助力蛋白质设计方面，深度学习技术使蛋白质设计成为一项成熟的技术，"基于序列"的算法使用大语言模型处理蛋白质序列，以辨别出蛋白质结构背后的模式。围追堵截"深度伪造"内容方面，生成式人工智能可在几秒内凭空创造出极其真实的文本和图像，包括所谓的"深度伪造"内容，因此需要加强对"深度伪造"内容的甄别。在大片段 DNA 嵌入方面，包括美国斯坦福大学、中国科学院等科研机构的科学家正在加快研究 DNA 嵌入技术。脑机接口方面，脑机接口技术可帮助神经严重损伤者恢复能力，深度学习等人工智能技术在脑机接口发展过程中扮演了重要角色。超分辨率显微镜方面，目前超分辨率显微镜与结构生物学技术能力之间的差距正在缩小，未来有望以原子级分辨率重建蛋白质结构。全组织细胞图谱方面，人类细胞图谱（Human Cell Atlas，HCA）等各项细胞图谱计划正加快发展。纳米材料 3D 打印方面，目前主要依靠激光诱导光敏材料的"光聚合"来实现纳米材料 3D 打印，但在打印速度、材料限制等方面存在问题，需不断探寻、突破新的技术。

第二十四章

我国高端智库对 2024 年产业科技创新趋势的预测

　　国务院发展研究中心出版的《科技自立自强：体制与政策》指出，当前我国科技自立自强面临多方面挑战，亟待从科研组织体系、需求决策机制、科研经费稳定支持机制等方面重新完善科技创新体制机制。中国社会科学院对我国经济、工业经济的两篇报告均认为，尽管中国经济面临多重挑战，但长期向好的基本趋势未变，创新创业活跃。报告建议通过产业科技创新推动经济高质量发展，包括加大研发投入、培育新兴产业等措施。中国科学院预测科学研究中心的《2024 中国经济预测与展望》报告对 2024 年中国经济持乐观态度，预计经济将平稳运行，并强调了经济结构调整、产业升级、政策刺激和消费回暖的重要性。北京大学国家发展研究院的《中国经济的潜力、压力与 2024 年展望》报告强调了寻找新的增长动力的重要性，并提出推动制造业升级、服务业改革，以及提高政策透明度等建议。

第一节　国务院发展研究中心：提高科技自立自强水平需要从完善科技创新体制机制出发

　　2023 年 7 月，国务院发展研究中心出版《科技自立自强：体制与政策》一书，指出推进中国式现代化，必须实现高水平科技自立自强。

一、提高科技自立自强水平面临诸多体制机制障碍

　　书中指出，我国科技发展与美国等发达国家相比，差距仍然明显。我国的科技发展水平总体不高，科技对经济社会发展的支撑能力不足，对经济增

长的贡献率远低于发达国家水平。具体来看，存在高层次人才缺乏，原创性、引领性科学突破较少，核心技术短板突出，制造业转型升级进展不快，创新型企业培育仍有待加强等挑战。进一步分析深层次原因，根本上是我国的科技管理理念和职能存在问题。具体体现为，不能满足市场经济条件下科技创新的新要求，各方科技力量不强且不能实现有效协同，存在对人才和企业等关键创新要素的不合理束缚，尚未建立健全的成果应用转化支撑体系。

一是高层次人才缺乏。书中指出，1991 年，我国研究人员全时当量为47.14 万人年，落后于日本和美国；到 2019 年，我国研究人员全时当量已达到 210.95 万人年，超过美国的 158.65 万人年。特别是，我国培养造就了世界上规模最大的工程师队伍，估计超过 3000 万人。但是，我国仍然缺乏具有国际一流水平的战略科技人才、顶尖基础研究人才、高水平创新创业团队、高技能人才，特别是缺乏能够定下心来、长期深耕基础理论的队伍和人才，人才结构难以适应科技自立自强的要求。

二是原创性、引领性科学突破较少。当前，我国进入了需要进一步夯实基础研究、提升科技水平、增强原始创新能力的新阶段。基础研究投入比例与美国等主要发达国家相比仍有很大差距，论文质量、专利收益等指标存在明显劣势，这一方面的差距甚至还在不断扩大。中国科学技术信息研究所统计的各学科领域影响因子最高的期刊（世界各学科最具影响力期刊）中，2019年，我国共产出论文 13068 篇，占比 22.4%，与位列第一的美国（33.6%）相比仍然存在较大差距。

三是核心技术差距仍然较大。书中运用全球 PCT 专利大数据分析发现，我国高质量 PCT 专利占全球比重呈上升趋势，但年度增量和累计拥有量仍远低于美国和日本。我国高质量 PCT 专利年度增量与英国、法国、德国等国同处第三梯队，与美国、日本差距巨大。在过去 20 年的全球 408721 件高质量PCT 专利中，我国专利总量仅居第 12 位（2.0%）；美国居第一位（28.5%），日本居第二位（21.8%），德国（8.4%）和英国（5.4%）紧随其后。

四是高端制造业与先进国家相比差距较大。我国在高端制造业核心技术及高精尖技术上与美国、德国和日本等先进国家相比有较大差距。目前我国很多高端制造业的核心部件依赖进口，如发动机、高端芯片、光刻机、精密仪表、高档数控机床等，严重制约了我国高端制造业的发展。

五是创新型企业培育有待加强。我国创新领军企业数量、平均研发强度低于主要发达国家，技术创业率相比主要发达国家尚存较大差距。普华永道

《全球创新企业 1000 强报告（2018）》显示，在全球研发投入最高的 50 家创新领军企业中，中国仅 2 家（华为与阿里巴巴）。相比之下，美国的领军企业为 23 家、欧洲为 16 家、日本为 6 家。根据清华大学 G20 创业研究中心发布的《2018/2019 全球创业观察中国报告》，中国技术创业的比例为 2.66%，这一比例与排名靠前的澳大利亚（13.1%）、英国（11.27%）和日本（10.58%）等经济体相比仍有较大差距。

二、实现科技自立自强的改革路径与重点

书中提出，面向科技自立自强，亟待构建定位清晰、协同合作的科研组织体系，完善满足国家使命和产业发展需要的政策机制，建立符合科研规律和充分调动各方力量的支持机制，形成有效满足国家需求、开放且有活力的科技创新体制。

一是构建完善的科研组织体系，布局适应新发展阶段的体系化战略科技力量。进一步厘清国家实验室、国家科研机构和高校等科研力量的使命定位，紧紧围绕国家需求和各自领域，布局国家实验室及全国重点实验室，组织各方力量集中攻关。

二是完善需求凝练与决策机制，充分释放需求对科技水平提升的支撑带动作用。凝聚政府、学术界、产业界共识，推动重大科技战略任务高效实施，提高科技资源配置效率。探索建立综合性与专业性相结合的科技管理体制，充分发挥企业在"出好题"和"答好题"中的市场导向和资源整合作用。

三是建立符合科研规律和充分调动各方力量的支持机制，提升科研基础能力和水平。稳步实行科研经费稳定支持机制，实行"中长期概算+包干制+负面清单"科研任务经费管理制度，保障重点战略科技力量的稳定运行。建立"两基结合，投赠互补"的基础研究多元化投入体系。探索建立"政府基金与公募基金并举，企业基础研究投入与社会捐赠双抵扣"的多元化投入体系，构建政府主导与社会投入相协同、自上而下与自下而上相结合的基础研究投入制度框架。

四是深化科技评价改革，营造鼓励潜心研究的良好科研生态。减少政府对科研单位和科研人员绩效的过多干预，减轻非科研干扰和负担，建立符合科研活动规律、人才成长规律和科研单位发展规律的激励机制。落实分类评价原则，在"最后一公里"上完善成果分类评价制度。以清理人才"帽子"为重点深化人才评价改革，形成不论权威地位的科研人员"能者上"的局面。

五是强化企业科技创新动力，优化科技成果转移转化的创新生态。支持各类企业自主创新产品进入政府采购市场，培育自主可控的软硬件产品，发展壮大平台生态。强化国有企业在产业链创新中的中坚作用，改革国有企业高科技人才薪酬管理和激励制度，解决工资总额管理弹性不足、企业技术人员待遇偏低、难以集聚高层次人才等制约技术创新的关键问题。完善支持科技成果转化的金融生态。

六是更大力度构建开放创新的新格局，建立更加符合国际惯例的创新政策体系。探索在我国境内设立国际科技组织，牵头组织国际大科学计划和大科学工程，积极吸引外方参与。加快探索高技术移民制度，建立有利于全球科技人才流动、集聚的大环境。进一步增强对发达国家与我国开展科技合作的吸引力。加大力度建立面向全球的科学研究基金和科技合作计划，加强与世界各国的科技联系纽带。在保障安全的前提下推动数据跨境便利流动。支持外资企业平等参与政府采购和标准制定，尽快出台外资研发中心专项和配套政策。加快推进国际认证标准和实验室结果互认的标准体系建设。

第二节　中国社会科学院：经济长期向好的基本面没有改变，创新创业依然活跃

2023 年，谢伏瞻、蔡昉、王昌林、李雪松主编的《经济蓝皮书：2024 年中国经济形势分析与预测》在社会科学文献出版社出版，该书对 2024 年全球经济发展趋势进行了分析与预测。其中，两篇子报告与产业科技创新领域较为相关，分别是中国社会科学院宏观经济研究智库课题组的《2024 年中国经济形势分析、预测及政策建议》，史丹、张航燕的《2024 年中国工业经济形势分析、展望与政策建议》。

一、《2024 年中国经济形势分析、预测及政策建议》

该报告认为，2024 年我国将处于"新三期"叠加阶段，分别是疫情后经济恢复关键期、新旧动能转换关口期、外部环境深刻变化调适期。同时，"三重压力"发生新变化，一是外需收缩与内需不足相碰头，二是订单转移与产能外迁相叠加，三是地方政府债务风险与金融风险相交织。报告认为，尽管当前经济运行面临不少困难，但我国经济长期向好的基本面没有改变，特别是创新创业依然活跃，2022 年，我国全国研发经费投入强度为 2.58%，涌现

出一批高估值的独角兽企业。报告预计，在乐观情形下，2024 年 GDP 增长速度有望达到 5.2%，工业增加值同比增长 5.0%左右。

面向 2024 年，报告提出了一系列政策建议，其中，围绕产业科技创新领域的政策，报告主要从三个方面提出建议。一是产业技术政策方面，要围绕促进"四链"融合，加大稳链、补链、延链、强链力度，重点支持基础研究、应用研究，推动科技成果转移转化，重点支持初创企业、成长企业、独角兽企业发展。二是科技投入和研发政策方面，要聚焦高水平自立自强，加大基础研究投入，提供稳定和持续的科研经费，提高科技成果的有效供给。同时，加大研发经费抵扣力度，通过政府采购等手段支持企业自主创新，推进国产首台套产品应用。三是推进科技体制改革，着力解决投入重复、力量分散、定位不清等问题，充分发挥创新主体作用。

展望 2024 年的经济工作重点任务，该报告提出了一系列重大举措建议。其中，围绕产业科技创新，相关建议如下。一是着力培育新的支柱产业和增长点。通过加快关键核心技术创新应用，推动新一代信息技术、新能源、高端装备成为新的支柱产业。围绕未来产业发展，在通用人工智能、类脑智能、量子信息、基因技术、未来网络、深海空天开发、氢能与储能等领域，实施孵化和加速计划。二是建设创新能力。推进国家实验室建设，多渠道增加基础研究投入，开展开放创新试验区建设，探索数据要素跨境自由流动机制，促进国际开放创新生态建设。

二、《2024 年中国工业经济形势分析、展望与政策建议》

该报告认为，2023 年前三季度，我国工业运行整体低于预期，但是产业科技创新在支撑工业发展上亮点突出。一是装备制造业保持较高增速。2023 年前三季度，工业生产增速有所回升，全国规模以上工业增加值同比增长 4.0%，装备制造业增加值同比增长 6.0%，高出全部规上工业平均水平 2.0 个百分点，在全部规上工业增长中的贡献率达 46.8%。二是工业利润总体下降，装备制造业利润持续领先。2023 年以来，规上工业企业利润持续呈两位数下降，1 月至 8 月全国规模以上工业企业实现利润总额 46558.2 亿元，同比下降 11.7%，但装备制造业利润同比增长 3.6%。三是高技术制造业投资保持领先，同比增长 11.3%，增速比制造业投资高 5.1 个百分点。报告认为，当前我国工业运行中存在的突出问题包括：内需和外需同时有所下降，工业企业亏损面创近十年新高，企业资金回流放慢，产能过剩问题抬头。

面向 2024 年，报告认为，世界经济复苏总体依然乏力，发达经济体经济增速放缓更为显著，新兴市场和发展中经济体经济增速将整体小幅放缓。尽管面临内生动力不强、需求不振、经济转型阻力增加等多重考验，我国经济长期向好的趋势不变。一是营商环境不断优化，二是我国具备完备的产业体系，三是企业发展活力进一步提升。2023 年，我国共有 145 家企业进入世界 500 强，国家创新能力排名上升到世界第 12 位。同时，政策持续发力，消费持续稳定恢复，投资保持增长态势，出口积极因素不断积累。

报告提出了推动工业经济高质量发展的政策建议，其中围绕产业科技创新的主要包括三点。一是发挥政府产业基金作用，引导鼓励社会资本投资专精特新工业项目，加强工业企业绿色化、数字化、服务化转型改造相关研究和示范应用。二是加快培育新兴产业和未来产业，积蓄和创造发展新动能。聚集优质政策资源和要素资源，推动科技水平领先、经济效益好、生产率高的高新技术产业和产业链高端环节，推进产业结构高级化。实施产业跨界融合示范工程，打造未来技术应用场景。三是支持国产产品应用推广，降低厂商在测试、使用中的成本和风险。

第三节　中国科学院预测科学研究中心：经济将维持平稳运行态势，市场预期将进一步复苏

2024 年 1 月，中国科学院预测科学研究中心发布《2024 中国经济预测与展望》报告。报告认为，2024 年我国经济将平稳运行，预计全年 GDP 增速为 5.3%左右。经济结构调整和产业升级持续推进，特别是在经历前期的压力后，预期后续将实现更加稳健的增长。政策刺激措施及国内消费回暖也将为经济增长提供支撑。

报告预测，GDP 增速将呈现前低后高的态势，第一季度为 5.0%左右，第二季度为 5.3%左右，第三季度为 5.5%左右，第四季度为 5.4%左右。其中，预计 2024 年第一产业增加值增速为 4.5%，第二产业为 4.5%，第三产业为 6.0%。在全球经济缓中趋稳、国内经济企稳回升的基准情景下，预计 2024 年规模以上工业增加值增速为 4.9%。

报告预测，2024 年我国生产者价格指数（PPI）将温和下降，消费者价格指数（CPI）将温和上涨。在基准情景下，CPI 全年上涨 0.7%左右，其中翘尾因素影响约为-0.3 个百分点；PPI 全年变化为-0.6%，其中翘尾因素影响

约为-1.0 个百分点。预计 2024 年我国农村居民人均可支配收入将达到 23337 元，实际增长速度为 6.8%左右；全年平均物流景气指数（LPI）为 51.98%，社会物流总额将达到 333.35 万亿元，社会物流总费用与 GDP 的比率为 14.57%。

报告预测，投资和消费的协同增长将进一步促进经济稳步前行，消费继续成为拉动经济增长的主要动力。从拉动经济的"三驾马车"来看，2024 年，消费、投资和净出口对 GDP 增速的拉动预计分别为 3.7、1.9 和-0.3 个百分点，中国经济增长的主要动力将来自投资和消费。投资方面，预计将呈现稳健的增长趋势，主要是政府将在基础设施建设、高新技术产业和绿色经济领域持续投资。预计 2024 年固定资产投资（不含农户）全年名义增长 4.7%左右。消费方面，在就业形势趋好、居民消费意愿恢复向好、财政政策积极的情景下，预计 2024 年我国最终消费同比名义增速将为 4.2%至 5.1%。政策利好持续释放和数字经济快速发展，将使市场预期进一步复苏。2023 年，国家连续出台多项措施以恢复和扩大消费。中央财政增发 1 万亿元国债，以及降息降准、减税降费等政策效应将在 2024 年持续释放。网络零售市场形势持续向好，释放了潜在消费需求。年轻群体作为网络消费主体的地位进一步深化，不断推动我国网络零售市场稳步增长。随着收入的提高和就业形势的改善，一些健康和户外活动类产品的消费需求也会越来越高，成为拉动消费增长的主要力量。

报告预测，进出口总体平衡。根据最新的贸易数据，进出口贸易总额基本保持稳定，其中，出口由于海外市场需求的缓慢复苏，有轻微的增长趋势。进口方面，在国内经济稳步恢复的背景下，原材料和部分消费品的进口量继续保持稳定增长。二者之间的平衡为国际交易环境提供了稳定的预期。受益于我国不断推进对外开放、积极参与国际贸易，以及近年签署区域全面经济伙伴关系协定（RCEP）等，我国在全球贸易中的地位将进一步巩固。预计 2024 年我国进出口金额约为 6.0 万亿美元，同比增长约 0.7%，其中，出口金额约为 3.4 万亿美元，同比增长约 0.28%；进口金额约为 2.6 万亿美元，同比增长约 1.29%。预计 2024 年我国国际收支将总体保持平稳，经常账户呈现顺差格局，其中，货物贸易顺差约为 4.4 万亿元，服务贸易格局将持续优化，服务贸易逆差约为 1.04 万亿元。

报告预测，国内外物价稳定。尽管国际大宗商品价格将出现一定波动，但总体上呈现稳定趋势。这主要是受到多种因素影响，包括全球经济复苏的不确定性，主要产油国的产量调整，各国增加清洁能源转型相关投资等。较为稳定的大宗商品价格，也将有利于全球经济的平稳运行。从国内看，国内物价水平也将受益于国际大宗商品价格的稳定，对 CPI 等关键指标的调查数据显示，物价波动风险较低。

第四节　北京大学国家发展研究院：我国经济处于恢复节奏中，当务之急是寻找新的增长动力

2024 年 1 月，中国经济观察报告会第 67 期举办，研讨"中国经济 2024：立与破、挑战与机遇"。北京大学国家发展研究院经济学长聘副教授赵波发表《中国经济的潜力、压力与 2024 年展望》主题报告。

报告首先回顾了全球经济增长的大背景，指出全球经济在此次新冠疫情暴发后走出了"V 形"复苏的态势。疫情前全球经济增速平均为 3%～4%，2020 年全球经济增速为负，后逐步恢复。平均来看，疫情造成全球经济 2020—2022 年间每年损失 2 个百分点的增长。目前，疫情对全球经济的负面影响进一步衰减，预计全球经济会回归到比较稳定的长期增长路径，即年均增长率约为 3%，其中增长率的一半来自人口增长的贡献，另一半来自技术进步的贡献。

报告指出，我国经济的潜在增速已经下降到了 5% 左右。2010 年前，我国经济潜在增速基本维持在 10% 左右；2010 年后，也就是次贷危机爆发后，经济潜在增速逐年下降。在改革开放的头三十年，技术进步和生产效率的提升对经济增长发挥了很大作用，带来了 5 个百分点左右的 GDP 增长。随着学习进程的不断深入，中国正越来越靠近世界技术前沿，技术进步对经济的拉动作用也逐渐放缓。此外，发达国家对我国某些领域的技术封锁，也造成了技术进步速度一定程度的放缓。

报告认为，未来我国的经济表现可能受以下因素制约。短期风险因素方面，房地产行业面临着金融风险。"三条红线"实施后，房地产业遭遇非常严重的危机。与此同时，资产价格大幅波动，投资者的心情也随之起伏。总体看，消费者信心的恢复还需要时间。长期不确定性因素方面，一是地方债、居民部门、企业部门的杠杆率能否控制在合理范围。世界主要经济体，特别是较大规模的经济体在达到一定规模后，其经济增速会减弱，赤字会增加，同时伴随着经常性项目逆差，即"双赤字"，这会使该国国际竞争力不断减

弱，经济增速逐渐下降。因此，如果中国的杠杆率上升过快，会对未来的经济增长造成一定负面影响。二是创新和产业升级能否持续。在经济增长中，资本的贡献通常会慢慢减弱，未来的经济增长会更多地依赖创新和产业升级。三是深化改革开放能否持续。改革进入深水区，会面临更多难点和堵点。正所谓"好吃的肉都吃完了，剩下的都是难啃的硬骨头"。四是应对人口老龄化，能否及时改善人力资本结构。我国人口已呈现负增长状态，未来能否通过足够的人力资本投资来应对人口老龄化，是一个结构性问题。以上这些问题对短期宏观调控政策、中长期结构性改革政策、供给侧政策和政府治理都带来了挑战。

展望 2024 年，报告认为我国经济处于恢复的节奏中。一是出现积极的信号。从资金投放或信贷投放看，中长期信贷对于工业的支持不断增加，对于高端制造业的支持也在迅速增长。不同规模企业恢复速度并不相同，工业大企业的订单数量上升较快，中小企业的恢复还有一些滞后。过去几个季度，规模以上工业企业利润率、产能利用率、工业用电量都在上升。二是从价格看，CPI 虽然总体较弱，但除食品外，无论是服务业还是非食品类的 CPI 都在逐渐回升。预计半年后我国 CPI 可能重回 1%以上。三是从就业市场看，城镇调查失业率持续下降，农村外出劳动力增长率持续上升。总体来看，报告对 2024 年的经济增速持中性偏乐观的态度，预测 2024 年经济增速将在 5.0%～5.5%。5.0%是潜在增速，另外 0.5 个百分点是考虑到前面提到的挑战。如果能妥善应对，比如稳住房地产业的发展信心，投资降幅或将减弱，对经济可能带来一些正向促进作用。

报告还认为，居民消费正不断修复。新冠疫情期间，居民储蓄率上升了好几个百分点，现在则基本回落到疫情前的水平。无论是社会零售品总额还是居民消费，目前都有显著增长，反馈到居民储蓄上，则是家户储蓄率的下降。报告指出，从资金供给端看，"金融进一步支持实体经济"对银行资金的投向发挥了较大指导作用。通过改善潜在投资效率，特别是改变生产率更高的部门的资本配置，提高资源配置效率。报告认为，货物贸易总量占比达峰，第二产业想要获得更多的份额很困难，但仍然有进一步发展的空间。需要进一步优化贸易结构，提高贸易质量，加速转变过去以加工贸易为主导的局面，提高贸易附加值占比。报告认为，贸易格局逐渐变化，中国对其他发展中国家的贸易份额在不断上升，未来区域贸易协定内的贸易会更加迅速地发展，比如中国对东盟的出口将进一步增加。中国对外直接投资（OFDI）重要性逐渐增加。目前，中国对外直接投资数额正在赶超外资直接投资（FDI）。过去中国传统的 OFDI 以低技术或者劳动密集型为主，更多是采矿、交通运输、修路建桥这样的业务；现在的 OFDI 中，制造业和 ICT 领域占比稳定上升，2022 年在对外投资总额中约占 23%。很多高能力企业不是"被动"出海，而是"主动"出海，这也代表企业母国有更先进的技术和更卓越的制造能力，新能源汽车行业就是一个很好的例子。

报告建议，面对诸多挑战，当务之急是寻找新的增长动力，只有高质量发展才能实现持续增长。一是推动制造业的不断升级和数字化转型。不是拿出资金一投了之，而是通过合适的政策干预，制定能真正鼓励创新的机制。二是不断深化改革，进一步提高服务业的开放程度。服务业已经是中国 GDP 贡献率最大的行业，但不是所有服务业的生产率都在不断增长，很多消费型服务业的增长基本为零。要进一步发展服务业，需要加快开放和改革那些过去不够开放的领域，对接高标准的开放体系，倒逼服务业加快改革。三是降低政策不确定性，增加政策的激励相容性和透明性，使政策的执行成本、监督成本降到最低。

第二十五章

2024 年中国产业科技创新发展趋势展望

　　2024 年，我国产业科技创新将迈入新时代。宏观经济的向好态势，奠定了产业革新的厚实基底；产业政策侧重安全可控，力求核心技术飞跃与产业链革新；区域创新格局调优正引领产业与地域均衡晋升；企业创新能力增强预示着创新主引擎的角色日益巩固。本章通过探讨宏观经济政策对产业科技创新的支持方式、重点领域科技创新发展、区域创新格局和合作模式，以及企业创新能力与竞争态势四个方面关键内容的未来发展趋势，从多个维度出发，提供理解我国产业科技创新发展未来趋势，以及这些趋势对企业、区域和整个经济发展影响的全面视角。

第一节　宏观经济环境与产业政策趋势

一、宏观经济稳中向好，为产业创新提供坚实基础与广阔空间

　　2024 年，我国宏观经济稳中求进的总基调为产业创新提供了坚实的支撑和广阔的发展舞台。面对复杂多变的国内外经济环境，我国政府持续推动供给侧结构性改革，优化经济结构，提高经济发展质量和效益。在此背景下，产业科技创新必将成为推动经济增长的关键力量。

　　宏观经济的稳定性将为产业创新提供可靠的资金支持。政府通过财政、税收等政策手段，加大对研发的投入，鼓励企业增加科技创新的资金支出。同时，金融体系的完善和创新，如科技金融的发展，为创新型企业提供了多元化的融资渠道，将进一步降低产业创新活动的资金门槛。

　　宏观经济政策的连续性和预见性将为产业创新营造稳定的发展环境。政

府在制定经济发展政策时往往注重长远规划与战略布局相结合，以确保政策的持续性和稳定性，为企业的创新活动提供了明确的方向和稳定的发展预期。这种稳定的发展环境将促进企业进行长期的研发投入和创新规划。

宏观经济的开放性将为产业创新带来国际合作与竞争新机遇。随着"一带一路"等国际合作倡议的深入实施，我国企业将拥有更多机会参与国际分工和合作，吸收国际先进的科技成果和管理经验，从而提升自身的创新能力和国际竞争力。

二、产业政策聚焦安全可控，推动核心技术突破与产业链升级

2024 年，我国产业政策的核心将更加聚焦于提升产业链韧性，确保国家安全和经济独立，同时推动产业链升级和核心技术突破。在全球经济一体化的背景下，依赖外部的关键技术将面临巨大的风险和不确定性。因此，我国必须通过科技创新掌握关键领域的核心技术，从而提升我国产业的国际竞争力。

关键领域核心技术研发支持力度将逐步增强。我国将通过财政资金、税收优惠、项目扶持等方式，鼓励企业和研究机构在人工智能、量子信息、生物科学、新能源、新材料等领域进行深入探索和技术创新，从而提升我国在国际科技竞争中的地位，带动相关产业链的升级。

产业政策将更加注重产业链的整体优化升级。我国政府将通过一系列政策措施的制定和引导，强化企业与产业链上下游环节的协同创新，促进产业链内部的技术交流和资源共享，缩短创新成果转化周期，加速技术成果的产业化应用，帮助中小企业更好地融入创新体系，提升产业链整体的国际竞争力。

产业政策将强调国际合作与自主创新并重。在积极吸收国际先进技术和管理经验的同时，鼓励企业加强自主创新能力的培养，以确保在产业关键领域和关键环节上不受制于人。通过建立更加开放的国际合作平台，帮助我国企业更好地参与全球创新网络，同时也能够保护自身的知识产权和技术优势。

产业政策实施将兼顾监管与服务双重功能。一方面，在提供政策支持的同时，加强对创新活动的监管，确保创新资源的合理配置和使用，防止市场失灵和资源浪费；另一方面，面向产业科技创新提供了一系列服务，如知识产权保护、技术交易、人才培养等，为企业的创新活动提供全方位的支持。

三、绿色发展成为政策重心，促进产业创新与环境保护协同增效

当前，绿色发展已上升为我国的国家战略，成为政策制定的重心之一。这一重要转变不仅反映了我国对全球气候变化的积极回应，也体现了对经济可持续发展的深远考量。在这样的发展背景下，促进产业创新与环境保护的协同增效，将成为我国政策趋势的重要方向。

绿色技术创新政策支持力度将持续强化。我国政府将积极出台包括税收优惠、财政补贴和绿色信贷等在内的一系列激励措施，以降低企业研发和应用绿色技术的成本，持续推动清洁能源、节能技术和环保材料等领域取得突破，加速传统产业的绿色转型。

产业发展将更加注重生态效益。鼓励企业采用循环经济和低碳生产方式，减少资源消耗和环境污染。通过优化产业结构，提高资源利用效率，促使我国产业体系的发展更加符合绿色发展理念要求，实现经济效益与环境效益的双效提升。

绿色金融将迎来快速发展时期。随着绿色债券、绿色基金等金融产品的推广，资本市场将更加关注企业的环保表现和可持续发展能力。这将促使企业在追求经济增长的同时，更加注重环境保护，推动产业创新与环境保护的深度融合。

绿色发展法律法规体系将进一步完善。我国将加大对环境违法行为的监管和惩处力度，确保企业严格遵守环保法规，为绿色发展提供坚实的法治保障。同时，通过建立健全环保责任制度和激励机制，激发企业在绿色发展中的创新活力。

第二节　关键技术创新发展趋势展望

一、人工智能与大数据引领产业智能转型，催生新业态与新模式

人工智能技术的深度应用将重塑工业生产的面貌。随着机器学习和深度学习的不断进步，人工智能将在自动化、智能决策支持系统，以及智能服务中发挥更大作用。智能工厂规模将得到显著提升，有效实现高效率的生产制造、市场变化的实时响应，以及生产线的灵活调整，从而提高我国制造业的

整体竞争力，推动产业结构向更高端升级。

大数据将成为企业获取竞争优势的关键资源。随着数据收集技术和分析工具的不断完善，企业能够从大数据中提取有价值的洞察，优化业务流程，提升服务质量。特别是在零售、金融和医疗等领域，大数据的应用将极大地促进个性化服务和精准营销的发展，为企业创造新的增长点。

人工智能与大数据的结合将催生新的商业模式和服务模式。随着技术的进步，更多基于数据的创新型业务将陆续出现。例如，基于数据分析的智能物流服务能够提高配送效率，降低运输成本；基于人工智能的智能顾问和客服系统能够提供更加精准和个性化的服务；基于大数据的风险管理工具能够帮助金融机构更好地评估风险。新业态的出现不仅能够为我国产业发展创造新的经济增长点，还将推动传统行业的转型升级，为消费者提供更加丰富多样的选择。

二、绿色能源技术加速能源结构优化，推动传统能源行业革新

绿色能源技术的突破将加快我国能源结构的转型。随着清洁能源技术的进步，特别是太阳能、风能和水能等可再生能源技术的不断创新，其技术在能源生产中应用的比重将进一步增加。能源的绿色转型将有助于减少对化石燃料的依赖，降低温室气体排放，并推动整个能源产业的可持续发展。

绿色能源技术的发展将促进传统能源行业的革新。随着新能源技术的不断成熟和成本的降低，传统能源行业将面临更大的竞争压力。为了适应这种变化，传统能源企业将加大对绿色能源技术的研发投入，推动技术创新和产业升级，从而实现更高效、更环保的能源生产和消费方式，为传统能源行业注入新的活力。

绿色能源技术的国际合作将进一步加强。面对全球气候变化的挑战，各国都意识到加强绿色能源技术合作的重要性。我国也将积极参与国际能源合作，与世界各国共同研发、推广绿色能源技术，提升我国在全球能源领域的话语权和影响力，促进全球能源结构的优化和可持续发展。

三、生物技术创新提升医疗水平，赋能大健康产业谱写新篇章

基因编辑技术的突破预计将重塑疾病治疗和预防。随着 CRISPR-Cas9

等基因编辑工具的不断完善，更多针对遗传性疾病的治疗方案进入临床试验阶段，甚至成为常规治疗手段。这些技术创新成果的应用将使精准医疗更加个性化，治疗效果更加显著，副作用更少。

生物制药将成为新药研发的重要方向。随着对蛋白质工程和细胞治疗的深入研究，生物制药将有望在治疗癌症、自身免疫疾病等领域取得新突破。特别是抗体药物、疫苗及基于细胞的治疗方法，将为患者提供更多选择，改善治疗效果。

合成生物学的进步将推动生物制造产业的发展。通过设计和构建新的生物系统，合成生物学能够生产出传统方法难以合成的药物、能源和材料，从而提高生产效率，实现可持续发展目标。

四、新材料创新驱动制造业升级，提升产品性能与市场竞争力

新材料研发将推动制造业向更高性能、更轻量化发展。随着纳米技术、生物材料、智能材料等新型材料技术的突破，制造业将生产出更耐用、更轻便、功能更全面的产品。这些新材料的应用不仅能够提升产品的性能，还能够开拓全新的市场领域。

绿色可持续材料的研发将促进制造业的绿色转型。随着环保意识的提升和可持续发展的需求增加，可回收塑料、生物降解材料等绿色材料将成为未来研发的重点方向，这些材料的使用将有助于减少环境污染，提高资源利用效率，同时也符合全球环保趋势，有助于提升产品的市场竞争力。

数字化和智能化技术的应用将加速新材料的研发和产业化。大数据、人工智能等技术的产业化应用，将有效加快新材料的研发进程，提高研发效率。同时，智能制造技术的应用也将缩短新材料的生产和应用周期，从而显著提高生产效率和产品质量。

第三节 区域创新格局与合作模式展望

一、区域创新驱动发展战略深化，引领产业和区域均衡化发展

区域创新系统优化将推动产业升级和经济增长。随着各地对创新资源的集聚和配置效率的提高，以及创新环境和政策体系的持续改善，地方特色产

业和高新技术产业将获得快速发展。区域创新系统的发展，特别是高新区和科技园区的建设和升级，将成为吸引高端人才、促进科研成果转化和推动产业集群发展的关键。

区域间的协同创新将加强区域经济的联动效应。跨区域的创新合作平台规模将会进一步扩大，跨区域的创新合作机制将逐步建立，以促进不同地区间的资源共享和技术交流。区域间的创新协同不仅有助于优化全国范围内的创新资源配置，还能够通过承接产业转移等方式带动欠发达地区实现跨越式发展。

特色化和差异化的创新策略将促进区域经济均衡发展。各地区将根据自身的资源禀赋、产业基础和市场需求，因地制宜制定符合实际的创新发展战略。通过差异化的发展模式促进多元化的经济结构的形成，以缩小区域间的经济差距，推动形成更加均衡和谐的区域经济发展格局。

二、跨界融合形成新常态，推动区域间产业链协同共享

数字技术应用推广将加速不同产业间的融合。随着互联网、大数据、人工智能等数字技术的发展，传统产业将通过数字化转型实现与新兴产业的融合，从而推动产业链的重构和优化，促进不同区域间的产业协作和资源共享。

区域间的创新合作将加强产业链的协同发展。随着交通、物流等基础设施的完善和政策环境的优化，区域间的经济联系将更加紧密，科技创新合作将更加频繁。区域之间通过共建研发平台、共享人才资源等多元化方式，不断强化创新合作，推动整个产业链的竞争力提升。

跨区域创新网络构建将促进创新资源的高效配置。技术转移中心、创新创业服务平台等跨区域创新网络，将在未来的区域创新合作中发挥更加积极的重要作用。跨区域创新网络规模的扩大将有助于打破区域间的壁垒，促进创新资源的自由流动和高效利用。

三、政策环境持续优化调整，激发政企合作创新活力与意愿

政策环境的优化将为促进创新发展创造更加有利的条件。随着政府持续推进简政放权、放管结合、优化服务等改革措施，将为地方政府和企业创新提供更加宽松的政策环境。这将有助于降低创新成本、提高创新效率，进而激发各类创新主体的活力和创造力。

政策的引导和支持将增强企业的创新能力和意愿。财政资金支持、税收

优惠政策、知识产权保护等方面的科技创新支持政策，将得到进一步的强化和提升。借助科技创新政策措施的支持，将有助于企业加大研发投入，提高研发水平，进而提升自主创新能力和市场竞争力。

政策的激励将促进地方政府和企业之间的合作意愿。通过制定出台相关政策措施，如鼓励跨地区政产学研等多主体合作、技术转移和成果转化等创新活动开展，支持地方政府和企业加强合作，实现共同发展和共赢，合力推动产业升级和区域经济发展。

四、智慧园区建设蓬勃发展，打造高质量的产业创新集群

智慧园区将成为推动区域经济增长的新引擎。随着新一代信息技术的快速发展和应用，智慧园区通过集成物联网、大数据分析、云计算等技术，为企业提供了一站式的智能化服务环境，不仅能够吸引高新技术企业入驻，还能促进企业间的信息共享和技术协同，加速知识和技术的流动，从而形成具有强大竞争力的产业集群。

智慧园区的建设将促进产业升级和结构优化。通过提供智能化的生产、管理和生活服务，智慧园区将帮助企业降低运营成本，提高生产效率，同时也将吸引更多的创新资源和人才聚集，从而进一步推动产业链延伸和拓展，促进传统产业的转型升级及新兴产业的快速成长。

智慧园区将加强区域内外的互联互通和协作创新。智慧园区将通过构建开放的创新平台，打破地理和行业界限，促进不同区域、不同领域的企业和研究机构的合作，促进更为广阔的技术创新网络形成，推动知识的多元融合和技术的迭代更新。

第四节　企业创新能力与竞争态势展望

一、企业研发投入持续加大，创新主体地位与能力不断强化

企业研发投入的增长趋势将继续保持。随着我国经济转型和产业升级的不断深化，企业对于研发的投入愈加重视。2024 年，企业将进一步提高研发经费的投入比重，特别是在高新技术产业和战略性新兴产业领域的投入将更为显著，这一趋势将为企业的创新活动提供更加充足的资金支持，推动企业技术革新和产品迭代。

企业创新主体地位将得到进一步强化。随着国家创新驱动发展战略的深

入实施，企业在科技创新体系中的核心地位将得到进一步巩固。预计未来，企业将在国家科技计划项目中扮演更加重要的角色，同时也将在知识产权创造、技术标准制定等方面发挥更大的作用。这将有助于提升企业的自主创新能力和市场竞争力。

跨界融合将促进企业创新能力的提升。在数字化、网络化高速发展的背景下，不同领域的技术和产业正加速融合。2024 年，企业将通过跨界合作和技术融合，打破原有的产业边界，探索新的商业模式和创新路径，从而为企业发展打造全新的增长极，同时也将提升企业的适应性和抗风险能力。

二、创新企业梯队稳步壮大，科技引领形成新的竞争优势

创新型企业梯队构建速度将不断提升。2024 年，在税收减免、研发资金支持、知识产权保护等一系列产业科技创新政策扶持下，创新型企业成长的环境将得到持续优化。相关政策的实施将有效降低创新活动的成本和风险，吸引更多的企业投身于科技创新之中，从而加速形成包括"独角兽"企业、专精特新"小巨人"企业、制造业单项冠军企业在内的多层次、宽领域的创新型企业梯队。

市场需求将推动创新型企业不断涌现。随着消费升级和产业结构调整，市场对新技术、新产品的需求与日俱增，从而促使更多的企业通过技术创新满足市场技术和产品需求，进而提升企业市场份额。在这个过程中，一些具有创新能力和市场敏锐度的企业将逐渐成长为行业的领头羊，引领市场发展的新趋势。

金融资本将为创新型企业提供强有力支撑。2024 年，资本市场将更加关注科技创新领域，为创新型企业提供更多的融资机会。无论是通过股权投资、债券融资还是上市募资，资本的注入都将帮助企业加速技术研发和市场拓展，从而增强企业的竞争力和持续发展能力。

三、企业数字化转型加速深化，创新效率与转化速度迎来飞跃

数字技术的广泛应用将推动企业研发模式的变革。随着大数据、人工智能、云计算等数字技术的发展，企业能够通过这些技术优化研发流程、提高研发效率。2024 年，企业将更加依赖数字技术进行产品设计、仿真测试和生产优化，从而缩短产品从设计到市场的周期，加快创新步伐。

数字化转型将促进企业内部管理和决策的优化。通过引入智能化管理系统和数据分析工具，企业能够实时监控生产制造状况、掌握市场需求动态，从而做出更加精准的决策。这不仅能提高企业的运营效率，还能帮助企业及时发现市场机会，主动开展创新研发活动，快速响应市场需求。

数字化平台将成为企业技术交流和合作的重要载体。随着互联网和物联网的发展，企业可以通过数字化平台与其他企业、研究机构共享技术资源、交流创新经验。这种开放的创新模式将有助于企业获取外部的知识和技术，加速技术创新和成果转化。

四、绿色理念深入企业战略，可持续发展内生动力持续增强

绿色可持续发展将成为企业的核心竞争力。随着环保意识的提高和相关政策的推动，企业开始将绿色可持续发展作为自身战略的核心部分。2024 年，企业将更加重视环保技术的研发和应用，以及清洁生产的推广，进而提升企业形象和品牌价值，降低生产成本，提高效率。

绿色供应链管理将成为企业发展的重要方向。在全球化背景下，企业的供应链已经延伸到世界各地。为实现绿色可持续发展，企业将更加关注整个供应链的环保性能。通过与供应商建立紧密的合作关系，共同推动环保技术的创新和应用，企业可以确保供应链中的每一个环节都符合环保要求，实现整个供应链的绿色化。

市场需求将推动绿色产品和服务的发展。随着世界各地对环保和健康的关注日益增加，市场对绿色产品和服务的需求也将持续增长。这将促使企业加大对绿色产品的研发和生产力度，以满足市场需求。同时，企业也需要不断提升产品的环保性能和可持续性，以保持竞争优势。

五、国际合作与竞争并存，在开放创新中寻求全球化发展新机遇

国际合作将为企业带来更为广阔的创新资源和技术交流渠道。随着全球经济一体化的加速推进，各国之间的科技合作日益紧密。我国企业可以通过参与国际科技合作项目，与国际同行进行深度合作，共同攻克技术难题，推动科技创新的快速发展。同时，国际科技交流也将为企业带来最新的技术动态和前沿研究成果，有助于企业把握科技创新的发展方向，提升自身的创新能力和竞争力。

企业在国际竞争中需要不断提升自身的创新能力和核心竞争力。在全球化市场中，企业之间的竞争日益激烈。为了在竞争中脱颖而出，我国企业需要不断加强自身的研发能力，提高产品的技术含量和附加值。同时，企业还需要注重品牌建设和市场拓展，提升在国际市场中的知名度和影响力。通过不断创新和提升核心竞争力，企业才能在激烈的国际竞争中立于不败之地。

全球产业链和供应链的深度融合将为企业带来新的发展机遇。随着国际分工的不断深化，全球产业链和供应链日益紧密地联系在一起。我国企业可以通过融入全球产业链和供应链体系，实现资源的优化配置和高效利用。同时，企业还可以利用全球资源和市场优势，拓展新的业务领域和市场空间。在这个过程中，企业需要加强与国际合作伙伴的沟通和协调，共同推动全球产业链和供应链的健康发展。

数字化和网络化的发展将为企业全球化发展提供有力支撑。随着数字技术和网络技术的快速发展，企业可以更加便捷地获取全球信息和资源，实现跨国经营管理的智能化和高效化。同时，数字化和网络化还将推动企业之间的协同创新和资源共享，加速科技创新成果的转化和应用。因此，企业需要积极拥抱数字化和网络化的发展趋势，加强信息化建设和技术创新，提升自身在全球市场中的竞争力和影响力。

后　　记

　　《2023—2024 年中国产业科技创新发展蓝皮书》专注中国产业科技创新方面取得的进展与成就，在对产业科技创新最新发展状况、发展政策环境、发展形势进行科学预判的基础上，历时数月，经多次修订和完善之后完成。本书的研究和编写得到了工业和信息化部科技司、高新技术司的指导，以及相关行业专家的帮助，在此一并表示诚挚感谢。

　　本书由张小燕担任主编，程楠、曹方担任副主编。全书的编纂与通稿由程楠、曹方负责。

　　全书由综合篇、行业篇、地方篇和展望篇四大部分共 25 章组成。

　　综合篇：程楠负责统稿。第一章 2023 年产业科技创新发展情况由王楠撰写；第二章 2023 年质量品牌创新发展情况由张百茵撰写；第三章 2023 年产业标准化创新发展情况由姬少宇撰写。

　　行业篇：崔志广负责统稿。第四章电子信息行业由王凡撰写；第五章装备行业由张健洲撰写；第六章消费品行业由赵会来撰写；第七章新能源汽车由郭英撰写；第八章未来产业由延玲玲撰写。

　　地方篇：郭雯负责统稿。第九章北京市产业科技创新发展状况由梁鲲撰写；第十章上海市产业科技创新发展状况由梁鲲撰写；第十一章天津市产业科技创新发展状况由刘婧撰写；第十二章重庆市产业科技创新发展状况由刘婧撰写；第十三章广东省产业科技创新发展状况由崔冰撰写；第十四省产业科技创新发展状况由崔冰撰写；第十五章海南省产业科技创新发展状况由张安达撰写；第十六章湖北省产业科技创新发展状况由张安达撰写；第十七章湖南省产业科技创新发展状况由池浩湉撰写；第十八章安徽省产业科技创新发展状况由池浩湉撰写；第十九章江西省产业科技创新发展状况由陶青阳撰写；第二十章辽宁省产业科技创新发展状况由陶青阳撰写；第二十一章陕西省产业科技创新发展状况由孙维灿撰写；第二十二章四川省产业科技创新发展状况由孙维灿撰写。

　　展望篇：曹方负责统稿。第二十三章世界知名机构对 2024 年产业科技创新趋势的预测由张鹏撰写；第二十四章我国高端智库对 2024 年产业科技创新趋势的预测由付清芬撰写；第二十五章 2024 年中国产业科技创新发展趋势展望由杨磊撰写。

　　由于时间仓促，书中难免有疏漏和不妥之处，欢迎各界专家学者不吝赐教，提出宝贵意见建议，促进我们进一步提高研究水平，让《2023—2024 年中国产业科技创新发展蓝皮书》成为客观记录、全面反映我国产业科技创新领域前进步伐的精品专著。

　　　　　　　　　　　　　　　　　　中国电子信息产业发展研究院

赛迪智库

面向政府·服务决策

奋力建设国家高端智库

思想型智库　　国家级平台　　全科型团队
创新型机制　　国际化品牌

《赛迪专报》《赛迪要报》《赛迪深度研究》《美国产业动态》《赛迪前瞻》

《赛迪译丛》《国际智库热点追踪周报》《工信舆情周报》《国际智库报告》

《新型工业化研究》《工业经济研究》《产业政策与法规研究》《工业和信息化研究》

《先进制造业研究》《科技与标准研究》《工信知识产权研究》《全球双碳动态分析》

《中小企业研究》《安全产业研究》《材料工业研究》《消费品工业研究》《电子信息研究》

《集成电路研究》《信息化与软件产业研究》《网络安全研究》《未来产业研究》

思想，还是思想，才使我们与众不同
研究，还是研究，才使我们见微知著

新型工业化研究所（工业和信息化部新型工业化研究中心）

政策法规研究所（工业和信息化法律服务中心）

规划研究所

产业政策研究所（先进制造业研究中心）

科技与标准研究所

知识产权研究所

工业经济研究所（工业和信息化经济运行研究中心）

中小企业研究所

节能与环保研究所（工业和信息化碳达峰碳中和研究中心）

安全产业研究所

材料工业研究所

消费品工业研究所

军民融合研究所

电子信息研究所

集成电路研究所

信息化与软件产业研究所

网络安全研究所

无线电管理研究所（未来产业研究中心）

世界工业研究所（国际合作研究中心）

通讯地址：北京市海淀区万寿路27号院8号楼1201 邮政编码：100846

联系人：王 乐   联系电话：010-68200552 13701083941

传   真：010-68209616   电子邮件：wangle@ccidgroup.com